U0675307

中国历史文化名人传

天地放翁

陆游传

陆春祥 著

作家出版社

中国历史文化名人传

出版说明

中华民族五千年文明史中，涌现了一大批杰出的文化巨匠，他们如璀璨的群星，闪耀着思想和智慧的光芒。系统和本正地记录他们的人生轨迹与文化成就，无疑是一件十分有必要的事。为此，中国作家协会于2012年初作出决定，用五年左右时间，集中文学界和文化界的精兵强将，创作出版《中国历史文化名人传》大型丛书。这是一项重大的国家文化出版工程，它对形象化地诠释和反映中华民族文化的基本精神，继承发扬传统文化的精髓，对公民的历史文化普及和建设社会主义文化强国都具有重要而深远的意义。

这项原创的纪实体文学工程，预计出版120部左右。编委会与各方专家反复会商，遴选出在中国文化发展史上产生过重大影响的120余位历史文化名人。在作者选择上，我们采取专家推荐、主动约请及社会选拔的方式，选择有文史功底、有创作实绩并有较大社会影响，能胜任繁重的实地采访、文献查阅及长篇创作任务，擅长传记文学创作的作家。创作的总体要求是，必须在尊重史实基础上进行文学艺术创作，力求生动传神，追求本质的真实，塑造出饱满的人物形象，具有引人入胜的故事性和可读性；反对戏说、颠覆和凭空捏造，严禁抄袭；作家对传主要有客观的价值判断和对人物精神概括与提升的独到心得，要有新颖的艺术表现形式；新传水平应当高于已有同一人物的传记作品。

为了保证丛书的高品质，我们聘请了学有专长、卓有成就的史学和文学专家，对书稿的文史真伪、价值取向、人物刻画和文学表现等方面总体把关，并建立了严格的论证机制，从传主的选择、作者的认定、写作大纲论证、书稿专项审定直至编辑、出版等，层层论证把关，力图使丛书经得起时间的检验，从而达到传承中华文明和弘扬杰出文化人物精神之目的。丛书的封面设计，以中国历史长河为概念，取层层历史文化积淀与源远流长的宏大意象，采用各个历史时期最具代表性的文化符号与雅致温润的色条进行表达，意蕴深厚，庄重大气。内文的版式设计也尽可能做到精致、别具美感。

中华民族文化博大精深，这百位文化名人就是杰出代表。他们的灿烂人生就是中华文明历史的缩影；他们的思想智慧、精神气脉深深融入我们民族的血液中，成为代代相袭的中华魂魄。在实现“中国梦”的历史进程中，必定成为我们再出发的精神动力。

感谢关心、支持我们工作的中央有关部门和各级领导及专家们，更要感谢作者们呕心沥血的创作。由于该丛书工程浩大，人数众多，时间绵延较长，疏漏在所难免，期待各界有识之士提出宝贵的建设性意见，我们会努力做得更好。

《中国历史文化名人传》丛书编委会

2013 年 11 月

陆游

目录

序言 致务观书

务观兄好。

我的心，始终为您而紧张，一直紧张。

您的出生就让人紧张万分。宣和七年十月十七日（1125年11月13日）的天亮时分，您诞生在淮河边的一条官船上。“予生于淮上，是日平旦，大风雨骇人，及予堕地，雨乃止。”那狂风暴雨带来的恐惧，如同惊涛骇浪中北宋王朝的飘摇，将您父母着实吓得不轻，幸好，您吉人天相。

风雨依旧猛烈。您三岁时，徽、钦二帝驾驶的北宋大船已被金人完颜部落彻底掀翻，您在母亲的怀抱中一路南逃至家乡绍兴的山阴。六岁时，又随父亲奔往东阳山中避难，直到九岁，绍兴三年（1133），赵构政府在杭州临时落脚，您一家才惊魂甫定回到山阴。

接下来，我依然为您而紧张。

比如您的爱情。真让我为您捏了一把汗。您和唐婉，您的沈园，您的东风和欢情，您的山盟与锦书，让世间多少人泪痕红浥，鲛绡湿透。两年多的甜蜜爱情，一生的无限牵挂，为您的痴情叹，为您的不幸叹！

比如您的考试。真让我为您捏了两把汗。您虽是老三，也同样担着光宗耀祖的重担，高祖陆轸，爷爷陆佃，那都是大宋王朝响当当的人物。十六岁第一次落榜，十九岁第二次落榜，我能理解您的艰难，文诗才涌，就是不符合考试那种死板的标准，直到二十九岁的锁厅试，您的才华终于得到显露，第一名。可是，您运气不好，大大地不好，您碰上了秦桧的孙子秦埙，秦桧可是当朝宋高宗的红人哪，他红得比猴屁股还红，我断定，要不是秦桧罢黜您的礼部试资格，您一定可以摘下前几名的桂冠。幸好，继位的宋孝宗还算识才，他赐您同进士出身，也算为南宋政府发掘了一个重要人才。

比如您的仕途。真让我为您捏了三把汗。三十四岁，儿子都生了好几个了，您才做上了从九品的宁德主簿，之后是福州决曹，敕令所删定官，大理寺司直，大理寺司直兼宗正簿，枢密院编修，枢密院编修兼编类圣政所检讨官，镇江通判，隆兴通判，直到被罢官回家。八年，九个职位，走马灯，流水式，从地方，到京城，主战派，主和派，三教九流，各色人等，您都领教过了。主和派不需要您这样的抗金复国人士，嫌您像乌鸦一般聒噪，扰乱他们苟喘的小日子。

您在家闲居五年后，朝廷给了您一个鸡肋似的远在五千里以外的穷乡僻壤的夔州通判，这一入蜀，就是长长的八年。幸好，您有南郑八个月的从军经历，与金人面对面，您的志向，您的抱负，都在南郑得到了尽情释放。此后，南郑时间，如同您与唐婉的爱情，深深浸入了您的骨髓，伴您至终身。

蜀地归来，您再去福建、江西任职，又被贬回家五年，等到去严州做知州时，您已经是鬓发皆白的六十二岁的老人了。严州任后，短暂的军器少监、礼部郎中职位，您又以“嘲咏风月”被贬回家，长达十三年。

或许是您家的遗传基因，或许是家乡镜湖山水中充满了负氧离子，或许是您的旷达率真，总之，您活成了少见的长寿老人，七十八岁了，还被朝廷请去修国史，一年后，您离开京城，八十岁，您正式退休。您一直活到虚岁八十六啊，整个宋朝，有几人呢?!

我冒昧揣测，您在心里一定这样嘲笑那些整得您仕途不顺的投降派：我不和你们比官，我和你们比胸怀，我和你们比长寿，我和你们比诗文！

务观兄啊，三把汗捏过，其实还有不少地方不少时间为您捏汗的，比如南郑军中打老虎，要是您没有那一身武艺，老虎还不吃了您？再比如您晚年替韩侂胄写的两篇记，遭好朋友朱熹误解，我知道您心里难受，但您对我笑笑：清者自清！捏汗多了，也就不紧张了，对您六十多年海量的诗文，对您的热情与努力，我欢呼，我歌唱。这一回，让主和派们紧张去吧。

您是一位坚定而伟大的爱国战士，您是一位伟大而不朽的杰出诗人，您为时代而高歌，您为天地而长吟。

您抗金复国的不渝意志，从心底发出，惊天动地：

位卑未敢忘忧国。

（《病起书怀》）

僵卧孤村不自哀，尚思为国戍轮台。夜阑卧听风吹雨，铁马冰河入梦来。

（《十一月四日风雨大作》）

楼船夜雪瓜洲渡，铁马秋风大散关。

（《书愤》）

丈夫五十功未立，提刀独立顾八荒。……千年史册耻无名，一片丹心报天子。

（《金错刀行》）

此身合是诗人未？细雨骑驴入剑门。

（《剑门道中遇微雨》）

当年万里觅封侯，匹马戍梁州。关河梦断何处？尘暗旧貂裘。　　胡未灭，鬓先秋，泪空流。此生谁料，心在天山，身老沧洲。

（《诉衷情·当年万里觅封侯》）

死去元知万事空，但悲不见九州同。王师北定中原日，家祭无忘告乃翁。

（《示儿》）

您的柔情，您的坚定，您的傲骨，都铸成了隽永而深味的灵魂：

世味年来薄似纱，谁令骑马客京华？小楼一夜听春雨，深巷明朝卖杏花。

（《临安春雨初霁》）

驿外断桥边，寂寞开无主。已是黄昏独自愁，更著风和雨。　　无意苦争春，一任群芳妒。零落成泥碾作尘，只有香如故。

（《卜算子·咏梅》）

您长达几十年的闲居，自放于家乡青山绿水间，所有的怨愤都凝聚成了无限的通达：

村南村北鹁鸪声，水刺新秧漫漫平。行遍天涯千万里，却从邻父学春耕。

（《小园》其三）

正当九月十月时，放翁艇子无时出。船头一束书，船后一壶酒。新钓紫鳜鱼，旋洗白莲藕。从渠贵人食万钱，放翁痴腹常便便。暮归稚子迎我笑，遥指一抹西村烟。

（《思故山》）

莫笑农家腊酒浑，丰年留客足鸡豚。山重水复疑无路，柳暗花明又一村。箫鼓追随春社近，衣冠简朴古风存。从今若许闲乘月，拄杖无时夜叩门。

（《游山西村》）

您将读书写作做人之万千经验与教训，谆谆教与儿子，更教与世人：

古人学问无遗力，少壮工夫老始成。纸上得来终觉浅，绝知此事要躬行。

（《冬夜读书示子聿》）

汝果欲学诗，功夫在诗外。

（《示子遹》）

《剑南诗稿》《放翁词》《渭南文集》《老学庵笔记》《入蜀记》《南唐书》，九千三百余首诗，一百四十余首词，七百多篇文，河山家国，坎坷曲折，世间柔情，所有的所有，都化作了您的诗，您的文，您的思，化作了激励后世的耳熟能详的金句。

务观兄，您被人仰望，但您从来没被人遗忘，在我眼里，您是超人，您来南宋，就是南宋大地存在的意义。

有人说，为更清楚地了解一个人，最好的办法是写一本书。于是我写了您，我试图以笔记式的抒写全方位走近您，走近您率真、博大、深邃的内心，向您致敬，但依然紧张，这回我是真紧张，您要为我捏一把汗了。

务观兄，2025 年 11 月 13 日，是您九百岁生日。宗亲我作《天地放翁》一书，提前祝您生日快乐。船头一束书，船后一壶酒。有酒不谋州，能诗自胜侯。九百岁还被人惦记，一定快乐无比。

权作序。

陆春祥

辛丑夏月酷暑中

杭州问为斋

第一卷 家世记

绍兴陆氏，系唐末由吴之嘉兴迁徙至钱塘，为避五代之乱，陆游的七世祖陆忻入赘迁至山阴鲁墟村的李姓人家，以桑麻为业，初姓李，后恢复陆姓。陆家在鲁墟，自给自足，亦耕亦读，至陆游的四世祖，高祖陆轸，科考出仕，陆家开始步入书香之家。

按《山阴陆氏族谱》《会稽世德堂陆氏宗谱》记载，绍兴陆氏系吴郡四十九支侍郎支，唐宰相陆贽（宣公）之后，贽公五世孙谊公为拒绝钱越王之宠臣陆仁璋通谱而率族百口渡过钱塘江，避地山阴（史称“拒贵通谱”），故始迁祖应是陆谊。谊公之孙陆忻，因立山阴二十九支，后人尊忻公为山阴始祖。

陆游在《家世旧闻》中记载了高祖陆轸以下四世及外家唐氏诸先辈的轶事遗闻，窥一斑可见全豹。

一、爱插花之陆轸

宋真宗大中祥符二年（1009）己酉，陆轸领乡荐第一，五年壬子礼部复试第一，是年以榜眼及第。

陆轸字齐卿，晚年自号朝隐子，在馆阁（北宋有昭文馆、史馆、集贤院三馆及秘阁、龙图阁，分掌经籍及编修国史等）任职几十年，累赠太傅。在陆游眼里，他这位高祖，神秘而潇洒：结交的朋友，大都性格恬然清淡，喜欢神仙方士之术，绝食辟谷数十年。太太爷爷的行事为人，影响他的一生，尤其神仙道教。

施肩吾是唐代睦州桐庐县人，他中进士后不久，就做了道士。而陆轸对这位离他不远的高人，思之念之，而且，陆轸还做过睦州（今建德梅城）知州。陆游至少两次写到了他的高祖与施肩吾的“交集”：

> （太傅）公生七年，家贫未就学，忽自作诗，有神仙语，观者惊焉。尝退朝，见异人行空中，足去地三尺许，邀与俱归，则古仙人嵩山栖真施先生肩吾也。因受炼丹辟谷之术，尸解而去。
>
> （《渭南文集》卷二六《跋修心鉴》）

陆轸的神奇，一开始就体现在少年时，没有读过书，却能突然开悟作诗，诗的内容陆游没有披露，不过，看诗的人大吃一惊，这样的场景，足以说明，一直务农的陆家，有了这样的小天才，要开始发达了。什么事都讲缘分，这不，某一天，陆轸在退朝的时候，就见到了异人，此异人在空中行走，不过，离地不高，以至于陆轸可以邀请他去家中做客。此异人就是施肩吾，他在嵩山居住，人间有如此的信仰者，必须见上一面，是鼓励还是接见？应该多种意图均有。

果然，在第二次见面时，施真人就授予了陆轸秘籍：

> 先太傅自蜀归，道中遇异人，自称方五，见太傅曰：先生乃西山施先生肩吾也。遂授道要。施公，睦州桐庐人。太傅晚乃自睦守挂冠，盖有缘契矣。
>
> （《老学庵笔记》卷五）

这里的重点乃授道术，而授的结果则是，陆轸晚年做了睦州的知州，他以为，这是冥冥中的安排，他也学起了施真人，挂冠而去了。其实，陆轸在睦州工作还是勤勉努力的，并没有顾自撂挑子，否则，朝廷不会卒赠其太傅、谏议大夫。

循着陆游的记述，我们再来说陆轸的工作和生活。

宋真宗时，皇家考试是要将名字糊起来的，防止作弊。到了景祐年间，卷子上的真名还是照样要糊，但也有特例，为的是不埋没真正的人才。陆轸做会稽知州，考试完毕，考试院发榜前，将试卷一一拆开，陆轸说：为什么不见项堂长的名字呢？这个项堂长，是考试院的职事，文章写得非常好，已经很有名气了。工作人员紧接着就将项的文章翻出，陆轸阅后，立即将其选作第一名，后面的依次排名，最后一名去掉。这个举动，足见陆轸的工作方法干脆果断。

陆轸辟谷二十几年。辟谷时，当然不是完全不吃东西，他也偶尔喝酒，或者吃一些山果之类。既然要喝，就要尽兴，喝到九分九时，他会将花插在帽子上，走来走去，根本不在乎别人说什么。陆游的父亲陆宰在给陆游说他曾祖插花这个细节时，小陆游很好奇，歪着头问：前辈们在宴会的时候都要戴着帽吗？陆宰摸摸胡须，笑着答：是的，他们平时着装都中规中矩，出游或者聚会，喝茶喝酒，就会换上便服、便帽，冬天多穿棉袄，夏天则着浅色衬衫。而陆游那时候流行穿的背子（直领对襟，两侧从腋下起不缝合，多罩在其他衣服外穿），陆轸时代则还没有出现呢。陆轸退休时，立即换上道衣道袍，完全一副道士打扮。退休官员这般打扮，和平民百姓明显有区别。王安石退休后，居住在金陵山中，他也不闲着，便衫，便帽，天天骑着驴到处跑。

其实，男人戴花，在古代并不稀奇，唐代新科进士，他们赶赴琼林宴时，都要隆重戴花。在两宋，男子戴花似乎是个时尚。宋徽宗每次出游，都是御裹小帽，簪花，乘马。翻翻《水浒传》，那些好汉很多都喜欢花：浪子燕青，鬓边长插四季花；病关索杨雄，鬓边爱插芙蓉花；短命二郎阮小五，鬓边插朵石榴花；蔡庆，干脆诨号就是一枝花，因为他生来爱戴一枝花。苏轼也戴花，不过是酒醉时。他有一首《吉祥寺赏牡丹》，别有一番情趣："人老簪花不自羞，花应羞上老人头。醉归扶路人应笑，十里珠帘半上钩。"赏花喝酒，酒喝多了，顺手摘朵花戴在头上回家去，一路上跌跌撞撞，路人围观，沿街人家的女子都卷起窗帘看他。

自然，陆游自己喝高了，也插花戴，这个后面说。

在陆游眼中，操着一口绍兴方言的高祖陆轸，性格直爽，即便是对皇帝，也是有一说一。在馆阁时，他去向仁宗皇帝汇报工作，说着说着就激动了起来，他用笏板指着仁宗的帝座说：天下有多少奸雄盯着您的宝座呀，陛下必须好好工作，才能长久地保住这个位置！

二、王安石的学生陆佃

陆轸的两个儿子，长子陆琪，曾为官袁州万载县令（今江西万载县）；次子陆珪，做过湖州武康（今德清）县尉，信州（今江西上饶信州区）司法参军，杭州南新县（今富阳万市）、明州奉化县（今宁波奉化区）知县，睦州录事参军等，后为国子监博士。

陆游几乎没怎么写他的曾祖陆珪，陆珪死后，朝廷赠太尉。

据《山阴陆氏族谱》记载，天圣四年（1026），陆轸选中吼山北麓魏家山之阳的山水间建造宅第。庆历二年（1042）十月，陆珪做了一件家族迁居的大事，就是将家从山阴之鲁墟迁到会稽之吼山，鲁墟旧宅，则舍为法云寺，建中靖国元年（1101），朝廷赐法云寺为功德院。

陆珪有四个儿子，陆佖、陆佃、陆傅、陆倚，因此，吼山的宅院规模比较大，陆家甚至还在吼山北麓建起了家庙，宋徽宗特赐名为"东山寿宁院"。

在北宋，陆佃显然也是个响亮的名字，陆游也对他的祖父念念不忘，他在《家世旧闻》上卷中，差不多用一大半的篇幅写了陆佃的各种传奇。

陆佃，经学大家，王安石弟子。宋神宗熙宁三年（1070）登第，历官中书舍人、给事中、吏部侍郎，以龙图阁待制知颍州、邓州、江宁府，徽宗朝，官至吏部尚书、尚书右丞、左丞御史。罢知亳州而卒，后赠太师，封楚国公。

对祖父的诞生，陆游骄傲地写着：爷爷生在山阴郊外的鲁墟故居，高祖陆轸看着这位爱孙，曾这样赞叹：这孩子，日后一定会为我们陆家带来荣誉！高祖甚至还替这位爱孙取了小名“荣”。

然而，陆游的这位爷爷，少年的时候，身体却十分瘦弱，瘦得竟有些让人害怕。某天，陆佃忽然做了个梦，一老头对他说：我是老聃，我和你有缘分，我会治好你的病。话一说完，老聃的手就伸进了陆佃的肚子，将他的肠胃取出，放到流泉中去洗涤了一番，又将洗净的肠胃装进陆佃的腹腔中。陆佃醒来，肚子还觉得隐隐痛，不过，从此以后，他的肠胃就好了，人也长得壮实起来。

洗肠胃确实有些神奇。不过，晚年的陆佃被贬亳州时，他去了太清宫，看见道观里的老聃，忽然就记起了年少时的这个梦。

陆佃遇事沉得住气。他登第时，其中第四名叫张中的人，在殿廷上就高兴得不得了，他拉着陆佃的手说：如何让乡亲们知道我们考中的事呢？陆佃没有回答他。回乡后，陆佃对好朋友说了这个事，并叹息地预测道：这张中成不了大器的。果然，张中做了宁波象山的县尉，因为违反外交规定，和高丽人朴寅亮私下和诗唱和，被免掉了职务，并且，从此一生他都做不了官。

陆佃拜王安石为师的事情，动静不小，必须先说一下。《宋史·陆佃传》，一开始就写了陆佃学习和拜师这件事：

> 陆佃，字农师，越州山阴人。居贫苦学，夜无灯，映月光读书。蹑屩从师，不远千里。过金陵，受经于王安石。

这简短的开头，耐人寻味。

从陆轸开始，到陆珪，再到陆佃出生和成长，家境居然还是“贫”，完全靠薪俸生活，拖家带口的，估计陆家真的只剩书香了。少年或者青年陆佃，面对此境，并没有埋怨和牢骚，点不起油灯，那就借月光，喜爱读书的人，不会找不读的理由。陆佃千里拜师，居然穿着草鞋。从山阴到金陵，崇山峻岭，山路蜿蜒，曲曲折折，陆佃跋山涉水，一点也不觉得苦，他要去拜心目中的大师，力量无限，不想，某次过河时，不小心被水冲得好远，差一点就要了小命。而当满身泥泞一身狼狈的好学有志青年站在王大师面前时，王顿时被感动。

按说，陆佃有如此名师且高位的王安石，前途应该一片光明，可事实却不是如此。《宋史》接下来花了不少的篇幅写陆佃与王老师之间的事，看他如何对待处理：

> 熙宁三年，应举入京。适安石当国，首问新政，佃曰：“法非不善，但推行不能如初意，还为扰民，如青苗是也。”安石惊曰：“何为乃尔？吾与吕惠卿议之，又访外议。”佃曰：“公乐闻善，古所未有，然外间颇以为拒谏。”安石笑曰：“吾岂拒谏者？但邪说营营，顾无足听。”佃曰：“是乃所以致人言也。”明日，安石召谓之曰：“惠卿云：‘私家取债，亦须一鸡半豚。’已遣李承之使淮南质究矣。”既而承之还，诡言于民无不便，佃说不行。安石以佃不附己，不复咨以政。
>
> 更先朝法度，去安石之党，士多讳所从。安石卒，佃率诸生哭而祭之，识者嘉其无向背。迁吏部侍郎，以修撰《神宗实录》徙礼部。数与史官范祖禹、黄庭坚争辩，大要多是（王）安石，为之晦隐。（黄）庭坚曰：“如公言，盖佞史也。”佃曰：“尽用君意，岂非谤书乎！”

看三个关键字“不附己”，陆佃的“不附”王安石，是以他们对变法中出现的弊端的不同态度而体现的。平心而论，王安石变法，也是出于公心，但从变法的实践看，依然有许多的不如意，比如这次讨论中的“青苗法”，就给百姓增加了负担，而作为主导变法者，他自认为万无一失，别人的意见，偏激的居多，不值得采纳，根本不用去听。对此，陆佃立即毫不客气地指出，这就是别人议论老师的主要原因。不过，王安石终究是从陆佃的话里听出了一些话，第二天再和陆佃讨论，并说已经派人去淮南调查昨天谈到的细节，看到底有没有私人收债要送鸡送猪的情况。不想，这个派去的李承之并不是陆佃，他调查回来向王安石汇报：根本没那样的事！新法实施，一切都好，百姓非常欢迎！

自然，王安石不会任用陆佃这样的学生，即便他刻苦勤勉。

王安石变法失败，人人远而避之，但陆佃不避。两个细节，让人感受到中国传统师生关系中浓浓的情感。

一个细节是，王安石去世，陆佃带着学生哭而祭之。陆佃的哭，是真哭，他为失去一位好老师而哭，尽管老师在变法中没有任用他，对陆佃来说，工作和感情，两码事。

另一个细节为，在编写《神宗实录》时，对于王安石的过失，陆佃与另外的史官争论，认为不必要写上去，要适当隐晦，黄庭坚说：如果像你说的那样，那不就成了吹捧人的历史了？陆佃针锋相对：如果都按你们的意思写，那不就成了诽谤人的历史了？

陆佃的脑子里，自有他的尺度，那就是以事实为准绳，适当地为尊者讳，难道不可以吗？尤其那些无关紧要扯不清的乱麻事。

或许，这样的性格，也是后来他被奸臣打入元祐党籍的重要原因吧。

对王安石的态度，让陆佃率真为人的形象呼之欲出。除此外，陆游对陆佃的描写，充满了深情，爷爷的细事小事、大事国事，皆娓娓道来。当然，这应该是父亲陆宰说给他听的。

爷爷从金陵回乡丁内艰（母丧）时，即便是看管墓园的人来，他都腰束带、头戴帽，按正式礼仪接待，并请他们吃酒食，一点都不怠慢。

爷爷为官四十年，竟然没有房产。元祐年间，他丁忧（父死）回山阴，就借住在妙明院的僧舍。爷爷晚年回乡，在卧龙山下得到一块地，临时建了个园子居住，山麓有一股细小的泉水，爷爷将它引到院子里，筑了一个小池。这个地方应该不错，边上紧挨着越国著名大夫文种的墓地，爷爷的愿望是，这里，最好能建一座别墅，长久居住，最后，竟然也没有建成。

重点说陆佃出使契丹。

元符庚辰（1100）正月，宋哲宗驾崩，宋徽宗继位，七月，朝廷派遣吏部尚书陆佃出使契丹通报消息。

陆游的记忆深处展开了一个场景：每当爷爷公差出行，他的好朋友，吏部侍郎张芸叟就会到家里来探望，张侍郎来了后，坐在西边厅堂的台阶上，将陆家管事的老兵喊来，一一问明情况，家中一切可好？缺不缺什么东西？又将负责安全的老兵领导喊来，要他约束看护士兵，不能出乱子，一切交代完毕，他才离去。除非生病来不了，或者斋戒祭祀走不开，每次爷爷外出，张都来探望。

陆佃出使辽国，事情办完回宋，半路上遇到事情了——辽国皇帝逝世，护送陪伴的辽人立即要回国哀悼，以辽对宋的上尊关系，居高临下，辽国人毫不客气地要求陆佃：我国发生这样悲痛的事，你们也应该吊唁的！陆佃慢悠悠地回答，却针锋相对：我开始认为你会匍匐哭着上前来和我相见，我就会立刻行吊唁的礼仪；而现在你安然像平常一样，我还吊唁谁？

陆佃的对答中，满含着一种硬朗朗的骨气，而这种骨气，自宋朝建立起，在被辽、金和西夏压得喘不过气来的大背景下，尤为珍贵。

在陆游的笔下，他这位爷爷，每时每刻都在观察和思考。出使期间，在住的宾馆中，有一胡人服务生，做事非常有条理，也能讲汉话，某天在吃煎饼时，因有剩余，陆佃就给了小胡几个，小胡谢了却不吃，问他原因，小胡说：我要拿回家给父母亲吃。陆佃听了很高兴，再问他：你知道这叫什么食品吗？小胡答：我们这里叫石榴。他的意思是说“食馏”，可以将凉了的熟食蒸熟再吃。

辽政府部门运送物资，或者出车，不用兵夫，在途中遇到行路者，随即抓住驱使。有一天，陆佃一行正要骑马出行，某挑担者一副哭相诉苦：我是燕京的进士，实在挑不动呀。陆佃笑了，立即替他说情，放了那人。

陆佃满肚子的学问从哪里来呢？自然不是天上掉下来的，陆佃苦学勤学的事例，无疑都成了陆游良好的学习榜样。

陆佃除了拜王安石为师外，也还有其他的老师。他在登第之前，四方游学，其中在高邮的时间最长。在那里，他住在扬州助教傅琼家中。陆佃与傅家老二傅明孺同吃同住，他们同拜高邮人孙莘老为师，虽然生活清苦，但陆佃认为，那日子过得很踏实。

陆佃特别喜欢《毛诗》，即便是注释的小字都能背诵下来，他看见那些门生不太重视注疏，很有感叹：自己曾经在金陵王安石老师家中，看见老师的书桌上有一部《诗正义》，许多字都已看不清楚，书都被王老师翻烂了。王安石看一眼就能记牢书上的东西，还朝夕不离书！王老师对陆佃的影响非常大，陆佃的学问，在某种程度上讲，也是以诸多老师为榜样，逐渐积累起来的。

一个叫黄安时的学生的回忆，更加使陆佃的形象突出了起来：

黄安时说，他年少时跟着陆老师学《礼记》和董仲舒的《春秋繁露》，他曾说董仲舒和圣人的言行不相符。陆老师笑着说，董仲舒读《春秋》，三年不窥园，坐马车出行不知道马的雌雄，你下过这样的功夫吗？黄安时听后，如遭雷击，自此后，他再也不敢轻率议论并下结论了。

陆佃不仅学问扎实，做官也认真，政绩卓著，除了前面说的出使契丹的表现，他在金陵太守任上破案救三人的事，同样值得尊敬：

> 句容人盗嫂害其兄，别诬三人同谋。既皆讯服，一囚父以冤诉，通判以下皆曰：“彼怖死耳，狱已成，不可变。”佃为阅实，三人皆得生。
>
> （《宋史·陆佃传》）

案子主审官都认为，三名杀人犯杀人，证据链完整充分，铁证如山，是个铁案。但陆佃看了案卷后却有大疑问，三人怎么会同杀一人？且有个案犯的父亲一直喊冤枉。陆佃想出一个计划，他对大家说，暂时缓十天，他一定会将案子搞清楚。果然，第八天，陆佃就将真正的案犯抓获。原来，死者的弟弟与嫂嫂通奸，色迷了心，杀了哥哥，又担心事情败露，就设计诬陷他人。

人命关天的事，都是大事，假如错了呢？关键是，人死不能复生。陆佃看着眼前的案子，脑中立即升起的疑问，促使他深入细查！

大学问家陆佃，除经学外，史学、文学、礼仪等方面也有非常高的造诣，他参与《神宗实录》《哲宗实录》的修撰，留下了《埤雅》《尔雅新义》《春秋后传》《礼象》等著作，还有二百多首诗的《陶山集》。

无论从哪个角度说，陆佃都是一个好官，性俭约，尤其不喜欢喝酒。每每与弟子们讨论问题到深夜，也不过喝上一杯菉豆粉山药汤，或者吃一粒桃奴丸（桃干）而已。

陆游写陆佃的这个细节时，一边写，一边笑：我这个大酒桶，哪一点像祖父呢？哈哈哈！

三、大藏书家陆宰

陆佃有七个儿子，陆宁、陆宲、陆寘、陆宧、陆字、陆宰、陆容。陆宰，字元钧，号千岩，陆游的父亲。

陆宰，宋代著名的藏书家，他在隐居时，曾经花了大力气修建双清堂和小隐山，用来放置他视如宝贝的万卷藏书。南宋始建，朝廷鼓励民间献书，而陆宰又一下献书一万三千多卷，成为私人献书最多的一位，受到朝廷表彰。

书堆中长大的孩子，这样回忆他的父亲。

与前面对高祖、祖父的描写不同，陆游对父亲的描写，大多用“先君言”，也就是说，他记的这一些，都是父亲说给他听的。概括起来，“先君言”说了大致以下几类事情：

当朝的人和事，是陆宰说的重点，其中关于蔡京就有好几条。

比如，人们议论蔡京生病。宣和末年，蔡京病得很重，人们都说，这一下，蔡必死无疑，但晁冲之对陆宰说：蔡京一下不会死，这个坏蛋将天下弄成这个样子，如果让他就这么轻松死了，那真是他的荣耀，这样还有天道可言吗?！果然，蔡京转危为安。

比如蔡京推行礼制。蔡京设礼制局多年，钱花了不少，只是将朝靴改为鞋子而已。但换鞋子的事却没有那么简单，鞋子换了，连朝服都要配套改革的，这也不是几个人，而是一个庞大的官员群体，花费就可想而知了。他又颁布《五礼新仪》，设置礼生，专门推广礼制。毛病又来了，民间原来的婚丧嫁娶，和要推广的新礼不一样，那些礼生，就跑去威胁人家：你们不用《五礼新仪》，我要去告发你们。办事之家只好用钱贿赂礼生。也就是说，蔡京推行的这些所谓新政，并没有考虑到百姓的实际生活，于是严重影响了民间的生活秩序，弊端太多，民间的议论，朝廷不可能不察觉，于是下令缓行，这就等于是间接废除了。

陆宰的议论，只是一部分官员的看法，他们也肯定知道，蔡京即便再独裁，也不可能有那么大的权力，蔡京的背后，就站着宋徽宗。赵佶继位的大宋王朝，已经如一只严重漏水的大船一般了，他想通过推行新的礼制，再次收拢起权力，凝聚起人心，巩固他的统治，所以，支持和迎合蔡京的人也就不少了。河朔有一块柳公权写的碑《何进滔德政碑》，号称是柳的绝笔，但迎合者却将柳碑磨去，改刻《五礼新仪》碑。据周密的《齐东野语》记载，蔡京在相位的时候，权势炽热，内外官司公移皆避其名，京东、京西都改成畿东、畿西，门人薛昂巴结蔡京，不准家里说京字，犯者用棍杖打。

光阴悠悠，日子绵长，春走了，夏来了，秋来了，冬紧接着就到了，在温暖的小火炉旁，陆游又在听父亲讲故事了。

这回，先说父亲的老师王安石。

王安石的马死了，这是皇上赐给的马，不一般，王就请俞秀老作一首诗纪念，秀老随即口占一首："相君高卧朝天阙，立损阶前白玉麟。此去定生狮子国，却来重载法王身。"王安石听后很满意，立即用秀老的诗韵和了一首，末句有："天厩赐驹龙化去，谩容小蹇载闲身。"陆宰强调，马死了，王安石晚年基本就是骑驴出行。

王安石晚年，病已经很重了，他还让人折花数枝，放在床前，以激发他的诗情："老年少忻豫，况复病在床。汲水置新花，取慰此流芳。流芳柢须臾，我亦岂久长。新花与故吾，已矣两可忘。"自这首《新花》诗后，再也没有看到过王安石的诗，这首应该是他的绝笔诗。

又说孝子的故事，陆宰说这个故事的用意其实是明显的，榜样就在我们身边。

绍兴同乡姚勔，嘉祐四年（1059）进士及第，三十岁做永康的县令，因为母亲年纪大生病，他就要求退休，还希望能替母亲讨得一个封赏。母亲死了，姚勔悲痛万分，几次哭死过去，他居穷巷达十五年，每次去给母亲上坟，都是徒步往返，一边走一边哭，行人都感动得连连抹泪。

听着父亲的故事，早慧的陆游自然心领神会，有时也会和父亲互动一下：哎，老爹呀，这些都是故事，有没有爹爹您亲身经历的事呢？

陆宰捋着须，笑道：那太多太多了，接下来，我就说几个给你听听吧。

元符末年，章子厚被罢相位，出东水门，至淮门，道路两旁的记里堠（类似现今的里程碑）上，都写着这样的大字："我是里堠，奉白子厚。山陵归后，专此奉候。"沿路没有一块漏掉。徽宗崇宁元年（1102），你爷爷遭小人算计，被罢为中大夫，知亳州，我们去亳州的路上，都还看得到记里堠上的那些字。

这是我亲眼所见的事，那些碑上的字，表达什么意思呢？章子厚应该是个好宰相，宋哲宗时，他是尚书左仆射兼门下侍郎，徽宗继位后不久，就遭罢黜。那些字，其实是拟人，以里程碑的口气，对被贬的章宰相表达友好的问候，而去亳州路上的陆佃和陆宰，境遇其实和章子厚一样，都是文人，借彼景表达此情，看着是说一件闲谈的事，用意却颇为深刻。

陆宰寻找父亲的学生黄安时的儿子，这件事情应该值得一说。

前面说陆佃时，已经说到过黄安时了。安时的父亲黄克俊，是尚书膳部员外郎，管理朝廷的酒以及祭祀之类的事。安时在太学读书时，名气就很大，你爷爷陆佃，教他《礼记》和《春秋》两门课。安时在父亲去世后，就没有参加科举考试了，回到乡下寿春县凤桥老家做起了农民，自号凤桥耕叟。安时的妻子死得早，他也没有再娶。在凤桥，安时布衣蔬食，闭门教书，晚年又迷上了《易经》，尤其尊崇伊川程先生的学说，但他不迷信程先生，他说，程先生是《易经》专家，但里面蛊卦之九二爻，则解释得显然不正确。安时著书数百卷，不幸都遭乱遗失，没有传下来，他死于靖康兵乱。

这个黄安时，显然是有性格的，生活实在不如意，他有一个儿子，叫牧儿，陆宰说“独得脱”，什么意思呢？应该是在靖康之乱中失散了，到底还在不在人世呢？陆宰在此后的多个时间多个场合多方寻找，结果一点音信也没有。甚至，陆宰曾一度想率领全家移居寿春（此地为楚国故都），移居的目的，也有寻找黄安时儿子的意思。

说到这里，陆宰对着陆游不断叹息：安时的儿子没有找到，我至今为憾！

公元1148年，是陆宰去世的年份，某一天夜晚，他做了一个梦，陪着父亲陆佃登海岱楼，陆佃回头对儿子叹息道：才几年工夫，你也老了，何况我啊。梦到这里，陆宰就醒了，想起刚刚的场景，悲感泣下，留下了两句诗：岁月悠悠悲往事，川原冉冉梦重游。

第二卷 离乱记

一、宣和七年

时间在宣和七年（1125）定格。

契丹辽从建国之日起，就将眼睛盯牢北宋的中原大地，澶渊之盟，宋真宗以称辽承天太后为叔母，再加每年输银十万两、绢二十万匹为条件，订立和议，换来了宋辽两国一百多年对峙中的安定。然而，辽兴宗并不甘心这样的局面，十六岁即位登基的耶律宗真，联合西夏胁迫宋朝，又迫使宋追加银十万两、绢十万匹。历史总是惊人地相似，等到耶律延禧继位时，这个天祚皇帝，运气加水平都十分地糟糕，他碰上了迅速崛起的女真部落，政和五年（1115）一月，女真首领完颜阿骨打宣布成立金国，成了金太祖，他第一件事，就是与宋结盟灭辽，十年后，宣和七年三月，天祚帝被擒，辽国灭亡。

辽天祚帝继位是在辽寿昌七年（1101）正月，而此前一年，宋元符三年（1100）正月，宋神宗的第十一子赵佶，因他哥哥宋哲宗病逝时无子而登上了帝位，是为宋徽宗，次年改号“建中靖国”。赵佶和耶律延禧，一前一后继位，真是一对南北大活宝，他们将北宋和辽都生生断送了。

金灭辽后，矛头迅速转向宋。这不能全怪金的贪婪，当一个新兴政权如火如荼，而另一个老旧政府日益腐败之时，不是我要灭你，是天要灭你，新兴政权这样想，而且，金人在与宋的合作中，早已摸清了对方的底细和实力，宋军数十万，两次攻辽，均被没落的辽打败，战役任务依然靠金国去完成，不打你宋，打谁？金人一直在屯兵布局，而宋徽宗却还在让人大弄花石纲什么的，虽然有识之士也一再提醒要防女真呀防女真，但徽宗身边的红人、河北河东陕西路宣抚使童贯，根本不听，待金人东西两路大军集结完毕，气势汹汹从各个方向杀往宋廷时，宋朝官兵多数望金军旗帜而迅速溃不成军，无人抵挡，金军一路披靡。

赵佶不想做末代皇帝，十二月二十三日夜，匆匆禅位于皇太子赵桓，是为宋钦宗，然后仓皇南逃，赵桓次年改元靖康。其实，金军打进东京城时，宋朝勤王军纷纷向首都聚集，已不下二十万人，而金人兵马不过六万。这一次，金人见好就收，他们的条件是：每年给五百万两金、五千万两银、衣缎一百万匹、牛马各一万头，还要中山、河间、太原三镇，再附带派一个亲王去金国做人质。协议书写好，割城的地图准备好，金人答应撤兵。到哪里去弄那么多的金银？宋朝政府动员全体人民，节衣缩食，遍搜金银，皇帝带头减餐，妓院也不要漏掉，“得金二十万两，银四百万两，而民间已空”（明朝陈邦瞻《宋史纪事本末》卷五六《金人入寇》）。

宋朝政府这种不抵抗的卖国行为，显然激怒了主战派和老百姓，虽然宋军常常战败，但也有不断打击和抵抗的军队，这就惹恼了金人，认为宋朝并没有遵行割地和议嘛，继续南下攻打。太原军民坚守八个月，仍然被金军攻破。靖康年底，两路金军先后到达东京城下，多次围攻，十二月初二，赵桓投降。靖康二年二月六日（1127 年 3 月 20），金下令废宋徽宗、宋钦宗二帝，四月初，金人押着二帝及宋皇室宗族数千人北归。

依然是宣和七年。

十月上旬，金人进攻宋朝的炮火尚未点燃，宋朝大地上，表面平静，但冬日的上空已经乌云紧压，就如狂风暴雨前夜黑暗的积聚。而淮河边上，真的是大雨连降数日不停，淮河水暴涨，淮河南岸的那几条官船，已经泊了数日，风大浪大水急，一时行不得船，大家都在等天空放晴。

十六日夜半，风雨骇人，泊岸官船中间的那一条，一家人都在紧张，挺着大肚子的官夫人，肚子开始一阵阵地痛，鸡鸣时分，她的呻吟声越来越重，至平旦，船舱内光线渐亮时，突然传出一阵男婴清亮的哭声。这时，雨已经停了，浪一下一下地晃拍着船舷，船依然有些摇晃，官员模样的中年男子，如释重负，虽一夜未眠，但脸上还是现出宽慰的笑容。中年男子叫陆宰，三十八岁，世道艰难，但家中添丁还是高兴事，两个男孩睡眼惺忪，围在父亲身边，刚诞下这个，是他家的老三，前面老大老二取名淞和濬，都带水字，那么这个就叫游吧，字务观。陆宰想到这个“游”字时，脑中就跳出《列子·仲尼篇》中的句子：“外游者，求备于物；内观者，取足于身”（见宋王应麟《困学纪闻》卷二《杂识》）。朝外游，将世界的外物都看遍，朝内看，将自身都观透，既走遍天下，也时时内省，天地间任我行，这实在是修身养性的好预示！陆夫人唐氏听了丈夫的解释，憔悴而虚弱的脸上，也显出如释重负的笑容。

陆游出生时，陆宰正从直秘阁、淮南计度转运副使的职位上卸任，他要回京领新职，这一趟路不算太远，从淮南出发，渡淮河，再转汴河即可进京。如果不是大风大浪所阻，他都快要到达京城了。

襁褓中的小陆游，在母亲温暖的怀抱中到了京城，但彼时，金人的铁蹄已经开始踏响，宋朝的灭顶之灾即将来临。陆宰进京时，正好京西路转运副使的职位空缺多日，陆宰随即接替，还是老行当，这个职位，主要负责泽州（今山西晋城）、潞州（今山西长治）钱粮的筹集和运输，类似于一个省的民政局副局长，如今，太原已经吃紧，那么，这样的职位，后勤保障就关系着朝政大局。陆宰将一家老小安顿在河南荥阳后（为什么不安排在京城？估计是生活成本大，而荥阳是水陆枢纽，离京城只有百余里地），迅速轻便动身。

接下来的情景，上面已经有所交代，徽宗匆匆让位，一直逃到镇江，新皇帝钦宗弄得焦头烂额，也想撂挑子，不过，协议已经签订，虽然耻辱，总算第一波危机过去了，待徽宗重新回京，老子儿子的内斗又开始了。靖康元年（1226）的四月八日，工作得好好的陆宰，突然被免职，他遭到了殿中侍御史徐秉哲的弹劾，一般人不明就里，陆宰心里却明白得很，徐秉哲之流是投降派，而自己一直在太原前线筹粮，金人四个月打不下太原，陆宰的驰援也有不小的功劳，投降派最怕触怒金人，随便找个理由罢免陆宰，这等于是釜底抽薪。陆宰落职，太原城完全孤立，城内军民饿死者十有八九，金人最终攻下了太原。此后，徐秉哲的表现，投降派的嘴脸索性表露无遗：金军围京城，开封府尹徐秉哲，不仅不抵抗，反而帮金人到处搜刮金银，逼迁官员和百姓，金人立张邦昌为伪帝，张封徐为中书令。

或许，就是这样的免职，让陆宰一家免于了京城最后陷落的混乱，这一年的秋冬之际，最迟应该在金人再次围攻京城前，陆宰带着一家老小，离开京城。他们冲过一路的险阻，带着仆仆的风尘，渡过淮河，先到寿春（今安徽寿县）短暂停留。寿春是淮南西路漕司的办公所在地，市井繁荣，陆宰想，父亲陆佃的学生黄安时就是寿春人，这里也有老朋友，在此过几天安耽日子吧，他甚至想安家于此。不想，没几天，京城就沦陷了，徽钦二帝也被金人掳走，溃兵游勇乘机作乱，金人还在不断南下，这里也不安全，还是回山阴老家吧。庆元四年（1198）冬，晚年的陆游，在家乡闲居时，回忆起幼时动荡的生活，刻骨铭心：

> 我生学步逢丧乱，家在中原厌奔窜。
> 淮边夜闻贼马嘶，跳去不待鸡号旦。
> 人怀一饼草间伏，往往经旬不炊爨。
> 呜呼！乱定百口俱得全，孰为此者宁非天！
>
> （《剑南诗稿》卷三十八《三山杜门作歌·其一》）

丧乱的年代，奔窜的日子，不仅有金兵追击，也有散乱无法无天的宋朝兵士，还有闻风而起的各路盗贼，路上随时随刻都有危险。追兵来了，长时间伏在草地上躲避，幸好怀里还揣着一个饼，但往往十几天生不了火，这和陆游后来在南郑前线不能生火的原因是一样的，都是怕被发现。

二、越之山阴

公元1127年年初，陆宰带着一家老小回到了山阴，越州。这一年的五月，宋钦宗的弟弟、宋徽宗第九子康王赵构，在南京(今河南商丘)即帝位，改元建炎，南宋开始了她越加艰难生存的岁月。

虚岁三岁，实际上只有十几个月的小陆游，自然不明白什么事，或许，他还不会说话，不会走路，依然是母亲唐氏怀里的常客，不过，这个年纪的婴孩，生长极快，一天一天都会不一样，当小陆游开始记事时，幽静的老宅，慈祥的父母，众多的族兄妹，明媚的山水，故乡的一切，都那么美好。

是的，这个有着五千多年历史的地方，神奇的传说和故事，让许多人向往。说陆游以前的越州，有三个关键词需要先理解：大禹，会稽山，越国。

会稽山脉起始于绍兴西部的诸暨、东阳，延伸至东边的新昌、嵊州，山峰连绵，山势雄伟。司马迁《史记·夏本纪》这样说会稽的来历："或言禹会诸侯江南，计功而崩，因葬焉，命曰会稽。会稽者，会计也。"大禹召集开大会，来了多少部落首领？至少数千，也有人说上万，会议很成功，但大禹却累死了，就地埋葬，此地就叫会稽，就是开会议大事成功的地方。大禹陵和禹王庙，一定是陆游经常去玩的地方。

会稽这地方，生活着尚未开化的越族，短发纹身，他们有自己的语言、文字和图腾，神秘而蛮荒。东晋贺循的《会稽记》载："少康封其少子，号曰於越，越国之称始此。"这就是说，越国在夏朝就诞生了，夏王少康封其庶子无余于越，越国要早于后来相邻的吴和楚，至少在三千年以上。经过商朝，到了周朝,《竹书纪年》记载了他们的崛起：“周成王二十四年，於越来宾”。周成王（约前 1055—前 1021）在位时，越国派出的使者觐见了周天子，越国开始闪亮登场。

吴王夫差的故事，是为越王勾践的传奇作铺垫的。

这有一个长长的前奏。公元前 506 年，楚国内乱，吴王阖闾瞅准时机，借助父兄皆被楚平王杀害的伍子胥的怒火和仇恨，加上兵法专家孙武等名将的谋略，将楚军打得落花流水，楚国苟延残喘，楚国到处告急，越王允常决定趁吴国都城空虚之际举兵攻吴，不过，楚危解除的同时，吴越两个相邻的国家，就此结下了深深的仇恨。七年后，阖闾经过充分的调整和歇息，与越开战，不料，这场复仇式的战争，却以刚继位不久的勾践大胜而结束，阖闾拖着受伤的躯体，加上一股闷气郁懑在胸，一命呜呼。两年后，继任者夫差，怀着十二分的仇恨，举全国精锐，在太湖边将勾践打得无还手之力，吴兵长驱直入杭嘉湖平原，并越过钱塘江，勾践带着残兵败将躲进了会稽山。接下来的故事，大家都耳熟能详了，夫差志得意满，过上了天天与美女美酒相伴的好日子，而勾践则卧薪尝胆，忍辱负重，并施美人计、苦肉计，十年后，终于成功灭吴并称霸中原。

即便是勾践后的越国，也没有永远的传奇。在春秋战国的历史上，越国曾和齐鲁燕赵魏韩等国一样辉煌，最后，都被秦始皇收进统一的大囊中，会稽成为秦帝国三十六郡之一，会稽山也成为天下五大名山之一（另四大名山是：太室，今河南嵩山；恒山；泰山；会稽山；湘山，今湖南君山）。隋朝曾短暂将会稽郡改为越州，至唐朝初年，正式将会稽改为越州。

不过，越州不是一般的州郡，它在北宋以前的很多时间中，都作为路和府的所在地，是东部的文化和经济中心，是许多士族的向往之地。晋室南迁，会稽郡以宽大的胸怀，接纳了数百家的士族，谢安、郗鉴、何充、王坦之、王羲之、王献之、郭璞、孙绰、曹龙、顾恺之、戴逵、戴颙、郗超等等，诗、书、画、音乐、玄学，会稽的山水，因这些名人而久久生辉。

除了家庭的教导，陆游，就被这样的环境养育和熏陶着。

三、东阳避乱

七月烈日，会稽山脉的山道中，一个绵延数百米的人马车队在慢慢蜿蜒着，他们正由越州往南的方向行走，目的地是东阳大山中的安文（今磐安县城安文街道）。正午时分，炎热将人晒得无精打采，不时有老少停下来休息喝水什么的，不过，他们的心中都充满着渴望，到了安文，没有金兵，可以过几天安稳的日子。

建炎四年庚戌（1130 年 7 月 26 日），大山里的安文，迎来了数十辆车轿、百多张陌生的面孔。平时安静的安文突然一下子热闹了起来。人群中，有官员，有役夫，有仆人，男男女女，老老少少，这些人都来自陆游的大家族，安文以无限清凉迎接着这一队疲惫的人马。

这一年，陆游已经六岁，他随着父母亲及奶奶（楚国太夫人）、哥哥们一起来此避难。安文是东阳偏僻的一个山镇，东阳离越州不远，两百来里地，从越州出发，穿过西施的那个诸暨县，就不远了，虽是行走缓慢的大队人马，十来天时间差不多也能到达。

金人已经将浙江的大半个都占领，陆宰心焦，越州这边，交通方便，金兵很快会来扰乱，去哪里避乱呢？东阳安文，彼地青山四合，只一山口可供出入，复有河流贯其前，境僻势险，宜于避兵，安文有个叫陈彦声的壮士，向陆宰发出了邀请：你们来安文吧，这里山高皇帝远，山好水好，有吃有住，我手下的队伍还有不少人，可以保护你们。

陈彦声用真诚诠释了他的热情，他带着队伍，越百里相迎，按路程计算，在东阳的边界诸暨，就接上了陆宰一家，兵荒马乱的岁月，有如此诚心热心的朋友，陆宰的眼眶里不禁有点热。看着陈彦声的队伍，彩旗在空中飞扬，士卒们黝黑的脸上写满了厚道，静静地看着眼前的这一大群客人，陆宰一时心情大好，他和母亲咬了咬耳朵，老太太起初还不肯出来，说年纪大了，怕颠簸，外面也不安全，眼前的场景，让老太太放下心来，她咧嘴一笑，皱纹虽在阳光下层次分明，却依然有着官夫人的威严。

幸运的是，陆宰一家刚到东阳，越州即遭金兵焚掠，法云寺因为地处官道旁，被烧得一点都不剩，而法云寺离陆宰家近在咫尺。次年，赵构在越州，监察御史韩璜奏道："自江西至湖南，无问郡县与村落，极目灰烬，所至残破，十室九空。询其所以，皆缘金人未到而溃败之兵先之，金人既去而袭逐之师继至——嗷嗷之声，比比皆是，民心散叛，不绝如丝"（于北山《陆游年谱》）。而在朝廷看来，洞庭湖畔的钟相、杨幺农民起义，也属于严重的不安分因素，本应对付金人的将军张浚、岳飞，却接到命令去讨伐起义军。

东阳外面的世界，已经乱成一锅粥。

陈彦声腾出自家屋舍，屋内各种器具俱全，甚至，为了陆宰一家的到来，陈还添置了不少家具。虽是炎夏，但山环水绕的安文，显然有着独特的小气候，加上舒适的心情，陆宰一家老小，在安文过起了踏实的日子。

家中藏书数万卷，家中有许多人都可以做陆游的老师，但已经到启蒙入学年纪的陆游，依然需要老师正规的教育。一个冬日的暖阳中，小陆游在父亲的陪伴下，走进了设在安福寺的学堂。

古心和尚结茅屋于独秀屏下，多年苦心募化，至唐咸通初年，安福寺终成规模宏大的寺宇，大雄宝殿、三圣殿、观音阁等殿宇，均给人以威严之感，安福寺的四周，还有独秀峰、碧岩洞府、金异坪等景观簇拥围绕，此地，真是一个礼佛读书的好地方。

陆游人生中的第一位老师，衢州江山人毛德昭，笑眯眯地迎接着小陆游。眼前这孩子，与山里别的孩子有大不同，浑身上下洋溢着机灵劲，他似乎对整个世界都充满了好奇，其实，在家庭环境的熏陶中，陆游早就开始了对古代经典的关注，父亲书房中那成卷成卷的书，他有时会一本一本地抚摸其封面。

一笔一画地教，一字一句地念，毛老师太喜欢这个学生了，倾心传教，不厌其烦。毛老师一定给小陆游留下了不可磨灭的印象。陆游中年去夔州任通判，《入蜀记》卷一中记载，他行至秀州（今浙江嘉兴）时，和友人谈到了这位毛老师。毛老师极其苦学，中年不幸生病导致眼盲，眼睛虽看不见，但他仍然整日坐着，默诵“六经”数千言。毛老师没有留下子嗣，陆游甚为遗憾。陆游有诗描述当年蒙学的情景：“我昔生兵间，淮洛靡安宅。统髦入小学，童卯聚十百。先生依灵肘，教以兔园册。仅能记姓名，笔砚固不择。灶煤磨断瓦，荻管随手画”（《剑南诗稿》卷七十《予素不工书故砚笔墨皆取具而已作诗自嘲》）。童稚童趣，跃然纸间。学而时习之，不亦说乎！有朋自远方来，不亦乐乎！安福寺学堂内，童子们高声诵读，声音钻出窗户，一直向独秀峰飘去。

陆宰也被安文宁静的日子感染，远离战火，粗茶淡饭，诗书相伴，夜夜安睡，新老朋友，相谈甚欢，感觉到从未有过的踏实。一日午后，睡足醒来，不觉写下《题安文山居》：“谁道山居恶，山居兴味长。水声喧枕席，山色染衣裳。日馔溪鱼小，时挑野菜香。昨闻新酿熟，还许老夫尝。”这诗简直如同白话，不过仍有浓浓的诗意，枕着哗哗溪流睡觉，近山远峰满目青翠，溪鱼个子虽不大，却如那野菜一样，本土本色原味，昨天散步，偶经一农人家门口，新酿酒香传出，不禁止步，正探望间，农人捧出一碗新酒，对陆宰说：这酒刚酿出，官人尝尝，尝尝！

小陆游的个子日日蹿长，在安文的日子也如驷之过隙，三年转眼过去，金人已退回北方，战乱基本平息，南宋政权逐渐安定下来，带着对陈彦声满怀的感激，带着对安文深深的记忆，绍兴三年（1133）癸丑二月初八这一天，踏着百草渐露的早春脚步，陆宰一家离开了安文，返回山阴。

成年后的陆游，脑子里依然对儿时这一段生活记忆深刻，绍兴三十年（1160）初春，陆游从福建卸任至京城临安任敕令所删定官途中，特意转道安文，正逢酴醾花压架盛开之时，他留下了欢欢喜喜的诗：

福州正月把离杯，已见酴醾压架开。
吴地春寒花渐晚，北归一路摘香来。

（《剑南诗稿》卷一《东阳观酴醾》）

酴醾花，也叫佛见笑，溪沟边，山坡上，阴地，林缘，到处都是，福州地处浙江偏南，酴醾正月就盛开，陆游一路北归，到了安文，酴醾花正开得热闹，他知道，等这里的酴醾花开过，春天就结束了。花香人熟，在安文小住几日吧，这里有太多的记忆，去安福寺看看，回想一下幼年时的读书情景。陈彦声老人是看望的重点，故人相见，双手紧握，众人把酒换盏，畅怀叙旧，一时笑声盈屋。陆游细看，眼前的陈老人，已是古稀，和他幼时见到的意气风发迥然相异，然老人状态颇好，他因保乡安民有功，被朝廷升为承节郎，但没有赴任。陆游内心涌起无限尊敬，端起酒杯，颇有感慨地对陈老人说：我和父亲都感谢您当年的鼎力相助，祝您老人家健康长寿！

乾道二年（1166），陈彦声老人去世，应其第五子陈伯之请求，陆游为其撰写《陈君墓志铭》。墓志铭中，陆游回忆了那一段避难的经历，盛赞其义行。

四、云门书声

赵构一路南逃至越州时，“绍奕世之宏休，兴百年之丕绪”，改年号为绍兴，希望自己的朝廷有个好未来，已经东阳归来的陆宰一家，终于有了一个相对安定的生活环境。

回到故乡的少年陆游，随父亲居住在城内爷爷陆佃留下的尚书府第中，老房子内，儿童的嬉戏和读书声常常飞出老旧的屋檐。除此外，陆宰也带着小陆游去云门山，在云门草堂小居，草堂在著名的云门寺西边，陆游要读书的学堂也在那。

云门山是会稽的一座名山，山内云门寺，原是王献之的故居，自晋唐以来，名满天下，晋代高僧支遁和昙一，都出自云门寺。云门的文化底蕴厚实，连它的屋檐翘角似乎都沾满了诗词，自晋至清，二百多位诗词大家留下了五百多篇诗文。

某一天，母亲唐氏将一个结实的布袋递给少年陆游：务观，去云门寺跟老师好好读圣贤书吧！好的，母亲！陆游接过书袋，望着母亲，望着父亲书房那成堆的书，沉着地应答着。书是他知晓外部世界的唯一通道，他喜欢书！

第三卷 从师记

一、诗人无常师

云门寺的学堂里，学子们琅琅的读书声，常与寺中飘出的梵音节奏相鸣，只是学子们的读书声更整齐、干脆、急促，如果外面没有乱兵，这样的场面，很容易让人误以为现世安稳，然而，赵构建立的南宋政府，在以后一百五十二年的时光中，就如一艘在大海中航行的摇摇晃晃的大船，时时遭遇狂风巨浪，最终被蒙古人彻底掀翻。

少年陆游，和父母亲一路逃难奔波，也吃足了苦头。本来做官的父亲，现在日日在家陪伴着他们，父辈们偶尔的闲谈，他也能听出一二，但终究还不明白局势是怎么回事。背起书包，安心读书吧，只有读书才能光宗耀祖，几乎所有的人都这么认为。

圣人无常师，孔子师郯子、苌弘、师襄、老聃。陆游读韩愈《师说》中这几句时，脑子就转个不停，读书真的很重要呀，圣人都要读书，读书还不能只拜一个老师，三人行，必有我师！他很羡慕那个被韩愈老师收为学生的李蟠同学，不过，眼前的老师，也个个都慈祥和蔼，喜欢。

成童入乡校，诸老席函丈。
堂堂韩有功，英概今可想。
从父有彦远，早以直自养。
始终临川学，力守非有党。
纷纷名佗师，有泚在其颡。
二公生气存，千载可畏仰。

（《剑南诗稿》卷四十三《斋中杂兴十首》其一）

谁可以称“堂堂”？韩有功老师就是，容貌壮伟，英俊潇洒，意气风发，无论人品还是学识，或者是教学态度，这位越州士子领袖型人物，一定给少年陆游留下了深刻的印象，以至陆游六十多年以后，还清楚地记得他的音容笑貌。

陆彦远，陆游的族伯父，应该是陆宰同一个高祖或更以前的同族兄弟，这位老师，自小就教导陆游，情理上，自家侄儿，更亲切，印象也更深。陆游在《老学庵笔记》中，写到这位族伯父做学问的认真：“予少时见族伯父彦远《句》诗云：‘虽贫未肯气如霄’。人莫能晓。或叩之，答曰：此出《字说》霄字，云‘凡气升此而消焉’，其奥如此（《卷二》）。”陆游还记得族伯父给他讲仲殊长老的故事，极为有趣，日后就变成了他书中生动的文字：

陆彦远小时候就认识仲殊长老，长老因为嗜食蜂蜜，名气不小，苏东坡曾经为他写《安州老人食蜜歌》。有一天，许多朋友在一起吃饭，上来的食品都有蜂蜜，连豆腐、面筋、牛奶，都用蜂蜜拌着，一些客人嫌太甜，吃不了，只有苏东坡和长老一起吃得欢。崇宁年间的一天，仲殊忽然和朋友们一一告别。当晚，他关上方丈门自缢而死。火化时，骨殖中，五色舍利不计其数。说到这里，族伯父又加重了语气，将故事进一步深入：这仲殊以前是个读书人，放浪不羁，妻子恨死他了，在他吃的饭食中投毒，几乎快要被毒死，后来是吃蜂蜜才解了毒。医生告诫仲殊，以后你不能再吃肉了，如果吃了，毒性就会发作，再也治不好。仲殊后来就弃家做了和尚。

陆游的笔记，以及宋代许多作家的笔记中，记载了不少有个性的和尚，有打抱不平行正义的，有文化底子深厚聪明机警的，这嗜蜜的仲殊，也是一个时代反叛者，最终，是佛成全了他。

宋史说陆游，年十二，能诗文。

家学应该是陆游诗文基础最扎实的一块奠基石，而中国诗歌史上那些巨星，就是少年陆游习诗的重要坐标。

> 吾年十三四时，侍先少傅居城南小隐，偶见藤床上有渊明诗，因取读之，欣然会心。日且暮，家人呼食，读诗方乐，至夜卒不就食。今思之，如数日前事也。
>
> （《渭南文集》卷二十八《跋渊明集》）

庆元二年（1196），重阳节后的二十天，山阴的三山别业龟堂，七十二岁的陆游在编陶渊明集后记的时候，写下了这一段少年时的阅读笔记，如此陶醉沉迷于渊明诗，半个多世纪过去，犹如昨天。

历史上的好诗人多的是，当已经开始对诗入门入迷的少年，突然读到了陶渊明的田园诗，田园，乡村，百姓，通俗生动的语言，熟悉而陌生的场景，一下子被牵住了鼻子，少年觉得，这诗打动了他的内心，虽然没有经受诗人那般困苦，也不可能完全体会出诗人的思想意境，但少年似乎读懂了，且读得有滋有味。

对田园的热爱，对自然的赞美，对时弊的憎恶，出仕的痛苦和归隐的快乐，盛年不再来，及时自勉励，人生无常，及时行乐，明哲保身，陶渊明其实是复杂而多面的。不过，打动少年陆游的，一定是那些恬静淡然的田园诗，少年此时可能不知道，就是这个陶渊明，一直被李白和杜甫所推崇，苏东坡更是痴迷，竟然有和诗百余首。从另一角度说，少年的眼光非常独到，一个偶见，终生受益。

当时光将少年变成青年再往中年，特别是老年以后，眼前那些活生生的田园和山水，滋养过他的陶诗，才真正蜕变为自己独特的诗句，陆游中晚年的诗风，比如《游山西村》等，就深得陶诗神韵，这不能不说和少年时的阅读有关。好的导师，确实可以指引人走一辈子。

> 余年十七八时，读摩诘诗最熟；后遂置之者几六十年。今年七十七，永昼无事，再取读之，如见旧师友，恨间阔之久也。
>
> （《渭南文集》卷二十九《跋王右丞集》）

嘉泰辛酉（1201）五月六日，七十七岁的陆游，又坐在三山别业龟堂的南窗下，写下了这段读王维诗的心得。和少年时读陶诗的心情一样，王维诗的山水和闲适，在某种程度上，也深深影响着陆游的诗风，尤其是晚年大量的以乡村为题材的诗。尽管自己写了那么多的山水诗，长长的白天，闲着无事，老诗人又重读王维，他忽然觉得，王维就是他的老师呀，一位久违的老师，老师给了他很多的启发，只是有些遗憾，他将老师忘记得太久了。

> 予自少时，绝好岑嘉州诗。往在山中，每醉归，倚胡床睡，辄令儿曹诵之，至酒醒，或睡熟，乃已。尝以为太白、子美之后，一人而已。今年自唐安别驾来摄犍为，既画公像斋壁，又杂取世所传公遗诗八十余篇刻之，以传知诗律者，不独备此邦故事，亦平生素意也。
>
> （《渭南文集》卷二十六《跋岑嘉州诗集》）

岑参曾两度出塞，岑参诗中的边塞风光、军旅生活，还有异域的风俗，这一切，都让少年陆游着迷。少年在云门寺读的书中，也包括他喜欢的兵书，为的是做好有朝一日上战场的准备。陆游可算得上是岑参的超级粉丝，中年后，依然喜欢读岑参，他喜欢岑诗中的那股英气与豪迈，醉酒后让孩子们读岑诗，不仅仅是用来醒酒或伴他入睡，也是为了让孩子们有个阅读选择，父亲如此喜欢一位诗人，一定也会影响他的孩子。在陆游心中，岑参是除李白杜甫之外最优秀的诗人。也许是惺惺相惜，岑参做过嘉州刺史，陆游在代理嘉州知州时，虽然时间极短，依然为偶像出版了诗集，这是一种对前任的致敬，更是对文化的梳理和传承。

少年志力强，文史富三冬。但喜寒夜永，那知睡味浓。
庭树风淅淅，城楼鼓冬冬。自鞭不少贷，冻坐闻晨钟。
探义剧攻玉，摛文笑雕龙。落纸笔纵横，围坐书叠重。
得意自吟讽，清悲答莎蛩。饥肠得一饼，美如紫驼峰。
俯仰五十年，于世终不逢。夜半起饭牛，颓然成老农。
束书不更读，蠹简流尘封。世无袁伯业，太息吾何从！

（《剑南诗稿》卷二十
《老病追感壮岁读书之乐作短歌》）

这是淳熙十五年（1188）秋，陆游刚从严州知州上卸任回乡时作，六十四岁的他，此时身体不太好，但想起少年时的苦读情景，依然清晰如昨：

十四五岁，读书的好年纪，长长的暗夜，对喜欢读书的少年来说，正是无人打扰的好时光，虫声唧唧，风吹庭树，城楼响鼓，无论春夏秋冬，堆满经典的书房中，捧着书的少年，或默声诵读，或取过纸奋笔疾书，肚子饿了，咬一个饼，那味道，不亚于山珍海味。天渐渐露白，窗外已现晨光，待晨光穿过窗棂，少年起身，用力地举手伸伸腰，再将如豆油灯吹灭，呵，又一个新的日子来临了。

将陶渊明、王维、岑参们大卸八块，砸碎研磨，细细品味，这还不够，少年陆游，似乎永远处于饥渴状态，幸好，他遇见了曾几。

二、老师曾几

曾几（1084—1166），字志甫，一字吉甫，先祖为赣州人，后迁居河南洛阳。入太学，屡试为高等。宋徽宗时，为校书郎。靖康初，任提举淮东茶盐。高宗即位，历官江西、浙西提刑。

绍兴八年（1138），曾几兄曾开，礼部侍郎，极力反对秦桧和议被罢官，曾几也受牵连。曾几被罢官后，侨居江西上饶茶山七年，静心读书写作，修身养性，并自号茶山居士。秦桧死后，曾几重新得到起用，任浙西提点刑狱、台州知州，官至集英殿修撰、敷文阁待制，在左通议大夫任上退休，乾道二年（1166）卒，年八十三，谥文清。

曾几师从著名经学大师胡安国，通六经，每天都读《论语》，主业治经，业余写诗，经和诗都非常著名，是江西诗派的领袖人物。曾几身后，留下了二十卷的《经说》，三十卷的《文集》。

《宋史》第一百四十一卷中，有《曾几传》，三个细节可显其品格：

其一，曾几担任地方官时，有黄岩县令犯法，有人提醒该人系丞相门客，曾几却追究得更加急迫；其二，吴越之地发生重大水灾、地震，曾几列举唐朝贞元年间的旧事，并反复论述上奏，皇帝肯定他的说法；其三，金人犯边，有人主张请求金人延缓出兵，曾几认为，增加岁币请求讲和之事无利有害，并坚决反对。

站在陆游面前的，是一位经学、诗学、人品都极好的老师，遇见五十九岁的大师曾几，十八岁的陆游，欣喜不已。

宋宁宗嘉泰二年（1202），七十八岁的陆游，给曾几的曾孙曾黯（字温伯）写下了一首回忆诗，回忆这位人生中最重要的老师和朋友，其中前四句为：

发似秋芜不受耘，茶山曾许与斯文。
回思岁月一甲子，尚记门墙三沐熏。

（《剑南诗稿》卷五十一《赠曾温伯邢德允》）

陆游在“回思岁月一甲子”句下有自注：游获从文清公时，距今六十年。

曾几是陆游诗歌的发现者和培养者。因为曾几，陆游的诗开始为人关注，曾几不仅将陆游的诗推向公众的视野，更不遗余力地教导他。

严州任上，陆游将四十二岁以前写的万余首诗作几乎都删了，只留下了九十二首，写给曾老师的一定要留下：

儿时闻公名，谓在千载前。稍长诵公文，杂之韩杜编。
夜辄梦见公，皎若月在天。起坐三叹息，欲见亡繇缘。
忽闻高轩过，欢喜忘食眠。袖书拜辕下，此意私自怜。
道若九达衢，小智妄凿穿。所愿瞻德容，顽固或少痊。
公不谓狂疏，屈体与周旋。骑气动原隰，霜日明山川。
匏系不得从，瞻望抱悁悁。画石或十日，刻楮有三年。
贱贫未即死，闻道期华颠。他时得公心，敢不知所传。

（《剑南诗稿》卷一《别曾学士》）

这是《剑南诗稿》九千三百余首诗的第一首，这是陆游二十五六岁前写的唯一一首留存下来的诗，十八岁的青年，用万分的诚挚表达了对曾老师的崇敬。

因为陆游学的是江西诗派，吕本中和曾几的大名，他早就听闻，他们的作品，陆游也读了不少，在陆游眼里，曾几是和韩愈、杜甫一样的诗歌大神，他开始迷曾几了，以至于夜有所梦，忽然醒来，皎洁明月，高挂天上，刚见着的曾老师怎么没了呢？少年陆游只得坐起身来，不断叹息。到哪里去见曾大师呢？突然有一天，父亲对他说，曾大师来绍兴了，你可以见到他，拜他为师。听到这个消息，陆游一时兴奋得忘记了吃和睡，立即找出一些自己的习作，心怀惴惴，去见曾大师。曾大师和颜悦色，他接过陆游的诗作，细读，然后大赞，陆游一时心花怒放。得到大师的认可，犹如给他的诗歌之履安上了风火轮，他此后可以尽情地如其名般地“游”了，游向任何他内心想抵达的地方。陆游从此立下远大的志向，以后一定要更加努力，多向老师学习，将老师的事业发扬光大！

接下来的二十多年中，陆游和曾几，师生之间书信来往频繁，互酬诗文。

曾几四次来绍兴，或做官，或游学，陆游每次都陪伴长谈，谈诗文，更谈国事，《渭南文集》卷三十《跋曾文清公奏议稿》载：“绍兴末，贼亮入塞。时茶山先生居会稽禹迹精舍，某自敕局罢归，略无三日不时见，见必闻忧国之言。先生时年过七十，聚族百口，未尝以为忧，忧国而已。”曾老师的忧国与爱国，与陆游从小立下的抗金复国志向，极其吻合，并逐渐成为其不竭的动力。

老师曾几及江西诗派，对陆游的影响，大致有以下几方面：

作诗的“玄机”。

忆在茶山听说诗，亲从夜半得玄机。
常忧老死无人付，不料穷荒见此奇。
律令合时方帖妥，工夫深处却平夷。
人间可恨知多少，不及同君叩老师。

（《剑南诗稿》卷二
《追怀曾文清公呈赵教授赵近尝示诗》）

这是陆游在夔州通判任上，写给赵教授的诗，却从曾老师起笔，或许，赵教授的诗，一下子触动了陆游的心弦。曾老师教陆游的玄机是什么？律令的合时和妥帖，这应该是作诗的基本规则，重要的深处功夫是：平夷。平夷乃平淡，但此平淡非彼平淡，文学意义上的平淡，是大话题，一种历尽锤炼后的绚烂，一种天然去雕饰后的真韵，这平夷，让少年陆游如遭棒喝，因为他开始作诗“我初学诗日，但欲工藻绘”（《示子遹》），听了曾老师的教导，陆游不再醉心于华丽的辞句，而是努力寻找合时合景合情的辞句表达。

文章的“活法”。

过宋不见元城公，渡淮不见陈了翁。当时人人皆太息，至今海内倾高风。

老夫七十居乡县，龌龊龙钟何足见。辱君雪里来叩门，自说辛勤求识面。

我得茶山一转语，文章切忌参死句。知君此外无他求，有求宁踏三山路？

（《剑南诗稿》卷三十一《赠应秀才》）

上诗作于绍熙五年（1194）冬，陆游虚岁刚七十。一个寒冷的雪后，兰溪的应秀才，一个极度爱好诗的读书人，怀揣诗集，风尘仆仆，恭敬地赶到三山别业前，向著名的诗人求教诗的作法，应秀才自然知道眼前这位老人的诗风与诗承，或许，应秀才并不是冒失而来，他是找了陆游的好朋友、诗人姜特立陪同来的。姜有《应致远谒放翁》诗，其中有句："双溪雪消水生波，有客袖句来相过。自言平生有诗癖，摆落世故工吟哦""三山先生真若人，独将诗坛壁孤垒。此翁笔力回万牛，淡处有味枯中膏，有时奇险不可迫，剑门石角钱塘涛。源充不嗣江西祖，自有正宗传法乳"（姜特立《梅山续稿》卷五）。这一定是一场小型的诗歌研讨会，酒足饭饱，诗人们都尽兴，而东道主对眼前这位好学者也不吝赐教。

"文章切忌参死句"，陆游看着应秀才，高声地吟道，这是他从曾老师那学来并经自己长久实践得出的经验。固定之格律，深奥之典故，前人之经验，在某种程度上都是"死句"，必须遵行，可以借鉴，但切忌不求甚解，或者食古不化，这大约就是"活法"的精义所在。其实，这也是另一种"玄机"，诗坛刚起步不久的陆游，在书堆和现实中，悟出自己独特的作文见解，不说诗，仅以后来的《入蜀记》，足可以雄踞中国散文史高峰。

功夫在诗外。

"汝果欲学诗，功夫在诗外"（《示子遹》）。小儿子遹听着陆游的教导，似懂非懂，而这正是陆游一生的经验总结。什么是诗外？泛指文章以外，所有能促进写作的事物，大地山河人间万事。比如文章的立意，

"文章要法，在得古作者之意。意既深远，非用力精到，则不能造也"(《渭南文集》卷十五《杨梦锡集句杜诗序》)。陆游又想起了前辈苏东坡的"钱意论"。苏轼被贬海南儋耳，常和葛延之一起游玩，他曾经这样教葛写作：比如集市上的店铺，各种东西无所不有，却只有一样东西可以去换它，那就是钱。容易得到的是物，较难得到的是钱。就文章来说，那些辞藻、事实，就是店铺里的货物，文章的立意，就是金钱。作文章，如能有立意，那么古今所有东西都能一并收纳，都能为我所用。你如果知道这个道理，就会作文章啦。

不仅仅是陆游。看宋人作诗，其实都很讲究，要求"健字撑拄，活字斡旋"(宋罗大经《鹤林玉露》甲编卷六《诗用字》)。什么意思呢？强有力的鲜活动词，就会撑起诗歌的一片天空。这撑拄的字，就是包含无限深意的好字词。故意犹帅也，无帅之兵，那就是乌合之众。诗文中的云烟泉石，金玉锦帛，花木虫鱼，都是散兵游勇，必须以意遣之。

陆游深悟，写诗文并没有具体方法可言，只有自己体悟。但没有方法就是方法，这个方法就是，方法无边，什么都是方法。

嘉定元年(1208)冬，八十四岁的陆游又梦见了老师，起床后立即写诗记下：

> 有道真为万物宗，巉然使我叹犹龙。
> 晨鸡底事惊残梦？一夕清谈恨未终！
>
> (《剑南诗稿》卷七十九《梦曾文清公》)

以孔子见老子的典故，喻曾老师思想和诗艺的博大精深。唉，这该死的报晓鸡呀，干吗这么早叫呢，扰了我向曾老师请教的好梦！

曾几去世，陆游撰墓志铭，曾几长子曾逢，曾原伯，与陆游的关系也极好，陆游入蜀途中，经过萧山梦笔驿时，他们月夜席地有交流。

据邹志方先生考证，绍兴府山阴县凤凰山(今杭州萧山区衙前街道)，原有曾几墓，不过，我请《杭州日报》萧山分社的记者去衙前街道问消息，街道回答：他们不知道这个曾几墓，也没有发现资料记载此事。

三、朱敦儒

晏殊的曾孙晏敦复，替一读书人写墓志，他将写完的稿子请朱敦儒看。朱仔细浏览后夸赞：写得太好了！然后拈着胡须微笑道：依我看，还少了四个字，然而我不敢说。晏敦复一听，既然有不妥的地方，一定要朱老师指出来，他知道，文章改改会更好。禁不住敦复的请求，朱老师才慢悠悠地说："有文集十卷"字下曰"此处欠"。敦复追问：欠何字？朱老师说：应当增加"不行于世"四个字。敦复似乎一下子懂了，在原文上增加了"藏于家"三字。

陆游在《老学庵笔记》的卷一，写下了朱老师的这段性格率直的佳话。替人写墓碑志，是古代有点名气的作家常干的事，但为死者讳，为死者隐，得有高超的文笔才行，晏敦复写完一个墓志，有点不自信，请朱老师看一下，果然，这一看，就看出了一点小问题，"有文集十卷"，如果就这么刻在了石头上，后人要是去查，一定查不到，这一定是一个写了一辈子却从来没有发表过作品的读书人，这样的读书人多的是，加上"不行于世"，那就很体面了，作品是有的，只是没有出版刊刻而已，而敦复改为"藏于家"，就是朱老师那点意思。晏敦复是徽宗大观三年进士，官曾做到吏部尚书，他求教的老师，一定比他更有学问。

是的，这位朱老师，也是宋代一位大师级的人物，陆游也曾受知于他。

朱敦儒，字希真，又称伊水老人，洛川先生，洛阳人。《宋史》卷四四五有传，说他志行高洁，名望很高，但一直不肯出来做官。朱青年时，有点放浪不羁，蔑视王侯，鄙夷权贵，北宋末年，他已经站在了"诗词独步一世"的高度了，其词被誉为"希真体""樵歌体"，辛弃疾在《念奴娇》中就明确说自己是"希真体"。南渡以后，亡国之痛使其改变了思想，词风也发生了比较大的变化，感怀忧愤居多。在友人的劝说下，朱敦儒开始进入官场，绍兴五年（1135），被赐进士出身，为秘书省正字，不久兼兵部郎官。后因受秦桧儿子秦熺的牵连被罢官，退隐回归田园山林；七十九岁，终老于嘉兴南湖的放鹤洲。

中原遗老雒川公，鬓须白尽双颊红。挥毫为君作斋榜，想见眼中余子空。

余子碌碌何足数，独付庄周贾生语。看君践履四十年，始知此公不轻许。

公今度世为飞仙，开卷使我神凛然。清时台省要才杰，诸公谁致雒川客？

（《剑南诗稿》卷三十五《题吴参议达观堂堂榜盖朱希真所作也仆少亦辱知于朱公故尤感慨云》）

庆元二年（1196）冬，七十二岁的陆游，为吴参议的达观堂诗集作序，而达观堂的堂榜就是朱敦儒写给吴参议的。陆游感慨万分，青年时拜师的情景，一时涌到了眼前。吴参议叫吴景先，是位退休的朝请郎，吴少年时就跟随朱先生学习过，朱老师题名达观堂，并将字送给吴少年，里面暗含着一种希冀：你为人深静简远，不富贵，必寿考，故吾以此事相期。吴少年变成快八十岁的吴老年时，容貌看着却像五六十岁的样子，这正应了朱老师美好的预言，朱老师真是一位神仙式的人物呀！

绍兴二十年至二十九年（1150—1159）间，青年陆游数次赴嘉兴拜访朱敦儒，山阴离嘉兴不远，而朱敦儒这样的大师，好学的陆游是不会放过的。当长陆游四十四岁的朱敦儒，见到机敏潇洒的青年陆游时，也极为喜欢，倾心传授。

我们比较一下朱敦儒和陆游的梅花词。

古涧一枝梅，免被园林锁。路远山深不怕寒，似共春相躲。幽思有谁知，托契都难可。独自风流独自香，明月来寻我。

（朱敦儒《卜算子·古涧一枝梅》）

驿外断桥边，寂寞开无主。已是黄昏独自愁，更著风和雨。无意苦争春，一任群芳妒。零落成泥碾作尘，只有香如故。

（陆游《卜算子·咏梅》）

古涧边的这枝梅，驿外断桥边的那枝梅，都非常孤独，虽如人般亭亭玉立，却无人欣赏。梅花们，一枝躲着春，一枝不争春，它们的心事有谁知呢？才不管呢，我们独自风流，即便零落了凋谢了，我们芳香依旧，明月会记得我们!

从意境来说，朱梅花表达清高脱俗、消极避世，陆梅花表达爱国忧民、壮志未酬，都是借喻，但陆梅花立意明显要高于朱梅花。不过，从词的形式上看，陆游还是深受朱老师启发的，这如同少年王勃“落霞与孤鹜齐飞，秋水共长天一色”化用庾信的“落花与芝盖同飞，杨柳共春旗一色”一样，仿拟出新成千古绝唱，这是陆游师承的灵活运用典范。

陆游一直铭记朱老师知遇之恩，在《剑南诗稿》《渭南文集》中，多处写到朱老师，永志不忘。

四、史浩

庆元六年（1200），福建邵武县令史定之，千里迢迢赶到山阴找陆游，邵武县衙刚搬迁了新地方，请陆游写一个建造记。看着年轻的史县令，已高龄的陆游不好推辞，因为这是他老师史浩的孙子，史老师有恩于他。

陆游用长长的篇幅，记叙了建造的必要性及史定之知邵武的功绩，他非常欣赏史定之取的九个堂名——昼帘，无私，近民，仁平，居敬楼，瞻云轩，读书，如水亭，海棠，然后谈到了他和史浩的交往："予受知魏公时，甫壮岁尔。俯仰四十余年，同时宾客，凋丧略尽，而予偶独后死"（《渭南文集》卷二十《邵武县兴造记》）。

史浩（1106—1194），字直翁，明州鄞县（今浙江宁波）人，绍兴十四年（1144）进士。历官秘书省校书郎，中书舍人，翰林学士知制诰，参知政事，尚书右仆射，同中书门下平章事兼枢密使，以太保致仕，封魏国公，绍熙五年（1194）逝世，享年八十九岁，封为会稽郡王。《宋史》有传，说他有智谋，敢说话，为人宽厚，善于举荐人才："浩喜荐人才，尝拟陈之茂进职与郡，上知之茂尝毁浩，曰：'卿岂以德报怨耶？'浩曰：'臣不知有怨，若以为怨而以德报之，是有心也。'莫济状王十朋行事，诋浩尤甚，浩荐济掌内制，盖其宽厚类此"（《宋史》卷三百九十六《史浩传》）。史浩推荐陈之茂做郡守，皇上问他，这个人曾经说过你的坏话，你这是用恩德报怨恨吗？史浩很坦荡：我不知道怨恨，如果知道怨恨而用恩德报之，那不是存心吗？莫济骂史浩更厉害，但史浩依然推荐莫济掌管内制。

史浩推荐陆游，让陆游铭记一辈子。

宋孝宗还是太子时，史浩做他府中的教授，给太子出过不少好主意，连高宗皇帝也赞赏有加。太子继位初，史浩就和黄祖舜向孝宗皇帝共同举荐陆游，说陆游善词章，谙典故，是个难得的人才。孝宗立即召见陆游，陆游将满脑子的学问和实践相结合，作了精心的准备，从当时的朝政实际出发，一条条对状论事，孝宗仔细倾听，果然言论剀切，一时龙颜大悦，遂赐陆游同进士出身，虽然陆游此时已经是枢密院的编修官了，但皇帝赐进士，自古以来就是无比荣耀的事情。

从青年到中年直至老年，陆游与史浩的交往不断，在陆游心中，史浩是兄长式的长者，千载真儒，道德和学问都高，而且，他们政治立场相同，是足可信赖的知己。

绍熙五年四月，史浩去世，陆游一连写了五首挽歌纪念："入告推忠厚，躬行本志诚"，"道德补天石，勋劳夹日龙"，"犯颜无不尽，造膝略皆从”，对史浩的忠厚、挚诚，直谏犯颜、忠心报国，竭力赞誉。

从陆游的从师和交友角度考量，他师从众多，有现实中的老师，更多的是书上的老师，还有各个年龄段的不同身份的朋友，都是他学习的对象，无长无少，无贵无贱，道之所存，师之所存也。陆游一生都在不断的学习中，重要的是，无论诗词文，甚至书法，他都能融会贯通，天地间，一个特立独行的放翁在孤独地行走。“有酒不谋州，能诗自胜侯”（《剑南诗稿》卷一《夜梦从数客雨中载酒出游山川城阙极雄丽云长安也因与客马上分韵作诗得游字》），南宋的夜空下，陆游山阴的书巢，显得特别地明亮。

陆游心中，那些给他教诲的老师朋友们，都如辽阔大海上的航标，长夜中的明灯，时时照亮他人生前行的方向，点燃他诗文与报国的梦想。

第四卷 考试记

一、初试临安

绍兴十年（1140），对南宋来说，是一个特殊的年份。

时间先回溯三年，绍兴七年。赵构的南宋政权，在南方已经站稳了脚跟，金熙宗觉得，他们苦心扶植起来的“伪齐”刘豫政权，本想借此牵制赵构，没想到，基本没什么效果，便准备废掉“伪齐”，将刘豫统治的河南、陕西地区，还给南宋，换得每年二十五万两银、二十五万匹绢及南宋的臣服。赵构闻此消息，欣喜若狂，立即答应金人的条件，并派秦桧接受和议，他以为，给人钱和物，如父般称呼金朝，他的小朝廷就可以偏安南方了。

没想到，金人的贪婪远不止这些。和议签订一年后，金国发生内讧，主和派悉数被主战派解决，以完颜宗弼（金兀朮）为首的主战派完全掌控了局势，宗弼说服金熙宗，撕毁协议，数十万大军，四路攻宋，他们想要整个南宋。

陕西、河南地区的驻守军队，本来就是伪齐政权留下的，哪里经得住金军的强大攻势，一个月不到，全部沦陷，随后，金军朝淮河以南挺进，他们的目标是南宋的京城临安，如此破竹之势，马踏临安，指日可待。没想到，南宋大地上，多支军队奋力抵抗，刘锜的顺昌大捷，以少胜多；韩世忠的淮阳之战，陆路水路顶住金军右翼；岳飞的颍昌之战和郾城之战，都大败金军。他们犹如急流中的柱石，迅速止住了满河而下的狂潮，金军首尾不顾，狼狈不堪。韩世忠和岳飞，我们在不同的文学作品中经常目睹，每当看见他们的英姿出现在舞台上，观众就陡生豪气。

南宋如此大好战局，赵构和秦桧却扛不住了，赵构的心思秦桧懂，即便复国，迎来徽宗钦宗二圣，那他干什么？议和的好局面被破坏了，后果不堪设想，通知所有作战部队，不能再打，立即班师！岳飞看着那一道道飞来的班师金牌，一连十二道，眼里冒出了火光，开封就在眼前，然而却摇头无奈！回师后的主战将领，兵权悉数被解除，次年，针对主战派的各种迫害开始了。

金兀朮给秦桧发来这样的密信，要斩岳飞的人头：“汝朝夕以和请，而岳飞方为河北图，必杀飞始可和！”金兀朮吃够了岳飞的苦头，这个眼中钉，必须拔掉！岳飞被关进了大理寺的大牢中，十二月被杀，罪名为“莫须有”，岳飞的爱将张宪、岳飞的儿子岳云同时被杀，家属发配岭外居住，家产被籍没。已经闲居的韩世忠曾这样愤愤地责问秦桧：相公，“莫须有”三字，何以服天下乎？秦桧答：飞子云与张宪书虽不明，其事体莫须有。岳飞的这桩千古奇冤，直到二十年后才得以昭雪。

南宋大胜，反而在原和议的基础上，继续割陕西、河南的大片土地，继续充当藩臣，继续上贡岁币、岁绢，赵构终于换来了他要的和平。

宋金边境烽烟四起，老百姓的日子还是照样要过，科考依然正常举行，教育比任何事情都重要，为国家培养和选拔人才是头等大事。

绍兴十年，临安城里拥进了一批青春少年，他们已苦读数年，他们满怀信心走进考场，他们要实现久埋心底的报国理想，这考试，是人生第一步。十六岁的陆游，就是这批学子其中之一。

我年十六游名场，灵芝借榻栖僧廊。
钟声才定履声集，弟子堂上分两厢。
灯笼一样薄腊纸，莹如云母含清光。
还家欲学竟未暇，岁月已似奔车忙。
书生白首故习在，颠倒简牍纷朱黄。
短檠虽复作老伴，目力眩晃不可常。
平生所好忽入手，摩挲把挈喜欲狂。
兰膏潋滟支达旦，秋雨萧瑟输新凉。
讨论废忘正涂乙，遂欲尽发万卷藏。
所嗟衰病终难勉，非复当年下五行。

（《剑南诗稿》卷十五《灯笼》）

按南宋当时的考试制度，进士考试分诗赋进士和经义进士两科，分三级进行：先是举行国子监、转运司、州郡的发解试，简称解试，也叫乡试或者秋闱；士子得解后，赴京城参加礼部试，也叫省试，或者礼闱；礼部试被取中后，再参加由皇帝亲自主持的殿试，殿试合格，根据成绩高低，授予甲第出身。

十六岁的陆游，想必已经通过了绍兴府的发解试，没有明确记载，陆游参加的是哪一科，极有可能是诗赋进士科，也有可能是经义进士科，都是考三场。诗赋进士科，首场诗、赋各一首，次场试论一首，第三场试策三道；经义进士科，首场试本经义三道，《论语》《孟子》义各一道，第二第三场和诗赋进士科相同。州郡胜出，已经是出类拔萃的人，陆游满怀信心踏入京城，省试的科目和发解试完全一样，府试只是小试牛刀，真正的难关还在后面。

和陆游一起到京城的，有他很要好的表兄孙综，亲戚高子长、王季夷、司马季思，堂兄伯山、仲高，好朋友叶晦叔、范元卿、陈公实等，这些人，日后均有不同程度的建树，陆伯山、陆仲高，当时已经在文坛比较有名气了，人称他们为“二陆”，陈公实称陆游为小陆兄，让陆游顿生自豪感。

京城临安到底比绍兴大而繁华，复习的间歇，好好放松一下吧，这一行人去逛京城，大街小巷，人头攒动，勾栏瓦肆，热闹非常，看多了繁华的市俗，容易分心，去西湖边拜庙吧，用枣子、荔枝、蓼花三种果子，取“早离了”的意思，士子们都希望这样，早点脱离苦海。有人要进三贤堂，旁人阻拦说，不能去，白乐天、苏东坡、林和靖三个人名字中有“落酥林”的意思，怕不吉利。到饭馆去，吃猪蹄，吃猪蹄，“蹄”通“题”，运气好说不定能碰到“熟题”，边上有士子在大喊：老板，上定胜糕、米粽。这几道食，人人都要点，“高中”谁不想呢。

然而，这只是热闹的表面，每次科考，不知道有多少暗流在涌动呢，有钱的，有权的，都在试图打通各种各样的关系，出人头地的事，谁都想要！

或许是不太适应这种氛围的考试，或许是心里装满了诗词，那些经义并没有深研，刚出茅庐的陆游榜上无名，他感觉已经尽力了。虽然，前朝十四岁成进士的晏殊晏宰相，常在他脑中晃悠，不光他羡慕，所有的士子都羡慕，但四十六岁才中进士的武康人孟郊，也在他脑中交替浮现，他想春风得意，但不想做苦孟郊，他想做晏殊，但不要无可奈何花落去。罢罢罢，回家努力读书，下次再来考！

二、再试临安

陆游回到山阴，继续开始他的学习生涯，知不足而后奋发，学习的目的，进一步明确起来。

秦桧杀岳飞于临安狱中，满城百姓都为之哭泣，消息顿时传遍南宋大地。课堂上，生活中，人们都在谈论岳飞的事，谈论宋金的事，愤怒和屈辱常常溢满人们的脸上。

南宋的统治者们，在金人的高压下如何喘气？周密的《齐东野语》卷十二，有一则《淳绍岁币》，详尽地记载了宋每年向金交纳二十万两银、二十万匹绢的持续耻辱：

开始的时候，南宋交给金人的绢，十退其九，金国交割官员借口质量问题，其实是想索要额外的东西，不断交涉，才降为十退四五。淳熙十三年（1186），淮南漕司的权安节担任岁币交割使，金国交割负责人东挑西拣，居然要求全都退回。权安节据理力争，金人不听，甚至用兵相威胁。权安节不胜其愤：如果不交割，我就不回去，宁可死在这里！双方相持多日，金人估计不能使他屈服，竟如数收受，给出公文而归。送礼还这么曲折，真是天下奇闻。金国人未必不知道如此重压的后果，金兀术在临死之前告诫他的部下说：江南累年供岁币，竭其财赋，安得不重敛于民呢？人心离怨，叛亡必矣！他知道，总有一天，南宋要造反，不是政府反，就是民众反。

周密记载的已经是公元1186年的事情，陆游入蜀回来都十多年了，他那满腔的报国抗金志向，都付与一江春水，宋孝宗还若无其事要求他说：你去严州做知州吧，那里山好水好，可以修身养性。面对这样的苟且，陆游能说什么呢？

岳飞的死，深深触动了少年陆游，从此，他诗作中的抗金复国，就成了时时表达的主线，无论境遇如何改变，无论诗风如何变化，爱国贯穿终生。

绍兴十三年（1143），被金人扣留十五年的洪晧与另两位使者从金国归来，洪晧成了宋代的"苏武"，他们三个确实非常幸运。建炎以来南宋出使三十人，生还者只有他们，倒不是说金人都杀使节，使节的死，大部分都是因为不听秦桧的话而被害死的。洪晧们归来，是因为他们的不屈抗争。

而同一年，十九岁的陆游，再一次从山阴至临安应试，却再一次铩羽而归。考试失败的原因，陆游自己这样总结：

> 某才质愚下，又儿童之岁，遭罹多故，奔走避兵，得近文字最晚。年几二十，始发愤欲为古学。然方是时，无师友渊源之益。凡古人用心处，无所质问，大率以意度。
>
> （《渭南文集》卷十三《答刘主簿书》）

这显然是在找客观原因，陆游肯定学习了不少古代经典，只是没有如正常儿童那样系统学习，生活动荡不安，先顾命要紧。陆游的读书，他自己认为最不成功的就是“意度”，只靠自己的体验，而放过了经典的用心紧要处。难怪，在要求对经典滚瓜烂熟背诵和理解的考试中，陆游败下阵来，虽说自己才质愚下，但他并不认输，仔细看着那满屋的书籍，他顿时自信十分，不要管考试了，只要读通读透这些书，我还怕什么呢?!

这一年，惊魂已定的政府，开始了各项工作的恢复。在京城天井巷的东边，重建秘书省，皇帝下诏，皇家图书在战乱中遗失殆尽，天下藏书之家，应该积极捐献。皇帝甚至直接给绍兴府的朝请大夫直秘阁陆宰下令:你家书多，请多多捐献。虽将书看作是身家性命，东阳避乱时，也带着那些书一起搬，但国家需要就是大众需要，陆宰毫不迟疑地将一万三千余册经典献出，成了当时全国捐书最多的一家。家传藏书这个良好习惯，使得成年后的陆游，也到处买书搜书，入蜀八年回来，没有买其他东西，唯有一大船的书跟着他回到了山阴。

三、锁厅试第一

接下来的十年，青年陆游经历了非常多的事情。拜师，娶唐婉又离婚(见后《情爱记》)，再与王氏结婚，长子子虡出生，父亲去世，与友人交往，次子子龙出生，理论上，应该还有三次科考，但除了守孝三年，他一次也没有参加。

或许，陆游是怕第三次再失败，或许是事情多，但科考为天下头等大事，应该没有什么可以阻拦，除非守孝或者生病，最主要的原因，还是他十二岁就荫补为登仕郎的身份，这也是种官职，可以参加一种特别的考试——锁厅试，就是现任官员的考试，应试期间锁其官厅故称。官家子弟，都有祖荫，出人头地的机会依然不缺，陆游在等待这种机会。

不过，锁厅试还是有危险的，合格者送礼部继续考，不合格者，则要停官，永远不得应举，文官考两次，武官只能考一次。

绍兴二十三年（1153），已经二十九岁的陆游，到京城参加锁厅试，这次的主考官叫陈之茂（字阜卿）。陈是无锡人，宣和初年入太学，绍兴二年（1132）与张九成同登进士，历官休宁尉、秘书郎、平江知府等，以显谟阁直学士知建康、隆兴两府，吏部侍郎兼中书舍人等职。

冀北当年浩莫分，斯人一顾每空群。
国家科第与风汉，天下英雄惟使君。
后进何人知大老？横流无地寄斯文。
自怜衰钝辜真赏，犹窃虚名海内闻。

（《剑南诗稿》卷四十《陈阜卿先生为两浙转运司考试官时秦丞相孙以右文殿修撰来就试直欲首选阜卿得予文卷擢置第一秦氏大怒予明年既显黜先生亦几蹈危机偶秦公薨遂已予晚岁料理故书得先生手帖追感平昔作长句以识其事不知衰涕之集也》）

庆元六年（1200）秋，七十六岁的陆游，在山阴书巢整理旧书，忽然翻出陈之茂写给他的手札，一时触景生情，写下了这次锁厅试的回忆，以感谢陈之茂的知遇之恩。诗的标题，罕见长，想起那次考试，万般思绪涌上心头，一落笔就写下了大段文字，长标题如果加以标点，所有的意思都清晰明白：

陈阜卿先生为两浙转运司考试官时，秦丞相孙以右文殿修撰来就试，直欲首选。阜卿得予文卷，擢置第一。秦氏大怒。予明年，既显黜。先生亦几蹈危机。偶秦公薨，遂已。予晚岁料理故书，得先生手帖，追感平昔，作长句以识其事，不知衰涕之集也。

关键词有两处，一处是秦丞相孙“直欲首选”。彼时的秦桧，权势通天，何等气焰！十几年前，秦桧不学无术的儿子秦熺科考，廷试第一，但秦桧不敢要，怕太招人眼，第二名吧。这一次，他这个孙子秦埙，本身资质水平也不错，一定得拿个第一才行。另一处是“擢置第一”。这个第一，前提是陆游的卷子，其次才是陈之茂的胆识。秦氏子孙高调而来，秦桧甚至都不用打招呼，那些考官们就已心领神会了，何况，秦桧还是讲礼数的。考试前，将陈之茂请到宰相府做客，可陈不巴结秦桧，陆游的文章确实好，将秦埙放第二名，已经有照顾性质了。秦桧见陈考官居然不听他话，破口大骂，要杀陈之茂才解恨。为了一个有才华的考生，得罪不应该得罪的权势，这个陈之茂，不是一般人能做到的。

虚拟一个陈之茂审阅卷的场景：

一份接一份地看着试卷，那些试卷都经过誊抄，且糊名，格式和字体都差不多，没有个性，作为主考，他看的是其他阅卷官提上来的比较优秀的卷子。这一天傍晚，差不多已经审阅一整天了，此刻，他站起身，揉揉双眼，朝窗外的湖山远望，唉，还有不少，接下来继续。突然，眼前这份卷子，让他提了神，睁大眼，一句一句一段一段细读，论述层次极其分明，有理有据，文意和文采俱佳，他判断，此考生学养和积累深厚，是个难得的人才，再读一遍，感觉更好，陈之茂拍案大喊，真是一份难得的好卷子！边上的其他阅卷官都围了上来，大家急切地想知道，这位考生是何人，来自何处。小心翼翼地拆开糊名，山阴陆务观，原来是陆游，陆佃之孙，陆宰之子，也是名门之后。

秦桧对付人的手段太多了。礼部考试时，虽然陆游依然优秀，不只陈之茂，其他考官也都推荐陆游为第一名，但秦桧怕在殿试时惹出麻烦，就找了个“喜论恢复”的理由，将陆游罢黜，取消其考试资格，彻底将陆游赶出考场！所以，这个锁厅试第一名，陆游一辈子都感激陈之茂。从另一角度说，虽被罢黜，但陆游之名，已经声动朝野，这件事反而成就了他，他自己甚至这样自豪：“名动高皇，语触秦桧。身老空山，文传海外”（《渭南文集》卷二十二《放翁自赞》）。一棵被压在石头下的春笋，已经顽强地积聚起力量，就要破石而出了！

伯乐一过冀北之野，而马群遂空，敢于在科考场中，和权贵斗争，只有您陈先生了，到现在，有多少人还记得您陈老师呀，我在为您写诗纪念，唉，我也年纪大了，浪得虚名，辜负了老师您的栽培！

四、礼部试黜落

天圣八年（1030），宋仁宗在崇政殿亲自主持一场普通的殿试，考题有十道：

一问：戊不学孙吴，丁诘之，曰顾方略如何尔。

二问：丙为令长，无治声，丁言其非百里才。壬曰君子不器，岂以小大为异哉。

三问：私有甲弩，乃首云止槊一张，重轻不同，若为科处。

四问：丁出见癸缧系于路，解左骖赎之，归不谢而入，癸请绝。

五问：甲与乙隔水将战，有司请逮其未半济而击之，甲曰不可。及阵，甲大败，或让之，甲不服。

六问：应受复除而不给，不应受而给者，及其小徭役者，各当何罪？

七问：乙用牛衅钟，牵引过堂下，甲见其觳觫，以羊易之。或谓之曰：见牛不见羊。

八问：官物有印封，不请所由官司，而主典擅开者，合当何罪？

九问：庚请复乡饮酒之礼，辛曰古礼不相沿袭。庚曰澄源则流清。

十问：死罪囚，家无周亲，上请，敕许充侍。若逢恩赦，合免死否？

上面材料出自宋代曾敏行的笔记《独醒杂志》卷第一，《仁宗殿试拔萃科问题十通》，这些题目，虽然都是文字题，其材料也含了很多的题型，有侧重管理才能方面的，有对道德要求自律的，更有多题则涉司法方面。司法题目多，应该可以理解，这些考生，将来要到各类机关去任职，尤其是到地方去做官，一定要审理各式各样的案件，没有一定的法律基础，肯定胜任不了。

当然，这么多题目，估计不用详细回答，否则答完这些题，要等到什么时候？皇帝亲自监考，坚持不了那么久的。这种考试，注重的是典有出处，如果考生不熟读经典，就不知道出处，即便知道字面意思，也不会答得满意。

我试解释两题。

第五问：甲长官带领的部队和乙长官带领的部队，将要展开决战。乙部队是渡河而来，而且是强敌，甲方参谋长给长官出主意：我们等他们渡到一半时，或者还没有到达岸边时，就攻击他们，他们一定措手不及，我们一定会取得胜利。甲长官连连说不行的不行的，这样显得我们不遵守规矩，要被人家嘲笑的。等到乙部队顺利渡河，调整好队伍，两边正式开打，甲部队大败。有人责怪甲长官，甲长官还不服。

对这样的事，怎么评价呢？显然是两方面的，甲长官又对又不对，对的是他能遵守规矩，错的是他墨守成规。

第七问：工作人员乙要杀牛以血涂钟行祭，他牵着牛经过大堂时，主人甲看见牛在发抖，就命令用羊代替。有人对这件事评论道：这是看见了牛而没有看见羊。言下之意就是，羊也是动物啊，也有生命的，你要发慈悲，应该对所有的动物都一个态度，而用羊不用牛，显然是小气了。

主人甲的态度，确实是见牛而不见羊。而对这种行为，考试官显然想得到更理想的答案，君子，在任何时候都要讲修身，而不仅仅是看得见的地方，如果仅仅是看得见的地方，那就是装样子，装给别人看的，就如见了牛同情牛，见了羊也会同情羊的。这不是真正的同情。

其实，这两道题，都有出处。

第五问出自《左传》，讲的是比较著名的宋楚泓水之战。宋襄公还是比较厚道的，在自身实力明显不如强敌的现状下，还要遵守某种战争传统，这显现了古代贵族的一种遗风，可敬可佩。

第七问出自《孟子》，那主人甲就是齐宣王。老百姓以为齐宣王是吝啬，但孟子却对齐宣王这种行为表示赞赏，这是仁义的表现。君子看见活的动物，就不忍心见它死去；听过动物的声音，就不忍心吃它的肉，所以，君子必须远离厨房。

十道题目，一段完整的科举史料。

仿佛听到，考生在大殿里抑扬顿挫的回答声，或志在必得，或踌躇满志，皇帝呢，一边摇着羽扇，一边点头认可。

于是，绍兴二十四年（1154）的这次礼部试，秦桧精心布局，将考官都换成自已的亲信，一一沟通，不能再出差错，先罢黜陆游，扫除最大障碍，他要孙子在皇帝面前，光明正大拿状元。赵构心里明镜似的，他虽不会明着说什么，但皇帝总归有最后的裁决权。他和仁宗皇帝一样，威严高坐，一题一题，细听小秦的策论，觉得了无新意，观点大多来自秦桧、秦熺之语。赵构忽上一计，给秦太师送一朵“花”吧，于是将张孝祥选为第一，秦埙成了探花。

一次平常的考试，却在历史上留下了如此大的轰动，盖因为陆游遭罢黜，秦桧的姻亲、门生，皆名列前十。却早如过眼云烟，不留什么痕迹。

秦桧死，陆游初次出仕，孝宗赐同进士出身，之前的廷对，陆游从三个方面作了认真的准备：信诏令，加强诏令的权威性；尚质实，恢复祖宗旧制；重德泽，政事制度应以仁宗朝为法。孝宗听后极为高兴，赞其“力学有闻，言论剀切”。陆游曾经的梦想，多想和其他考生一起，在大殿上一起考试，那样，他更可以名正言顺地发挥。

至此，陆游的考试历程已经完毕。接下来，他人生中所要经历的，是另外意义上的各种形式的大考。

第五卷 情爱记

山盟虽在，锦书难托。

整整一个多甲子的时光，陆游都沉浸在与唐婉爱情的持续伤痛中，或许，我们还可以这样理解，这其实也是一位矢志爱国英雄的悲歌，甚至就是一个朝代的悲歌！

一、唐氏

先说陆游的外太公唐介（1010—1069），一位正直如包拯式的人物。

唐介的先祖，为吴越国的官员，世居钱塘，到了唐介祖父时，他将家迁往江陵。宋仁宗天圣八年（1030），二十一岁的唐介，考中进士，被授予鼎州的武陵尉，后来一直在地方任职，到了皇祐二年（1050），才被朝廷召为御史台察院的监察御史里行，显然将其看作资历浅显者。不过，唐介一向正直，眼里揉不得半点沙子，第二年就因弹劾宰相文彦博被贬春州别驾，文宰相根基深厚，也极有人缘，一点点小错，极易反转，但唐介并不后悔。过了两年，宋仁宗又恢复了他的御史职务。知扬州、洪州、瀛州、太原，历江东、河东转运使，淮南、江浙、荆湖制置发运使，御史中丞，给事中，三司使。熙宁元年（1068），在刚继位的宋神宗眼里，唐介就是个德行与才能兼修的长者了，官拜参知政事。次年，唐介去世，谥质肃。

陆游眼中，外太公唐介，不仅官品高，人品好，也喜欢写诗，但遗憾的是只有一篇母亲为他读过的外太公的《九日赠僧》流传下来："今日是重阳，劳师访野堂。相逢又无语，篱下菊花黄。"不仅通俗，也蛮富有陶渊明式意境。

唐介共有五个儿子，陆游的外祖父唐之问最小。唐之问博学笃行，结交的也都是名士，却不喜欢当官，终身只做了一个管仓库的小官员。不过，外祖父乐善好施，常常不顾个人安危、不遗余力地帮助朋友。

陆游在《家世旧闻》中，没有写自己的亲舅舅，却特别记叙了两位有性格的表舅唐处厚、唐居正。他俩是唐介的长子唐士宪的儿子。崇宁末年，宋徽宗已经将整个王朝弄得一塌糊涂，太监当道，许多官员遭欺负。唐处厚、唐居正，彼时正在州县当官，他们相约弃官归故里，闭门不出。唐居正在宣和年间去世，唐处厚南渡后复出，官至徽猷阁待制。

宋与辽、金的关系如何处理，精于史学的唐居正曾经有非常好的建议。这个建议的前提是，金人来和宋朝相约，一起将辽国灭了分地，许多大臣都认为合金灭辽的做法好。唐居正却不这样认为：宋与辽签有边境协议，与金同盟，就是背信弃义，何况辽金战争是个未知数，万一辽国将金国打败呢？那时就会处于完全被动的局面，即便灭了辽，也不一定拿得到辽人的土地，但宋金的关系一定搞僵了，不如各备重礼，向辽和金各送一封国书，劝他们从道义出发，各自和解修好。从历史的进程看，唐居正这个建议，虽然有做老好人的嫌疑，但还是非常有见解的，与金联手灭辽，等于为自己树立了另一个强大的对手，对于虎狼之国，他们贪婪的野心，永远不满足，可惜没人听他的，如果宋徽宗不沉迷于纸上的花花草草，不与金联手，或许他不会将自己送进坟墓。

陆游有四兄弟，还有姐妹，对于这样多子女的家庭，养育、教育等诸多事项，陆游母亲唐氏要担负起的责任，不见得比陆宰轻松。官宦人家的孩子，娇生惯养的居多，但同时也训练出了异于一般人的见识，在礼制向来严格的中国传统伦理大背景下，他们教育子女，也往往是从严从紧，不如此，怎么在万人挤的科考场中胜出？不如此，如何光宗耀祖？

十六岁，十九岁，陆游经历了两次科考失利后，陆宰和唐氏商量：是不是要给二十岁的务观娶媳妇了？科考重要，成家立业同样重要，或许，娶了媳妇，有了孩子，反而能使儿子增强责任心。

一个春和日丽的傍晚，山阴陆府门前，鼓乐炮仗齐鸣，十九岁的唐婉，母亲唐氏的族亲，陆游的表妹（一说唐婉家与陆游外祖家只是同姓，并没有亲缘关系），在众人的欢笑声中，蒙着大红盖头，内心充满喜悦地被人背进了陆府，这是个让陆游牵挂终生的爱人。陆游的《钗头凤》词，成了中国爱情史上的著名音符。

二、甜蜜与悲伤

陆游和唐婉的新婚生活，从两情相悦的甜蜜开始。小夫妻俩，天天黏在一起，早问安，晚拜见。母亲唐氏，眼里心里都喜欢，心想，不用多时，她就可以抱上孙子了。

这一天是四月八日，释迦牟尼的生日，绍兴城里的各大佛寺，都在举行浴佛斋会。一早，陆游和唐婉就出了门，他们要往云门寺去拜佛，历史悠久的云门寺，陆游从少年始便在那里读书学习，浴佛活动也参加过好多次了，只是，这一次，他是携着新夫人去，心里更加充满了向往，一切皆好，科考，生子，以及婚后如愿的生活，他们夫妇双双准备这样向佛祖求愿。

街上到处都是拜佛的人们，院落里的石榴树已经开花，太阳出来了，阳光将人们的影子拉得越来越长，满目青翠，和风拂过河边的杨柳，再轻拂人的脸。陆游看着唐婉，她脸上的晕轮，如玫瑰初绽，见陆游莫名其妙地盯着自己看，唐婉朝他抛去一个羞答答的瞋眼，忽然，一对正在练习翻飞的雏燕从柳丛中穿出，几乎是擦着唐婉的身子而过，一声尖叫，陆游爆发出一阵朗笑。

街边的屋子中，不时有酒香飘出，这个时节，去年年底新酿的酒开始上市了。一间酒铺前，陆游停下，酒虫忍不住勾住了他的胃，他抬不动脚了，摸出几个铜板，端起泥色的陶碗，轻咂几口，然后，举高碗，一口气灌了下去，这酒，是他生活的必需，家乡的绍兴酒一落肚，那些诗意似乎一下子全涌了上来。那一边，唐婉在柔柔急急地叫他：务观，快来，快来，这里有杏子，还有樱桃！黄杏和红樱桃，春天的美丽使者，它们娇柔的身子，恰如夏季那些褪去了厚衣的少女，格外惹人注目。

风景和街市，陆游和唐婉，边看边赏边尝，看着云门寺方向如流的人群，他们加快了脚步。

才一个月不到，从五月初一开始，街上热闹的声音，将陆游刚静下来的心又提了起来，接下来的几天，一直到端午节，所有的人们，都会为这个节日忙碌。唐婉见丈夫坐立不安的读书样子，就扑倒在陆游怀里撒娇：别读了，我们去街上吧，买东西做香袋，保佑我们一年都顺顺利利的。

五月的江南，显然比浴佛节更热闹，满大街都是百索（用五色丝线编结的索状饰物），艾花，紫苏，菖蒲，木瓜，粽子，五色的糯米团子，香糖果子，画着花的扇子，叫卖声一阵高似一阵，桃枝，柳枝，葵花，蒲叶，像极了草药铺子。在紫苏和菖蒲的摊子前，陆游和唐婉在细听摊主教他们做香袋的方法：小郎官，小娘子，这东西，简单得很，将紫苏和菖蒲切碎，晒一个大太阳，软软的，倒进香药拌匀，再将它们装进这种玫红色的盒子里，就能镇宅避邪了。

端午节这一天，家家都将这些东西陈列于门口，户户都用粽子、五色米团、茶、酒来招待客人。陆游和唐婉，在仆人的帮助下，将艾草人缚在门上，看着它们守卫着自己的家门，他们似乎充满了幸福感和成就感。然而，这一切，母亲唐氏都看在眼里，她心里开始不舒服了，自从媳妇进门，务观这孩子，一天到晚两人都这么黏着，得告诉务观，儿女情，要适可，不能荒废读书的正业！

更让唐氏心烦的是，当初鲜灵灵的姑娘，没几天就像花一样开始蔫了，唐婉老是生病，这里痛，那里疼，城里著名的大夫来了不少，都没有彻底根治，务观倒是耐心，熬药端汤，不急不躁，唐氏急了，这样的身子，如何生育?

虽然南宋国土支离破碎，但百姓的生活，依然照着数千年的传统继续着，从正月开始，到立春，元宵，清明，端午，七夕，中秋，重阳，立冬，冬至，除夕，太多的节日，将中国人的光阴缀织成一张紧密的日子网络，嘀嗒，一年就过去了。怎么过一天，就会怎么过一生，儿子浪费了这么多光阴，且一年多，媳妇的肚子毫无动静，一想到这，唐氏就紧张得六神无主。次年七夕节的夜晚，朦胧的月光下，儿子陪着媳妇乞巧，看着唐婉那白晃晃的样子，立在走廊上的唐氏终于爆发了，她将陆游叫到身边，严厉地发出了通牒:儿呀，这个媳妇不会生孩子，大不孝，休了吧!

陆游抬起头，吃惊地看着母亲，他不知道母亲为什么会做这样的决定，心里惴惴地答道:才一年多呢，会生孩子的，我们还年轻呀！然而，母亲的脸上，已经有愠怒的样子，即便在夜色中，也能清楚地显现。

这一晚，唐婉向仙女乞了巧，许了心愿，拥着丈夫，睡得极香甜，而陆游却辗转反侧，几乎一夜未眠，他不知道如何向妻子开这个口，母命又不敢违，他知道，父母一定是早就商量好了才告诉他的，他无计可施。

煎熬了几日后，清晨醒来，陆游吞吞吐吐和唐婉张嘴:我们搬出去住吧。唐婉瞪大眼睛，眼里噙着泪水，她其实已经有些预知，丈夫这些天并不开心，笑容也勉强，一定有心事，但她不敢多问，以为是科考或者功名方面的事，天底下的男人，除了这两样，应该没有什么大事了，她想。陆游艰难地告诉了母亲的决定，唐婉更加吃惊，咬着牙轻声地反抗道:生孩子难道是我一个人的事吗?！她只能向丈夫发牢骚，她也不能大声抗议。陆游除了安慰，还是无计可施。

另外安置，显然是偷偷摸摸的行为，母亲唐氏的双眼一直盯着他们呢，他们不可能如以前那样公开，而且，母亲正加快为陆游迎娶新夫人的步伐。陆游和唐婉正式分手前的那段日子，甜蜜和痛苦交叠，折磨和心碎俱加，终于，一个黄昏，含泪的唐婉在女仆的搀扶下，钻进了唐府来接她回家的马车中，她不忍回头，她更见不得陆游的眼泪，她要将与陆游相处七百多天的甜蜜日子织成锦衣，贴身穿着。暮色中，望着渐渐远去的马车，陆游顿足捶胸，号啕大哭，一个大男人，却保护不了一个自己真心喜欢的女子，哭声穿透数条街巷。

三、《钗头凤》

悲伤随着时间而流逝，陆游的心，也如那镜湖水一样慢慢平静下来了。

依然是春日的傍晚，陆府门前，再次上演如迎娶唐婉一样的场面，一位朴实的王姓姑娘嫁进了陆府。这是一场远距离的迎娶，王姑娘的老家在四川，姑娘的父亲也做过知府，王姑娘自然也是官宦人家出身的小姐。陆府为什么会找一位蜀地媳妇，有人推测，极可能的原因是，陆宰和王父乃老相识，或许，在一个不为人知的场合，他们曾有过不确定的婚约，只是时间相隔太久，距离太远，又加上动荡不停的时代，两家好久都没联系，陆家休了唐婉，或者，陆游父母看到了唐婉的不如意，才突然想起，还有一位远在天边的王姑娘呢。

陆游与王氏，婚后的生活，就如中国千百年来夫妻都过的那种油盐酱醋茶的日子，卿卿我我似乎是奢侈，他只有在书堆中铆劲，趁年轻，确实要好好读书，终究是要再上考场的。一批朋友来找他玩，他们由山阴，转剡中，再去天台，踏着谢灵运、李太白们的足迹，他开始有了寄情和放浪山水的兴趣。

绍兴十八年（1148）六月，越州的天气，已经热如蒸笼，刚过花甲之年的陆宰，没熬过这个夏天，带着深深的遗憾离开了人世。离世前的陆宰，依然有些担心，权势如天的秦桧，再也影响不了他了，但他的两个儿子，都还在朝为官，而且，务观还没有考取功名呢。欣慰的是，他见到了三月十七日出生的务观长子子虡，陆宰相信，成家立业后的务观，一定会有更大的出息。

回到娘家的唐婉，终日以泪洗面。当她听说陆游的长子都出生了，心中也慢慢释然，人生哪能多如意，万事只求半称心，还是听家里的吧，那个赵士程，宗室子弟，武当军承宣使，做着现官呢，人挺不错，人家也不嫌弃她，就嫁了吧。

公元 1194 年，江南草长莺飞，二十岁的南阳年轻作家陈鹄，踏进绍兴府的许氏花园游玩，突然，他发现照壁上有陆放翁的题诗，笔势飘逸，末尾有“书于沈园，辛未三月题”字样。

彼时的陆游，近古稀之年，诗名早已大噪。许氏花园，以前叫沈园，辛未三月，当是绍兴二十一年，陆游二十七岁时题。小年轻看见著名作家的诗，自然要细读，陈鹄一句一句读下去，仿佛置身大诗人悲欢情爱的场景中：

红酥手，黄滕酒，满城春色宫墙柳。东风恶，欢情薄。一怀愁绪，几年离索。错！错！错！

春如旧，人空瘦，泪痕红浥鲛绡透。桃花落，闲池阁。山盟虽在，锦书难托。莫！莫！莫！

这首叫《钗头凤》的词，词意并不复杂，内含感情却波澜壮阔，它如《诗经》中的《关雎》、汉乐府中的《孔雀东南飞》、白居易的《长恨歌》、苏东坡的《江城子》一样，成了中国传统的表达爱情的典范。

春色，将整座绍兴城染得碧绿，宫墙中，柳树婆娑摇曳，身姿比我们当年去寺庙拜佛时见到的还要柔软，唐婉，你来了，红润细腻的双手，捧着盛满黄縢酒的杯子，看着你的脸，我强咽下一杯酒，浑身忽然发冷，这该死的春风，将我们的欢情吹得那样稀薄。你再续上一杯，我索性猛喝，酒下肚，满怀的忧愁却上了心头，看你忧伤的脸，离别这几年来，你过得一定不好，我也不好！我们离别，真是错，错，大错！

看我难受的样子，你反倒安慰我，都过去了，过去了，看看，春景依旧美丽，只是我们却白白地相思消瘦。我放下酒杯，递过薄绸手帕，还没细擦，你的泪水却已将脸上的胭脂洗尽。又一阵风来，簌啦啦，几朵桃花，轻轻地搭上了你我的肩膀，桃花呀，你什么时候不好凋落，为什么要赶在此时？池塘楼阁，寂静空旷，该死的老鸦聒噪几声飞走了，你是来带走我们永远相爱的誓言的吗？可是，如果它们不带走，我们的相思再寄向哪里呢？罢了，罢了，还是罢了！

陆游的这场爱情，早已弄得世人皆知，陈鹄自然也知道。陆游唐婉分开后，又各自成家，几年后（周密的记载是七年后，陆游三十一岁时），一个春日，陆游去禹迹寺南边的沈园散心，与唐婉赵士程夫妇相遇，唐以语赵，遣致酒肴，陆游怅然久之，从而题下《钗头凤》词。

四、持续的伤痛

名人的爱情，作家们持续关注，比陈鹄小差不多六十岁的周密，在他的《齐东野语》卷一里，记载得更详细。

周密提供了一个细节。晚年的陆游，居住在镜湖边的三山别业，每次进城，他一定要登寺远眺，远远地久久地看着沈园，无论晴空万里，无论烟雨蒙蒙，他的思绪总是会飞过时空。他在细听唐婉和他的《钗头凤》，不，是谛听：

世情薄，人情恶，雨送黄昏花易落。晓风干，泪痕残。欲笺心事，独语斜阑。难，难，难！

人成各，今非昨，病魂常似秋千索。角声寒，夜阑珊。怕人寻问，咽泪装欢。瞒，瞒，瞒！

黄昏的雨滴，答答地敲打着窗，唐婉看着院子里落下的片片桃花，悲凉顿时袭上心来，务观呀，这花，落得不是时候呀，老天为什么将我们分开？是炎凉的世事！是险恶的人心！清早起来，天尚未放晴，我也尚未梳洗，倚着斜栏，晨风已经将我昨晚的泪痕吹干，找来纸和笔，我在与你轻声说话，我要将这相思写下来，唉，写下来又有什么用呢？想要复合，难，难，太难！

唐婉的无声诉说，陆游都能听得见。唐婉继续悲叹：是呀，复合，难上加难。今时不同往日，我们虽近在咫尺，却远在天涯。而今，我已身染重病，病体反反复复不见好转，我深知来日无多。夜已深，远方鼓楼上的角声响起，我心里再生一层寒意。平日里，实在是怕人问，只有强忍住泪水，还要装作开心的样子。唐婉悲声地问自己：瞒，再瞒，什么时候才能瞒到头呢？！

这场爱情，给陆游造成了持续到终生的伤痛。周密继续举例。

绍熙三年（1192）秋，一个感伤的季节，秋风秋雨，六十八岁的陆游再到沈园，他写下一首诗，诗只有八句，标题却是一段完整的事件记叙：

枫叶初丹槲叶黄，河阳愁鬓怯新霜。
林亭感旧空回首，泉路凭谁说断肠！
坏壁醉题尘漠漠，断云幽梦事茫茫。
年来妄念消除尽，回向禅龛一炷香！

（《剑南诗稿》卷二十五《禹迹寺南有沈氏小园四十年前尝题小阕壁间偶复一到而园已易主刻小阕于石读之怅然》）

一切都已改变，原来意气风发的青年，已成满头白发的老年，向谁去诉说呢？向天向地，唯有向自己内心诉说。似乎，那些执着都已过去，想念心爱的人，为她好好地点一炷香吧。

梦断香消四十年，沈园柳老不飞绵。
此身行作稽山土，犹吊遗踪一泫然。

（《剑南诗稿》卷三十八《沈园》二首其二）

其实，这种执念，依然挥之不去。沈园的柳树都已经老了，陆游感叹，即便死去，他的魂魄依然会来沈园，这里是他见唐婉最后一面的地方。

城上斜阳画角哀，沈园无复旧池台。
伤心桥下春波绿，曾是惊鸿照影来。

（《剑南诗稿》卷三十八《沈园》二首其一）

依然是明媚的春光，可是，沈园已经不再是那个时候的沈园，他已经不敢走那桥，怕桥下的春波会复原出唐婉昔日的身影来。

上面两首诗作于庆元五年（1199）春，陆游已经七十五岁了。

年纪越大，想念越深，一种浸到骨髓里的痛。

开禧元年（1205）岁暮的一个夜晚，虽天寒地冻，八十一岁的陆游，在温暖的眠床上，爱情依旧来袭，他又梦游沈园了，清晨起床，情依然不能自禁，两首绝句迅速诞生：

其一

路近城南已怕行，沈家园里更伤情。
香穿客袖梅花在，绿蘸寺桥春水生。

其二

城南小陌又逢春，只见梅花不见人。
玉骨久成泉下土，墨痕犹锁壁间尘。

（《剑南诗稿》卷六十五
《十二月二日夜梦游沈氏园亭》）

陆游的九千三百多首诗，有六千多首写于晚年居住在山阴时，此时的诗风，已无雕琢，只是尽抒己意，在梦里，他都不敢去沈园了，两首诗中都写到了梅花，其实是一种暗喻，那见证过他和唐婉爱情的梅花，依然香如故，桥依旧，波依旧，春依旧，只是心爱的人，早已成泉下尘土。一树梅花一放翁，或许，那梅花就是他自己。

五、“苦恶苦恶”

南方地区的芦苇和水草丛中，生活着一种常见而普通的水鸟，性羞怯，能游泳，也能作短距离飞翔，吃昆虫，小型水生动物、植物的种子也是主食，它们以细枝、水草和竹叶等编成简陋的盘状巢，每年五至九月生儿育女，繁殖期间，雄鸟晨昏都激烈鸣叫，发出一种“苦恶苦恶”的声音，人们都叫它苦恶鸟，古人称之“姑恶”。

淳熙十年（1183）五月，五十九岁的陆游，从抚州被罢官回山阴，闲居在家已经好几年了，虽是从六品官员，却领着一份薄薄的薪水（朝奉大夫主管成都府玉局观），写诗，接待一些方外朋友，闲得很。

端午过后，热起来的天气，逼得人们一件件脱去衣物。傍晚时分，陆游钻进窄窄的乌篷船舱，他去夜游镜湖，感受一下夏日夜里的风景。月光如昼，船沿着小河道缓缓行进，不久就进入了镜湖宽阔的湖面，陆游不喜欢那种浩大而辽阔的平静，他让艄公将船划向湖岸，贴着湖岸行，三五农舍，竹树掩映，几声犬吠，听起来让人舒心。镜湖沿岸，他已多次行走，不少乡人都认识他，然而，夜里从船上看岸边，还是有明显的不同。

忽然，前方传来“苦恶苦恶”的水鸟叫声，这种鸟叫，陆游极度不喜欢，不知怎么回事，他一听到“苦恶苦恶”，内心立即翻滚起诸多伤痛，鲜活灵动的唐婉似乎就站在了他眼前。处于发情期的姑恶鸟，才不管湖边那艘小船中诗人的心情呢，它们有自己的爱情，它们的爱，已经如火如荼，它们拼了命地爱，拼了命地叫。陆游夜游的好心情，不断被姑恶鸟击打着，直至敲得粉碎。船家，我们回去吧！陆游对艄公吩咐道。

回到家的陆游，夜不能寐，百感交集，各种影像轮番上映：

女生藏深闺，未省窥墙藩。
上车移所天，父母为它门。
妾身虽甚愚，亦知君姑尊。
下床头鸡鸣，梳髻著襦裙。
堂上奉洒扫，厨中具盘餐。
青青摘葵苋，恨不美熊蹯。
姑色少不怡，衣袂湿泪痕。
所冀妾生男，庶几姑弄孙。
此志竟蹉跎，薄命来谗言。
放弃不敢怨，所悲孤大恩。
古路傍陂泽，微雨鬼火昏。
君听姑恶声，无乃遣妇魂？

（《剑南诗稿》卷十四
《夏夜舟中闻水鸟声甚哀若曰姑恶感而作诗》）

这时的陆游，已近花甲之年，世事洞明，对于自己的情爱遭遇，他以前只是曲折表达过，“东风恶，欢情薄”，而今晚，那姑恶鸟的叫声，彻底将他久埋心底的怨和爱激荡了出来，这是火山小爆发，冲出地表的烈焰，顿时照亮了整个镜湖的上空。

名门之后，大家闺秀，唐婉生在一个富裕的家庭，她的父亲唐闳是郑州通判，祖父唐翊为鸿儒少卿，嫁到陆府后，恪守妇道，尊老敬长，勤勤恳恳，上得厅堂，下得厨房，家务什么的都做得极好，即便婆婆常常鸡蛋里面挑骨头，她也都忍着，暗自落泪，婆婆对她越来越不满意，原因只有一个，她没有生出男孩。最后被赶出陆家门，唐婉也只是将怨恨深埋在心底。今晚，古道旁，湖上空，微雨伴着瘆人的鬼火，那可恶的鸟叫声，声声不断，那是唐婉的冤魂吗？

姑恶，苦恶，姑也是婆婆，陆游在叙述自己母亲的时候，表面似乎平静，但语气中却深含着一种无奈和不满，他想反抗，可总是那么软弱无力，母亲的权威就是一堵沉重的墙，压得他喘不过气来。错错错，陆游自己难道没有错吗?！一想起唐婉，他就恨自己。

陆游这种对母亲的软反抗，一直持续，年纪越大，甚至越激烈，越频繁：

湖桥东西斜月明，高城漏鼓传三更。
钓船夜过掠沙际，蒲苇萧萧姑恶声。
湖桥南北烟雨昏，两岸人家早闭门。
不知姑恶何所恨，时时一声能断魂。
天地大矣汝至微，沧波本自无危机。
秋菰有米亦可饱，哀哀如此将安归?

（《剑南诗稿》卷三十九《夜闻姑恶》）

此诗作于庆元六年（1200）夏。又是夜闻，已经鼓传三更了，七十六岁的陆游干吗半夜去钓鱼？春天的时候，他又一次去了沈园，朋友们不断离去，国土依旧破碎，抗金的呼声，一会儿就偃旗息鼓了，韩侂胄高举起的复兴大旗，似乎让陆游看到了一丝中兴的希望。内心充满波澜，一定难眠，索性夜游，万籁俱寂，农舍里甚至有沉沉的酣睡声传出，而此时的姑恶鸟，依然处于情爱的旺盛期，不分昼夜，只是那叫声，更让人愁上加愁。

这一年的秋天，一个浓云泼墨的雨夜，电闪雷鸣，暴雨如注，诗人担心他书房里的那些书被淋湿，屋已漏水，老人一边拿着灯，一边拿着盆去接漏的地方，但雨实在太大了，接东接不了西，索性将草席卷起盖在书上，书绝对不能弄湿，而此时，又有那该死的“苦恶”声传来：

姑恶独何怨，菰丛声若哭。
吾歌亦已悲，老死终碌碌。

（《剑南诗稿》卷四十《夜雨》节选）

这一回，陆游似乎有点体谅姑恶了，它哭，也是有忧愁的吧。唉，听着它的哭声，陆游开始自悲，该写的都已经写完了，这么老了，就等死吧！

开禧二年（1206），春夏之交，姑恶鸟又开始进入了一年中的活跃期，它们从睡梦中醒来，叫声伴着淅沥的春雨声，扰了八十二岁老人的清梦：

学道当于万事轻，可怜力浅未忘情。
孤愁忽起不可耐，风雨溪头姑恶声。

（《剑南诗稿》卷六十六《夜闻姑恶》）

幽丛鸣姑恶，高树号杜宇。
惊回千里梦，听此五更雨。
展转窗未明，更觉心独苦。
天涯怀故人，安得插两羽！

（《剑南诗稿》卷六十六《五更闻雨思季长》）

学道是陆家的传统，向高祖学，向曾祖学，但是，心有所系的陆游，显然觉得功力不够，这不，一听见溪头的姑恶鸟叫声，心就完全乱了。天空还是一片漆黑，夏雨将夜浇得越来越沉甸甸，或许是树林深处的姑恶也忍受不了那种潮湿，它又突然鸣叫，老人又一次被惊醒，再也睡不着。姑恶声和雨声，越听越烦，越听越苦，对陆游来说，姑恶简直就是他的克星。

陆游真有那么恨姑恶鸟吗？

清代桐城人，乾隆时期的文学家姚范，提出了不同的意见，他认为，我们大家都没有读懂陆游这些“姑恶”诗：“翁意未必感此，然非所宜命题也”（详见《援鹑堂笔记》卷四十七），也就是说，陆游写姑恶的诗，其实是有感于当时政治和仕途上的失意，尤其是五十九岁夏夜舟中的那首，几次被罢，皆因为他的抗金主张，而这是融于他生命骨血之中的情愫，几乎是天生的。

这样的观点，才显示出放翁的水平和情怀，春秋笔法，借此喻彼，爱情和政治都表达到位，虽然都给他造成了痛苦，但母亲与那些主和的投降派还是不能完全等同的。

苦恶，苦恶，上苍赋予那些鸟们独特的生理构造，它们只能发出那样惹人厌烦的声音，唉，真是苦了姑恶鸟呀。

六、王氏与杨氏

淳熙十四年（1187）八月底的一天，严州府衙的后院里，传来了陆游一家人低低的哭声，原来，陆游的小女儿定娘，因病而亡，刚满一岁。

> 淳熙丙午（1186）秋七月，予来牧新定。八月丁酉，得一女，名闰娘，又更名定娘。予以其在诸儿中最稚，爱怜之，谓之女女而不名。姿状瑰异凝重，不妄啼笑，与常儿绝异。明年七月，生两齿矣，得疾，以八月丙子卒。藁于城东北澄溪院。九月壬寅，即葬北冈上。其始卒也，予痛甚。洒泪棺衾间，曰：“以是送吾女。”闻者皆恸哭。女女所生母杨氏，蜀郡华阳人。
>
> 铭曰：荒山穷谷，霜露方坠。被荆榛兮，呜呼吾女。孤冢岿然，四无邻兮。生未出房奥，死弃于此，吾其不仁兮。
>
> （《渭南文集》卷三十三《山阴陆氏女女墓志铭》）

一位白发老人，哀悼一岁的小女，饱含深情的文字，催人泪目。铭中的场景，可以清晰还原：陆知州上任严州，除仆人外，携带的家眷主要有，挺着大肚子的妾杨氏，十一岁的小儿子子遹。陆游上任后的一个多月，小定娘就出生了，老年得女，怜爱之心可以想见。而这小女儿，似乎很懂人间事，与一般的婴儿完全不一样，不哭不闹，乖巧得很。十一个月的时候，定娘已经长出两颗牙齿。一场突如其来的疾病，夺走了小定娘活泼的生命，让陆游情何以堪，看着泪流满面的杨氏，陆游的心里堵得慌，当给定娘盖上小棺材时，陆游一时老泪纵横，号啕大哭，边哭边对着定娘说：我亲爱的孩子呀，你连话都不会说就走了，我只能用眼泪来送你了！陆游的哭声，引来一片号啕，满屋子的悲伤，似乎要将整个府衙淹没。

回溯一下陆游的妾，杨氏。

在蜀地，时间差不多应该是在孝宗乾道九年（1173）的春天，或许是在一次出差途中，成都附近的某处驿站，四十九岁的陆游，碰到了二十多岁的杨氏。杨氏是驿站驿吏之女，会作词，懂风情，相貌又极似唐婉，中年陆游一见倾心，纳为妾。陆游有杨氏妾是真，但杨氏的来历却源自于当时文人的笔记，我们权且信其还算富有诗意的这段情感轶事：

> 陆放翁宿驿中，见题壁诗云："玉阶蟋蟀闹清夜，金井梧桐辞故枝。一枕凄凉眠不得，呼灯起作感秋诗。"放翁询之，驿卒女也。遂纳为妾。方半载余，夫人逐之，妾赋《卜算子》云："只知眉上愁，不识愁来路。窗外有芭蕉，阵阵黄昏雨。晓起理残妆，整顿教愁去。不合画春山，依旧留愁住。"
>
> （南宋陈世崇《随隐漫录》卷五）

许多研究者都认为，这里提到的题壁诗，与陆游在蜀时所作《感秋》诗的后半首相同（见《剑南诗稿》卷八）；而后面的"卜算子"，从格律来说，应是《生查子》，与陈氏同时的赵闻礼所编词集《阳春白雪》卷三收录了这首词，亦作《生查子》，并且字句也有出入，所以这一记载的可信与否还应存疑。

对眼前这位杨氏，陆游也怜爱颇多，陆游的六子七子，陆子布、陆子遹，皆出自杨氏。为了避免家庭矛盾，或许，陆游与王氏约定，自蜀地回故乡时，将五岁的子布留在蜀地，陆游极有可能委托他在南郑结识的好友张缜代养，而当子布回到山阴老家时，已经二十七岁，彼时，王氏已经去世三年。

唐婉出，王氏进，在四年时间里，王氏就为陆游诞下三个儿子。然而，陆游的感情生活中，五十年的婚姻，他与生下五子一女的王氏，实在是平淡如水，王氏的勤劳和任怨，王氏在家里的霸道（杨氏过门半年，被其逐出），我们都读不到只言片语，陆游写了九千多首诗，一百四十多首词，七百多篇文章，许多花花草草，甚至家里的一只鸡、一头牛，不少的邻居朋友，多少次醉酒，甚至宴会上为某一歌伎，他都可以洋洋洒洒写诗，却没有为王氏写过一个字，为陆家任劳任怨的王氏七十一岁去世，陆游才写了不足百字的《令人王氏圹记》，虽有诗为记，却是在哭自己：

朝雨暮雨梅子黄，东家西家鬻兰香。
白头老鳏哭空堂，不独悼死亦自伤。
齿如败屐鬓如霜，计此光景宁久长？
扶杖欲起辄仆床，去死近如不隔墙。
世间万事俱茫茫，唯有进德当自强。
往从二士饿首阳，千载骨朽犹芬芳。

（《剑南诗稿》卷三十六《自伤》）

从诗意看，哭王氏，是真哭，但此时的眼泪却含着许多复杂的心情，也是自伤，哭自己婚姻生活的不幸，哭自己仕途的不顺，哭宏大的理想遭遇无情现实的一次次打击。

这是王氏的悲哀吗？这是陆游的悲哀吗？是，也不是，在陆游眼里，他真正的爱情，在唐婉离开的那一天起，就已死去。

寒风吹白了旷野，春风染绿了大地，年复一年，陆游心中的唐婉，依然如每月十六夜空中的白玉盘，始终明亮而柔和。

第六卷

初官记

一、善政宁德

绍兴二十八年（1158）入夏以来，天渐热，陆游的心也热，他一直处于兴奋之中。他有一种强烈的预感，自秦桧死后，高宗着力清理秦的余党，一切都在变，阳光日日明媚，他的人生前景似乎也要亮堂起来。

前日又有振奋消息传来，老师曾几，已经调任礼部侍郎，他立即去信祝贺。自他跟随曾老师学诗以来，两人常有诗文互动，曾几再仕，两人联系越加频繁，这一次，他在贺信中，除了例行的祝贺外，更加明确表达了自己出仕的意愿，陆游相信，老师一定懂他的心思。

果然，入秋不久，会稽城南三十里的云门草堂，院子里的枫叶刚开始泛黄，朝廷任命的喜讯就传到了陆家：授陆游右迪功郎、福州宁德县主簿。三十四岁的陆游，一时百感交集，他已经是四个孩子的父亲了，虽然自己胸怀满满，也有父荫，依然还得靠老师的提携，不过，这个低微的从九品小官，终究使他开始踏上了仕途。

主簿这个职位，让陆游立即想起了一百年前的钱塘人沈括，沈存中，他的第一个职位就是海州沭阳县主簿。在某种程度上，沈括和陆游有点相像，都很有学问，入仕前都没有功名，都靠父荫和推荐，但沈括初仕要比陆游年轻十岁。沈括在他的《长兴集》卷十三中，对这个县里面最苦最累的低等职位有生动描写，陆游记忆深刻：

> 做官最微贱劳苦的，莫过于主簿。沂、海、淮、沭一带，方圆几百里，只要是兽蹄鸟迹所到的地方，都有主簿的工作职责。——而那些往来吊问、岁时祭祀、公私百役等杂事琐事碎事，十有八九也要主簿兼着。主簿常常忙得忽上忽下、忽南忽北，心里懵懵懂懂，昏天黑地，连风、雨、霜、雪的暗、亮、暖、寒，也完全不知道。

一句话，一个县百姓的吃喝拉撒睡，什么事情，主簿都要管。

苦是苦了点，沈括并没有抱怨，他有自己的抱负，要趁着年轻，将自己的所学运用到实践上，力求能为国家、百姓做出成绩。陆游想到此，心里顿时也充满了信心。毕竟，初仕就如那久练武功总要上技场检验展示一样，选手登台，舞台宽阔而广大，然而，陆游心里清楚，舞台上空有晴阳，随时也会袭来狂风暴雨。

简单准备行装，冬日的暖阳中，陆游自绍兴往南，轻松踏上了初仕的行程。不几日，就到了永嘉地面。永清门外，瓯江中有一孤屿，上有著名的江心寺，规模宏大，江云烟水，为东南胜境，寺分东西塔，东塔始建于唐代咸通年间，西塔建于宋代开宝年间，元丰时，东塔被皇家赐为普寂院，西塔改净信院。赵构被金人一路追得满世界跑，也曾躲到江心寺，远在南端，他以为暂时安全了，心情也大好，于是在岛上题字留念，清辉、浴光两轩的题名就被人刻到了石头上，他再赐普寂院为龙翔院，净信院为兴庆院，营造一下喜庆吉祥的氛围。赵构建都临安后，江心寺迎来了高速发展的机遇，楼堂馆所一时达百余间。

这样的名胜，喜爱山水的陆游自然不会放过，他让人将船摇到了江心寺，他要上岛感受一下浓郁的氛围。观景看碑，一路漫行，不想，迎面碰上了一位被众人簇拥着的年老官员，气场颇足，随从介绍说是新上任的永嘉知州，陆游没有写具体的名字，有人考证说是张九成，这一年，长陆游三十三岁的张九成正好在永嘉任上。陆游面前的这位老人，可是宋代的大名人，他状元出身，为人正直，得罪秦桧被贬江西十四年，张和曾几一样，秦桧死了，才重新被起用。陆游极佩服张九成，他博学多才，理学、经学、佛学均造诣颇深，张住江心寺，应该是想在青灯古佛中安顿一下内心。或许是品级和名望的差别，陆游在当夜写下的诗中，对永嘉的第一长官还是充满了敬意：

使君千骑驻霜天，主簿孤舟冷不眠。
也与使君同快意，卧听鼓角大江边。

（《剑南诗稿》卷一《戏题江心寺僧房壁》）

使君的千骑，显然夸张，不过，它却和主簿的孤舟形成了鲜明的对比，远去异地上任，且只是经过，偶然碰上，能有一场比较热情的交流已经算不错了，纵然年轻诗人已经小有名气，可和久在官场的大官相比，主簿显然有些底气不足。天冷风急，孤舟在江边不断晃荡，虽出生在水乡，却睡不习惯呀，一更，二更，三更，城头报时的鼓角，每一声他都听得清清楚楚。

陆游没想到的是，第二年，直言上疏而不被采纳的张九成，愤而辞官归了故里，六月就病卒。陆游闻此消息，心里对张九成又增加了十二分的敬佩。

沿着瓯江，至仙岩，穿塘河，船就摇进了瑞安的飞云江，冬日的江面，烟波微动，江水泛着金光，陆游一时心情大好：

俯仰两青空，舟行明镜中。
蓬莱定不远，正要一帆风。

（《剑南诗稿》卷一《泛瑞安江风涛贴然》）

眼前的风景只是触发他抒怀的由头而已，这是不是预示着，他的仕途，如这一帆风顺的船一样，一片光明?！他希望如此。

船很快就到了平阳，在平阳县驿站，腊梅正迎着他娇艳盛开：

江路轻阴未成雨，梅花欲过半沾泥。
远来不负东皇意，一绝清诗手自题。

（《剑南诗稿》卷一《平阳驿舍梅花》）

依然是借景抒情，香花满树，冷香四溢，更有梅花的高洁，此去宁德，一定要加倍努力工作，不负朝廷，做个好官，陆游心里涌上了一股强大的勇气。

一位年轻的基层官员，刚刚接手一个县的官衙事务，除了尽快熟悉工作流程和当地环境外，还有不断要适应的人际关系，可以想见，在宁德的县衙和田野大地上，不断有陆游整日忙碌的身影，不过，他心里是踏实的，主簿工作的复杂和艰辛，他思想上早就有准备。

没有具体的文字记载陆游如何工作，宁德人民给出的总体评价是“有善政，百姓爱戴”（乾隆四十六年刻本《宁德县志》卷三《宦绩》）。这个评价的核心词是“善政”，它是“百姓爱戴”的大前提。好的政绩可以理解为：处理各方面事情的业务能力强，对百姓的疾苦非常关心，许多小事，甚至都到了事必躬亲的地步。宁德百姓都在传诵，来了一个说话带着越中腔调的高个子官员，和蔼可亲。

看下面在宁德进进出出的两首诗，足见陆主簿忙碌而生动的身影。

匆匆簿领不堪论，出宿聊宽久客魂。
稻垄牛行泥活活，野塘桥坏雨昏昏。
槿篱护药才通径，竹笕分泉自遍村。
归计未成留亦好，愁肠不用绕吴门。

（《剑南诗稿》卷一《出县》）

霁色清和日已长，纶巾萧散意差强。
飞飞鸥鹭陂塘绿，郁郁桑麻风露香。
南陌东村初过社，轻装小队似还乡。
哦诗忘却登车去，枉是人言作吏忙。

（《剑南诗稿》卷一《还县》）

春季雨季，牛在耕田，田塍上湿滑，除了耕种的庄稼人，还有谁会去生产第一线？县令可以不去，主簿却要去，他要调查了解当年的农业生产，否则心中无数，田野陂塘，小桥坏了，不能行走，要吩咐里长修好。工作忙碌，但诗人观察的眼光并没有停下来，宁德农村，景色亦别致，乡舍人家，小院槿篱上攀爬的牵牛花，越过藩篱，甚至将路面占领，劈开竹子做成的水槽，清清泉水汩汩流进农户的小院，春风染绿宁德的田野大地，漠漠水田飞白鹭，阴阴夏木啭黄鹂，桑叶葱绿，苎麻清香，百姓辛勤劳作在他们的田地上。陆主簿虽然跑东跑西，毕竟不像农人那般辛苦，他是管理者，不用真的赤脚下田，和农人们相比，他简直太幸福了，他对自己不断涌出的诗的灵感，甚至都感觉有点不好意思，表面上在忙，实际上是在走马观花。相比那些鱼肉百姓的贪官污吏，陆主簿真的是宋朝非常优秀的基层干部。

陆游到任前一年的五月，宁德县的城隍庙已经极破旧，它会妨碍政府将要举行的祭祀，不利保民安康，而祭祀城隍是国家大事，于是，宁德代知县陈摅就组织人员修缮。陆游到任时，恰好城隍庙修缮竣工，陈代县令对陆游吩咐道：陆主簿文才一流，这个记就由你来写吧！

对于这样的记和序，陆游自然是小试牛刀，往后接下来，他还要去京中为朝廷写不少诏诰呢。我们看中间一段，宁德为什么要修城隍庙：

宁德为邑，带山负海。双岩白鹤之岭，其高摩天，其崄立壁，负者股栗，乘者心掉。飞鸾关官井之水，涛浪汹涌，蛟鳞出没，登舟者涕泣于父母妻子别，已济者同舟更相贺。又有气雾之毒，蛙、黾、蛇、蚕、守宫之蛊，邮亭逆旅，往往大署城壁，以道出宁德为戒。然邑之吏民独不得避，则惟神之归。是以城隍祠比他邑尤盛。

（《渭南文集》卷十七《宁德县重修城隍庙记》）

宁德靠山临海，自然条件其实恶劣，风大浪急，大鳄出没，百姓出行，交通事故频繁，林深雾厚，毒瘴众多，人们常常告诫去宁德要当心再当心。这样的地方，更需要城隍神的庇佑。陆主簿的记，层次分明，说理性强，言辞简洁而优美。

感动神明，文字也必须精美，否则城隍老爷会挑剔的，陈代知县，看着陆主簿的这篇记，满意地笑了，自然，新落成的祭祀大典也热闹非常。

公务之余，陆游到周边县赏山水，一般的文人都喜欢：

近水松篁锁翠微，洞天宫殿对清晖。
快晴似为酴醾计，急雨还妨燕子飞。
道士昼闲丹灶冷，山童晓出药苗肥。
拂床不用勤留客，我困文书自怕归。

（《剑南诗稿》卷一《雨晴游洞宫山天庆观坐间复雨》）

这一年的夏天，他去罗源县东北的洞宫山游玩。罗源紧挨着宁德，他要去洞宫山的天庆观，经过一个叫马岭的地方，见荆棘丛中有崖石，刻着“树石”两个大字，奇古可爱，陆游立即让跟随的仆人，将周边荆棘去除，弄干净了才发现是“才翁所赏树石”六个字，才翁是谁？苏舜元，北宋庆历年间进士，庆历六年（1046）出任福建路提刑，是个清官好官。陆游立即让人告诉罗源知县，将苏舜元的题字用护栏保护起来（事见《老学庵笔记》卷四）。

松竹深处，藏着一座天庆观，道观旁，飞瀑连天，贴近石壁，水花滴进衣领，瞬间散发出淡白烟雾，那是冷和热的对视交流。炎炎夏日，在这洞天宫殿，晴雨相间，太阳只为酴醾花而开，燕子在急雨中飞翔，道士们无所事事，炼什么丹呢？天地间打坐冥想，是最好的修行。喝过几盏茶，又一阵急雨过去，陆游站起身子，拍拍久坐有点麻痹的双腿，谢绝道士们的盛情挽留：不住夜了，还要赶回县衙，一大堆公务等着呢！调福州任决曹后，陆游又来过一次天庆观，想必，这里的洞天福地，给他留下了深刻的印象。

在宁德时间虽短，陆游却结识了好朋友朱孝闻，友谊一直持续到终生。开禧元年（1205）秋，八十一岁的陆游突然梦见了在宁德和老朋友一起的快乐场景：

白鹤峰前试吏时，尉曹诗酒乐新知。
伤心忽入西窗梦，同在峬村折荔枝。

这首载于《剑南诗稿》卷六十二的诗虽短，题目却很长：予初仕为宁德县主簿而朱孝闻景参作尉情好甚笃后十余年景参下世今又几四十年忽梦见之若平生觉而感叹不已。青田人朱孝闻，绍兴二十四年（1154）进士，陆游为宁德主簿，朱孝闻是县尉。在宋代，尉的职级，在主簿之下，每县有一尉，如果一个县没有主簿，则由尉兼任。登科四年后才做一个偏僻地方的县尉，朱的仕途也不怎么顺利。陆游和朱孝闻，浙江同乡，似乎有点同病相怜，一起工作，一起喝酒，一起作诗，愉快相处，岭下僧舍，小槽红酒，晚香丹荔，快乐的日子仿佛就在昨天，可是，朱兄死得早呀，他都已经去世四十多年了，唉，这个梦，难免让陆游感叹。

宁德市城区，白鹤峰南麓的南际公园中，一尊乳白色的陆游塑像静静伫立，他纶巾博带，双手背后，深情远望前方。巍巍的白鹤峰，淙淙的流泉，一直无声而柔情地陪伴着陆游。宁德人民八百六十多年来不忘陆主簿，这是对他“善政”最好的诠释。

二、福州的日子

绍兴二十九年（1159）秋，陆游已经在宁德前往福州的路上了，他的新职务是福州决曹，审理一般案件，专管司法，从九品到正九品，升职总是让人快乐的。

古代官员，许多都要亲自审案，所谓父母官，就是要为百姓做主，公平公正公开，不少名人都留下审案的记载。福州决曹，审理一般案件后，最后要由郡守裁定。关于陆游审案的记载极少，他在严州任上写过一篇《与尉论捕盗书》（详见《渭南文集》卷十三），记载了做宁德主簿为捕盗事困扰的事，起先老是抓不到盗贼，后来向退卒了解其中原委，原来是百姓怕牵连不敢报案，后广泛发动群众，终于捕捉到了不少盗贼。或许，他对初官时的工作记忆深刻，或许，他认为都是些鸡毛蒜皮的小事，不值得记录，但职责决定了陆游一定审过不少案。

忙中偷闲，福州的景色必须要去观赏，这也是工作方法之一种，不了解民风民俗，如何做好工作呢？有人统计，陆游在福州任决曹的一年多时间里，写了一首词、三首诗、六篇文章（启和书各三篇）。从数量上讲，确实少，这也侧面反映了他工作的忙碌。或者，写了不少，是他自己不满意，都扔掉了。诗文虽少，有三首值得一说。

客中多病废登临，闻说南台试一寻。
九轨徐行怒涛上，千艘横系大江心。
寺楼钟鼓催昏晓，墟落云烟自古今。
白发未除豪气在，醉吹横笛坐榕阴。

（《剑南诗稿》卷一《度浮桥至南台》）

福州南边九里左右，有南台江，江阔九里，江上有浮桥，横跨南台江。或许，福州炎热的天气不太适合陆游，他刚到福州就生病了，自然，工作和考察都要暂时停下来。人们说，外闽江中南台岛那里风景极好，病愈后的陆游，首游地就选了去南台。许多船连接起来的浮桥，踩上去还是有点胆怯，波涛汹涌，浮桥晃动，慢行慢行，一个不平衡，就会落水，不过，前方岛上美景在等待，一咬牙，这就到了南台。寺庙钟楼，晨钟暮鼓，茅屋村舍，炊烟袅袅，彼此相连，喝足了酒，茂密浓荫的榕树下，横笛醉吹，虽已近中年，白发渐生，但陆游感觉依然年轻，他有许多的事要做！

绍兴多水，但镜湖水、运河水与福州傍依的大海相比，依然是少而又少，至少，没有大海那种磅礴的气魄，陆游对海充满了兴趣，多次看海写海：

我不如列子，神游御天风；
尚应似安石，悠然云海中。
卧看十幅蒲，弯弯若张弓。
潮来涌银山，忽复磨青铜。
饥鹘掠船舷，大鱼舞虚空。
流落何足道，豪气荡肺胸。
歌罢海动色，诗成天改容。
行矣跨鹏背，弭节蓬莱宫。

（《剑南诗稿》卷一《航海》）

大海宽广的胸怀，感染了陆游，他不再害怕，甚至觉得很亲近，虽然没有列子御风而行的那般逍遥，却觉得有点谢安那样的闲情逸致，风急浪高，闲谈如故。一边喝着酒，一边看大海，喝多了，躺倒在船甲板上，抬头望船帆，这艘艨艟舰船，用十幅蒲草编成巨帆，看着就像是一张引而不发的大弯弓。突然，有高高的银山矗立起来，那是大海卷起的波涛。又突然，大海安静下来了，波平得如青铜宝镜，巨大而晶莹。呀，快看，觅食的海鸟，它们扇动起翅膀，飞快地掠过船舷，潜游的鲸鱼，猛地跃出海面，它们想在半空中跳舞吗？哈，即便我远离家人，只要心中有追求，我就不怕，我要跨上九万里的鲲鹏脊背，扶摇直上，我要去海上神山蓬莱宫，优游踏歌！

陆游的想象，将大海的波涛和着十二分的酒意，恣肆汪洋。

每想起航海的经历，陆游就情不自禁，念念不忘在福州看海的日子，他看海，还两次写到了台湾，研究者认为，陆游的《感昔》与《步出万里桥门至江上》两首诗，如果站在中国诗歌史上用诗描写台湾的角度看，他是第一人。

行年三十忆南游，稳驾沧溟万斛舟。
常记早秋雷雨霁，柁师指点说流求。

（《剑南诗稿》卷五十九《感昔》其一）

久坐意不怿，掩卷聊出游。
一筇吾事足，安用车与驺。
浮生了无根，两踵蹋百州。
常忆航巨海，银山卷涛头。
一日新雨霁，微茫见流求。
西行亦足快，纵猎南山秋。

（《剑南诗稿》卷八《步出万里桥门至江上》）

这里引用了上诗的前十二句，诗人在“流求”句后有自注：“在福州泛海东望，见流求国。”流求，即“琉球”，就是现在的台湾。陆游公务之余常坐船浮海，晴空中，视野通透。那边，远方是哪里？陆游问。流求。舵手答。自从知道了流求后，陆游只要坐船出海，就时常搭手远眺并出神，他或许想起了唐朝的桐庐人施肩吾，他高祖陆轸曾遇见过的“神仙”，唐元和十五年（820）的进士，施做官后不久就辞隐当了道士，后来天下大乱，施率族人去了澎湖列岛，后人曾誉其为民间开发澎湖第一人。施肩吾的诗名也很大，《全唐诗》留有他一百五十一首诗。流求的施真人，您还好吗？陆游内心发问，若有所思。

写作的人，一般都仔细观察，爱动脑子，即便他走在大街上。这一日午后，陆游经过福州的万寿寺塔，阳光照射出塔的影子，他立即想起沈存中的《梦溪笔谈》。沈括讲，塔有影必倒。细看眼前，确实有塔清晰的影子。后来，陆游在成都见过的正法塔，蜀都见过的天目塔，亦都有倒影。塔几十丈高，而影只二三尺，塔的影子，或自天窗中下，或在廊庑间，都可以看得到，只是不明白什么原理。陆游在《老学庵笔记》卷八里记载了这个见闻，今天看来简单，就是小孔成像。

三、史官与廷对

绍兴三十年（1160）正月，福州的酴醿花已经竞相怒放斗艳，陆游收拾完简单的行李，向前来送别的朋友们一一作揖：去临安找我喝酒，谢谢你们！他的新职务还没有明确，不过，吏部通知他即刻前往京城报到。

福州离京城并不是千山万水，陆游心情大好，他取道永嘉、丽水，一路往北。大地回暖，百草吐绿，帽送轻寒，雨点春衫，一路行，一路会友，一路喝酒，在丽水，他写下了《自来福州诗酒殆废北归始稍稍复饮至永嘉括苍无日不醉诗亦屡作此事不可不记也》，自然是奔着好前程去，酒天天喝得昏天黑地，他又想起儿时避难的情景，特意转道东阳去看望老朋友（见《东阳道中》），写下了欢喜的《东阳观酴醿》（见前《离乱记》）。

陆游到京城时，任命已经下达，授右从事郎，敕令所删定官。

敕令所，是什么机构呢？编辑整理各种行政命令的机构。删定官，负责校对印发事宜。即便是八品官，但毕竟是京城，可以结交大量的朋友，可以迅速了解朝廷的各种信息，而且有机会见到皇帝。

果然，敕令所中，除陆游刚调进外，已经有不少专家在工作了，闻人滋、李浩、王秬、周必大等，原来，皇帝急着要编一本“吏部法”，从全国各地调来知名度高的大专家、权威。

先说闻人滋。

> 嘉兴人闻茂德，名滋，老儒也。喜留客食，然不过蔬豆而已。郡人求馆客者，多就谋之。又多蓄书，喜借人。自言作门客牙，充书籍行，开豆腐羹店。予少时与之同在敕局，为删定官。谈经义滚滚不倦，发明极多，尤邃于小学云。
>
> （《老学庵笔记》卷一）

陆游眼里，闻人滋是个可爱又有趣的有文化的老头，满肚子的学问，尤其擅长文字研究，常有新观点发现，人也极有性格，喜欢交朋友，找他的人挺多。他家里有许多书，喜欢将书借给别人读，他甚至还开豆腐羹店（这里可能不是实指，乃是喜欢吃蔬菜豆腐，有点自嘲的意味）。

李浩和王秬都是爱国人士，陆游与他们有共同的理想与志向，以后一直长期保持联系。这王秬也是个性极强的爱国人士，他因为这样的事情被罢官：

> 时秬自言：生长兵间，谙练戎事，愿得步骑五千，求试方略。因请至都堂白事，许之。殿中侍御史杜莘老奏：秬自到官，将淮上兵民，分隶诸将，民情皇骇。今又狂率大言，侵将帅之事。秬遂罢去。
>
> （宋李心传《建炎以来系年要录》卷一九二）

王秬去世，陆游“哭君寝门泪如水”。

周必大比陆游小一岁，在敕令所工作时，他们住的官家屋舍连墙相挨，常常一起聊天，一起喝酒，一起去西湖玩，他们折赠馆中海棠，诗文互和。虽然周必大后来官至左丞相，是南宋文坛领袖式人物，但他与陆游一直保持着良好的友谊，他多次写诗赞陆游是李白杜甫式诗人，周必大离世，陆游也撰文深情哀悼：

> 某绍兴庚辰，始至行在。见公于途，欣然倾盖。得居连墙，日接嘉话。每一相从，脱帽褫带。从容笑语，输写肝肺。邻家借酒，小圃锄菜。荧荧青灯，瘦影相对。西湖吊古，并辔共载。赋诗属文，颇极奇怪。淡交如水，久而不坏。各谓知心，绝出流辈。——辞则匪工，聊寄悲慨。
>
> （《渭南文集》卷四十一《祭周益公文》）

接下来四年不到的时间里，陆游一直在各个岗位上频繁调动，但总体还是史官性质：从删定官到大理寺司直，再到大理寺司直兼宗正簿，主要为皇家修族谱；迁枢密院编修，枢密院编修兼编类圣政所检讨官，起草军事文件，甚至国书，给已经退位的高宗皇帝编辑“圣政”。这些文字工作对陆游来说，显然驾轻就熟，陆游更看重京官这个平台，有了好的平台，自己关于迁都、抗金、治国等一系列的主张，就有上达朝廷的可能。

进京工作的次年，金主完颜亮的百万大军，正分三路汹涌南下，赵构政府已无退路，被迫迎战的同时，投降派们又想到了最简单的办法，往南逃，如果再不行，就再次“浮海避敌”。混乱中，赵构甚至给左相陈康伯下了手诏：不行咱就跑吧。但陈康伯是个主战派，他沉着应对，先将自己的家眷接到京城，又将皇帝的手诏烧了，再三劝皇帝“御驾亲征”。看着一切都朝有利的方向发展，赵构终于下决心亲征，果然，虞允文和刘锜都带来了大败金军的好消息，宋金军队正在长江两岸对峙着，完颜亮急着渡江，态度十分凶狠，突然，临渡江前的一个晚上，他被部下杀死，赵构场面颇大的御驾亲征队伍到达长江岸边时，金军早已往北远去。

与此同时，陆游那久埋在心底的抗金和收复的种子，又一次被催发，他多想能有机会直接上战场呀，他于是主动请缨，请求北征，虽是事后数十年闲居时的回忆，场景却可以让人想象得栩栩如生：

> 草径江村人迹绝，白头病卧一书生。
> 窗间月出见梅影，枕上酒醒闻雁声。

寂寞已甘千古笑，驰驱犹望两河平。
后生谁记当年事，泪溅龙床请北征？
（《剑南诗稿》卷三十一《十一月五日夜半偶作》）

上不了第一线，他在朝廷给予发表意见的札子上，多次表达抗金复国主张，《渭南文集》卷三中，《上二府论都邑札子》《代乞分兵取山东札子》，两篇有分量札子的中心议题就是：迁都建康北伐，有利于进讨中原。陆游的观点，其实是南宋定都问题的关键，凡主战者，皆主张用计放弃临安，建都建康或关中，凡主和者无不主张建都临安，临安虽偏隅，却不偏僻，而且相当繁华，是个理想的临时行在。

绍兴三十二年（1162）十一月四日，新皇帝宋孝宗召陆游廷对，满意得很，赐他同进士出身，他尽心竭力报答。针对朝廷内外之现状，陆游一下子提出了七条意见，旨在革除弊端，重振朝纲：

第一，不封异姓王，异姓王的危害，历朝历代均可见，非宗室，即便功劳再大，也不能封；

第二，管好皇帝身边的人，这些人打着皇帝的旗号，颐指气使，胡作非为，必须要有制约机制，朝廷如有大事要外派使者，也一定要在有才能的官吏中公开遴选；

第三，进一步理清官员的职能和范围，使其在自己的岗位上各司其职，避免交叉和重叠；

第四，特别重视三省诸路监司人选的任用，他们负责考核地方官吏，事关重大；

第五，废除凌迟之刑，以明皇帝至仁之心，增国家太平之福；

第六，严禁宦官随意收养儿子，培植自己的势力，也可以使大量童幼免遭腐刑；

第七，严禁妖幻诳惑良民，建立起政治清明、信教有序的社会环境。

从国家治理，政权建设，刑事诉讼，到职官任用与人才选拔，陆游都提出了自己的建议，这是他多年来读书和思考的结果，凭着他对国家一颗赤诚之心，凭着他广博的知识积累。

陆游冷静有序而又成熟思考的对策，孝宗看得满心欢喜，信心倍增，他觉得自已没有看错陆游，这个进士，赐得及时！

隆兴元年（1163）五月的一个晚上，陆游和一帮朋友喝了酒，又聊起了朝廷的事，当他听到众人在议论孝宗做太子时的门客龙大渊、曾觌拍马逢迎时，就愤愤对参知政事张焘（字子公）说：这两个家伙，结党营私，迷惑圣上，您不向皇帝讲清楚，日后恐有大麻烦。张焘次日就有点责备皇帝的意思，孝宗问谁讲的，张答陆游。孝宗一时大火：这个陆游，对他刚刚有点好印象，就这么口无遮拦，难道他不知道龙和曾是我喜欢的门客吗？让他滚出京城，去镇江做通判吧！

周密在《齐东野语》卷十一有《陆务观得罪》，将此事弄得有点八卦：

> 陆务观以史师荐，赐第。孝宗一日内宴，史与曾觌皆预焉。酒酣，一内人以帕子从曾乞词。时德寿宫有内人与掌果子者交涉，方付有司治之。觌因谢不敢曰：独不闻德寿宫有公事乎？遂已。它日，史偶为务观道之，务观以告张焘（子公）。张时在政府，异日奏：陛下新嗣服，岂宜与臣下燕狎如此？上愧问曰：卿得之谁？曰：臣得之陆游，游得之史浩。上由是恶游，未几去国。

孝宗内宴，推荐陆游的史浩和孝宗的门客曾觌都在，酒正喝得高兴时，一宫女拿着块手帕跪在曾觌前，请求他题个诗。那个时候，德寿宫正好发生过宫女与拿果盒子的侍者吵架的事，有关部门正在追究呢，曾觌怕惹麻烦，就一口拒绝了要求题诗的宫女。某天，一个偶然的场合，史浩与陆游说起了这件事的情景，陆游就将此事告诉了张焘。张是老资格官员，他听后，第二天就将此事在皇帝面前发挥了一通，并责问皇帝：陛下您刚刚继位，就发生了这样的事，不应该呀！孝宗感到很难为情，面子过不去，自然要追问消息的来源，这就怪上陆游了。表面上看，陆游顺嘴无聊传话，几乎是一场多管闲事的八卦，实际上却是派系斗争所致，谁让你站出来说的?!

陆游心里清楚得很，看着外放，实际上是贬谪，唉，做皇帝的，怎么能听不得一点不同的意见呢？他本来是想鼓动张老前辈劝谏一下孝宗的，不想被误解成搬弄是非。愤怒，无奈，哭笑不得，多种感觉彼时纠缠交织，陆游就这样结束了第一次的京官生涯。

四、烟艇

陆游在京城的住所，和周必大相邻，他将其命名为“烟艇”：

> 陆子寓居，得屋二楹，甚隘而深，若小舟然，名之曰烟艇。客曰:“异哉！屋之非舟，犹舟之非屋也。以为似欤？舟固有高明奥丽，逾于宫室者矣，遂谓之屋，可不可耶？”
>
> 陆子曰:“不然！新丰，非楚也；虎贲，非中郎也。谁则不知？意所诚好而不得焉，粗得其似，则名之矣。因名以课实，子则过矣，而予何罪？予少而多病，自计不能效尺寸之用于斯世，盖尝慨然有江湖之思，而饥寒妻子之累劫而留之，则寄其趣于烟波洲岛苍茫杳霭之间，未尝一日忘也。使加数年，男胜锄犁，女任纺绩，衣食粗足，然后得一叶之舟，伐荻钓鱼，而卖芰芡，入松陵，上严濑，历石门、沃洲而还，泊于玉笥之下，醉则散发扣舷为吴歌，顾不乐哉！虽然，万钟之禄，与一叶之舟，穷达异矣，而皆外物。吾知彼之不可求，而不能不眷眷于此也。其果可求欤？意者使吾胸中浩然、廓然，纳烟云日月之伟观，揽雷霆风雨之奇变，虽坐容膝之室，而常若顺流放棹，瞬息于千里者，则安知此室果非烟艇也哉?!”
>
> （《渭南文集》卷十七《烟艇记》）

“百官宅”（现杭州市石灰桥），是朝廷各部低级官员的集中居住地，政府给陆游安排了狭长的两间公房，这样的屋子，就如行进在大海波涛中的小船一样，实在是有趣。为什么取“烟艇”这个名呢？显然是个比方。比如，陕西的新丰城，那是汉高祖刘邦为讨取父亲的欢心，仿照故乡沛县丰邑而建造的，形制极相似，据说士女老幼各知其室，从迁的犬羊鸡鸭竟识其家，但即便如此相像，也并非楚地的丰邑；再比如，孔融看见宫廷的武官虎贲郎酷似他朋友蔡邕，但也只是酷似而已，而不是真做过左中郎将的蔡邕。因此，陆游以为，这房子，也是看着像烟波中的小艇，就取名了。

然而，这都只是表面，陆游有他的深层用意，想遨游于“烟波洲岛苍茫杳霭之间”，那里有更大的空间，凭自己驰骋，而眼下却是“效尺寸之用”，一个大理寺司直，能干成什么大事呢？心游江湖，而身只能陷在狭隘的空间。当然了，还是要正视现实，他不会在穷和达之间纠缠，那些都是外物，那不是自己所能求来的，只要胸中有浩然之气，博大的胸襟，就可纳烟云和日月，揽雷霆与风雨，即便在此小小的烟艇中，也能从容自然到达千里之外。

京城有了房子，不管大小豪华，总算是个自己的窝，次年春，陆游回山阴将家眷都接了过来，一时，小小“烟艇”内，常常欢声笑语：

阿纲学书蚓满幅，阿绘学语莺啭木。
截竹作马走不休，小车驾羊声陆续。
书窗涴壁谁忍嗔，啼呼也复可怜人。
却思胡马饮江水，敢道春风无战尘。
传闻贼弃两京走，列城争为朝廷守。
从今父子见太平，花前饮水勿饮酒。

（《剑南诗稿》卷一《喜小儿辈到行在》）

三十八岁的陆游，已经是五个孩子的父亲，子虡十五，子龙十三，子修十二，子坦七岁，还有一个不到周岁的女儿阿绘。七岁的孩子，笔也捏不稳，却已经开始写字了，不过，如蚯蚓一样扭曲的字，看着让人喷饭，而刚刚学说话的女儿，好听的声音如婉转啼唱的黄莺。院子虽窄，孩子们却从来不缺想象，他们将竹截为跑马，模拟着驾羊车的姿势，满院子乱跑，将游戏演绎得生动活泼。陆游回家，看到窗纸破损，墙壁污脏，一脸苦笑，不过，他心里依然绽放出喜悦的花朵，毕竟，这才是家。正在此时，前方传来胜利的消息，金人已经放弃汴京，往北方去了，唉，要是国土完整，日子太平，那该有多好啊！

无论怎么说，儿女们的到来，使小小的烟艇生发出了许多欢乐，这种欢乐，感染了不少人。此时，小陆游十六岁的山东抗金青年辛弃疾，也正赶往向朝廷汇报的路上。辛弃疾以后写的《清平乐·村居》词，虽是村居，场景却和忘年交陆游写儿女的极相像：

> 茅檐低小，溪上青青草。
> 醉里吴音相媚好，白发谁家翁媪。
> 大儿锄豆溪东，中儿正织鸡笼。
> 最喜小儿无赖，溪头卧剥莲蓬。

老大老二，正在努力做自己的事，那调皮的小儿，最是有趣，溪头，卧剥，莲蓬，清清溪水，远处水面还有野鸟凫着，孩子和它们各不相扰，剥一颗，吃一口，再剥一颗，再吃一口，莲壳随手丢进溪中，游鱼立即赶了过来。不过，单从词的意境看，辛词的清新和味道显然要高于陆游。

五、通判镇江

隆兴元年（1163）五月初三，陆游由枢密院编修官调任镇江通判，次年二月二十四日才到任，其间，他回山阴待了九个月，宋代官员调任似乎很自由，因病、因事都可以请假，陆游没有说具体原因，算是心理调整吧。

这年夏天，陆游从兄仲高，也从雷州贬所返回故乡，大陆游十二岁的陆仲高，词翰俱妙，学问深厚，但陆仲高曾阿附秦桧，并告发秦桧政敌李光作私史，关键是，仲高还是李光的侄婿。因此，陆游认为，仲高的品德有悖道义，以前曾写诗规劝其早抽身，但陆仲高很不高兴，秦桧死了，陆仲高也被贬雷州七年。然而，毕竟是同曾祖的兄弟，这次陆仲高回乡，两人依然彻夜长谈，陆游发现，无论思想还是性情，仲高变化都很大，两人的隔阂已经消除，仲高还请陆游给他叫“复斋”的书房写了篇记。陆游在记中，记叙了仲高的生平及经历，对过去的事，提法也委婉，希望仲高经此波折，能吸取教训，落其浮华，返其本根。

更多的时间，陆游不断地融入乡邻的日常生活中，或者一个人静静地欣赏着山阴的风景，过着还算踏实的小日子：“樵牧相谙欲争席，比邻渐熟约论婚。晨舂夜绩吾家旧，正要遗风付子孙”（《剑南诗稿》卷一《村居》）；“小葺茆茨紫翠间，今年偷得半年闲。门前木落须霜晓，且看西南一角山”（同上《看山》）；“一夏与僧同粥饭，朝来破戒醉新秋”（同上《买鱼》）。

陆游到达镇江时，张浚正以右丞相督视江淮兵马，军队总部正好驻扎在镇江，他和陆游父亲陆宰是老朋友，也赏识陆游，两人相见，张浚很客气。而张浚的儿子张栻，参军赞事陈俊卿、张孝祥、冯方、查元章等一大批人，他们和陆游也都成了无话不谈的朋友，大家志向一致，整天待在一起，积极支持张浚北伐。

时间转回到前一年的四月，枢密使张浚力主北伐，左相陈康伯、史浩都认为准备不充分，太仓促，但张浚力推，孝宗就同意发兵。南宋二十万（其实只有六万）兵力，分两路顺利渡过淮水，很快拿下一些州县，但不久就在符离大败，孝宗信心大失，张浚兵退扬州，向朝廷请罪。这正好给主和派以借口，八月份，和议又开始了，金人要求再割四州，张浚听到消息，立即派儿子入朝阻止，孝宗这时似乎醒悟过来，立即命张浚为尚书右仆射、同中书门下平章事兼枢密使，都督江淮东西路军马，并同时下令川、陕、荆、襄诸地做好战争准备。

吸取前一年的失败教训，张浚将备战工作做得扎实细致，淮北、山东大量的抗金义士被收编招纳，发动民众，一起帮助修筑坚固的城堡，组织军队积极训练军事技能，张浚的北伐准备，一时风生水起，陆游的内心充满了激动，他预感，亲自上战场的机会就要来了。

然而，主和派不会闲着，如果全面抗金，他们就没有市场了。这时候力主和议的是汤思退，他自己不出面，找到孝宗宠幸的龙大渊，就是让陆游吃过苦头和曾觌一伙的那个人，龙大渊给张浚找的碴是“兵少粮乏，楼橹器械未备”，这可是致命的，去年就是因为准备不充分；又让人弹劾张浚“跋扈”，这也是要命的，皇帝最怕不听话的将领；汤再使出毒招，派人暗中勾结金人，要求对方重兵威胁，迫使孝宗议和。多管齐下，汤思退们极力构陷张浚。终于，孝宗胆怯了，召张浚回朝，割地求和。

面对大好形势，朝廷却如此作为，张浚明知道是主和派的挑拨所致，但仍气得不行。回朝紧接着的是罢官，张浚一病不起，他在愤怒中回乡，八月二十八日，行到余干，张浚自知将死，他给两个儿子写下手札：吾尝相国，不能恢复中原，雪祖宗之耻，即死，不当葬我先人墓左，葬我衡山下足矣（《宋史·张浚传》）。这个手札，含着多少的愤和恨呀！写完手札，张浚两手一软，向另一个世界而去。

陆游闻此噩讯，悲痛不已，在多首诗中表达了对这位抗金老帅的怀念，比如：

> 张公遂如此，海内共悲辛。
> 逆虏犹遗种，皇天夺老臣。
> 深知万言策，不愧九原人。
> 风雨津亭暮，辞君泪满巾。
>
> （《剑南诗稿》卷一《送王景文》）

王景文曾是张浚的部属，张浚去世次日，王景文上书批评孝宗在任用宰相与和战问题上摇摆不定被罢官，陆游送别王景文的诗，其实是在写张浚。主战还是主和，赵构一直摇摆不定，年轻的孝宗更加摇摆不定，张浚去世，孝宗也很震惊，他难过得甚至都停止了上朝，他赠张浚为太保，后加赠太师，谥忠献。

终于，这一年的十二月，继“绍兴和议”之后，南宋历史上第二个辱权协议“隆兴和议”签订了，主要内容为：

两国皇帝以叔侄相称；改“岁贡”为“岁币”，银绢二十万两、匹；宋割唐、邓、海、泗四州外，再割商、秦二州与金。

刚继位的孝宗想隆兴，这下好了，连失六州，还成了金人的侄儿，侄儿不是儿字辈吗？是的，确定无疑！

张浚去世，和议在紧锣密鼓中，两边似乎都平安无事。这年的秋天，镇江来了位叫方滋的新知府。方滋，字务德，他是桐庐人，比陆游大了二十多岁，历知秀、楚、静江、广、福、明、庐、绍兴、平江等十几个地方的知州，他还曾两次出使金国，又入朝做过刑部、户部侍郎，是位尽职守、有担当、有政绩的老臣了。通达豪放的方滋，非常喜欢陆游这位年轻搭档，他们一起研究工作，视察沿江防线，江上风浪大，组织人员往安全地段渡江，并给饥民准备吃食。自然，闲暇时，他们也饮酒作诗。这一日，他们到甘露寺多景楼赏景，陆游写下了一首词：

> 江左占形胜，最数古徐州。连山如画，佳处缥缈著危楼。鼓角临风悲壮，烽火连空明灭，往事忆孙刘。千里曜戈甲，万灶宿貔貅。
>
> 露沾草，风落木，岁方秋。使君宏放，谈笑洗尽古今愁。不见襄阳登览，磨灭游人无数，遗恨黯难收。叔子独千载，名与汉江流。
>
> （《水调歌头·多景楼》）

雄伟的镇江，如屏障般守卫着长江，这一带地势，水阔，山莽，云缈，山紧牵着山，风景绝佳处，高楼隐约可见，这景色真如画一样美丽。可叹的是，战争的烽烟又起，鼓号和角声，听起来格外悲壮，江那边，连天的烽火，明明灭灭，这样的场景，自然要想起当年的孙权和刘备。孙刘联军的勇士们，列阵千里，金甲银戈，在阳光下闪闪发亮。

金秋时节，露珠沾草，风吹黄叶，使君您的气魄豪放宏大，古今忧愁，谈笑间都一扫而空。晋代的羊祜曾登临岘山，他有远大的理想，他立身清俭，但羊祜依然有遗恨，没能实现自己亲手克敌的志向，令人徒生悲伤。为什么独有羊祜的英名，如同浩浩的汉江一样千年流淌?

这首词，其实是写给方滋的，陆游显然对这位首长，寄予了极大的希望。这里是英雄辈出的地方，这里一定能产生奇迹，陆游再借羊祜的典故劝方滋，极早做好渡江北伐的各项准备，建立奇世功勋。

陆游这词写得实在太好了，陆游的好友方孝祥，将这幅书法，刻到了崖石上。

闲悠的日子还在继续，陆游的老朋友韩元吉来镇江了，韩将要任职鄱阳知州，此次来镇江，是探望母亲。韩母随元吉的哥哥韩元龙居住，元龙任淮东总管，总部就在镇江。元吉是陆游老师曾几的亲家，又是陆游好友吕祖谦的岳父，多个因素，两人关系极为亲近。韩元吉在镇江，一待就是两个多月，两个老朋友，相与道古旧，一起览观江山，举酒相属，甚乐，两人互相和诗达三十首，陆游甚至将这些作品编成《京口唱和集》，并写序纪念（详见《渭南文集》卷十四《京口唱和序》）。陆游无趣的工作和生活，一时勃发出许多生气。

一个寒冬时节，隆兴二年（1164）闰十一月二十九日早上，前几日下的那场大雪还没有融尽，陆游、韩元吉、何德器、张玉仲，就前往焦山的江心岛，他们去看六朝著名的摩崖石刻《瘗鹤铭》。这碑铭，向来被誉为“大字之祖”“碑中之王”，碑署华阳真逸撰，上皇山樵正书（后人考证字为南朝梁陶弘景书）。《瘗鹤铭》所处的岩石，惊涛骇浪，江水朝夕喷涌激溅，冬季落潮间隔时间长，潮汐起落中适合登崖观看。陆游的《焦山题名》，记下了当时的场景：

陆务观、何德器、张玉仲、韩无咎，隆兴甲申闰月廿九日，踏雪观瘗鹤铭，置酒上方，烽火未息，望风樯战舰在烟霭间，慨然尽醉，薄晚，泛舟自甘露寺以归。

这是一处名胜，雅集的好地方，这一行人，细细地看了字，一一摹存，他们又喝酒，喝酒的场地就在看字的上方，前方烽火未息，战舰沿江排列，桅杆上的旗帜在风中不断晃动，大家都喝得尽兴，一直到傍晚，这一行人带着八九分醉意，从甘露寺坐船回家。

第二年的二月壬辰，圆禅法师将陆游的醉后题名刻到了石头上。陆游的书法，遒劲有力，字里面有“楼船夜雪瓜洲渡”的深深无奈和万般感慨。

细细探究陆游在镇江的作为，表面看厌事烦事，自放于山巅水涯，与世相忘，实际上正是内心孤独寂寞难遣心怀的复杂心绪表现。空有一腔报国志，唯有寄情山水与浊酒之间。

六、通判隆兴

隆兴了两年，既不隆也不兴，孝宗又改年号了：乾道。乾，乾德，道，至道，乾为天，又是阳，乾道就是天道，希望这个会好。

乾道元年（1165）七月，大地已是一片炽热，陆游的心却一下子降到了冰点，镇江通判任期还没满，不知怎么的，又被调往隆兴当通判了，隆兴两字似乎和他有缘，隆兴府就在今天江西的南昌，还是平调。陆游就如棋盘上一粒不怎么有用的棋子，对，就是卒，被人任意东西。其实，他心里应该清楚，频繁给他挪位，就是因为他的政治立场，可天生的性格不会轻易改变，那是他为人为官的准则。

幸好，和在镇江一样，隆兴也有熟人，他的顶头上司，就是十二年前主持锁厅试的主考官陈之茂，不用说，工作环境应该好，无论学问还是工作，他们都有共同语言，陈老师理解他，陆游做事的自由度较高。

除了日常工作，现实逼得他更加痴迷传统道学。整个宋代，从皇帝到平民，都流行道学，辟谷，仙道，炼丹，陆游的前辈们都喜欢，或许，在道家世界里，将精神安顿好，这是一种有效对抗现实社会的极好方式。

此前，隆兴元年十一月五日，陆游的《跋杲禅师〈蒙泉铭〉》(《渭南文集》卷二十六)，末尾署名“笠泽渔隐陆某书”，有人推断，“笠泽渔隐”，这是陆游用的第一个别号，后来，他又自称“渔隐”“渔隐子”“笠泽渔翁”“笠泽老渔”。“笠泽”，是晚唐陆龟蒙的隐居地，陆龟蒙的别集就是《笠泽丛书》；“隐”字，出自高祖陆轸，陆轸七岁时就会写神仙诗，还见过“神仙”施肩吾，晚年自号“朝隐子”(《渭南文集》卷二十六《跋〈修心鉴〉》)。

隆兴通判南厅，是陆游的书斋，他将其命名为“玉笈”，就是用玉装饰起来的书箱，一听玉字，就和清灵的道教联系起来了。在南昌的许多日子里，陆游就坐在书房里，静静地抄着《坐忘论》《高象先金丹歌》《天隐子》《造化权舆》《老子道德古文》等道家典籍，并一一写序，精心装订成册。看着眼前这本刚刚抄完的《老子道德古文》，它是汉代严君平著的《道德经指归》古本，列举经文，自由疏解，引用老子的言论，与帛书《老子》基本一致，唐以后，此书极少见，陆游心中无限欢喜，自己关于道的藏书已达两千卷，但这一册最宝贵。对陆游来说，读书抄书的日子，虽苦却乐，尽管白发无情地上头：

> 腐儒碌碌叹无奇，独喜遗编不我欺。
> 白发无情侵老境，青灯有味似儿时。
> 高梧策策传寒意，叠鼓冬冬迫睡期。
> 秋夜渐长饥作祟，一杯山药进琼糜。
>
> (《剑南诗稿》卷一《秋夜读书每以二鼓尽为节》)

窗外，梧桐树叶在寒风中瑟瑟作响，屋内，如豆青灯下，一中年男人紧盯着书页，或者勾画，或者眉批，不时还拍案。尽管在官场上碌碌无为，他仍然沉浸在成堆的典籍中。人世间有尔虞我诈，经典却不会欺骗人，生命不息，读书不止，哪怕被白发无情打击。咚，咚，二鼓声已经传来，别的都不怕，只是肚子不争气，咕咕地喊着，不要紧不要紧，一杯山药羹，胜过仙琼浆。

隆兴府往南百余里，就是临川，那里人文底蕴深厚，王安石、曾巩、晏殊、晏几道，还有陆游的好朋友李浩都是那儿的人，陆游也经常往临川去,《剑南诗稿》卷一中就收有《寒食临川道中》《上巳临川道中》两首诗。一个潇潇风雨的日子里，临川驿，陆游竟然和李浩相遇，陆游由临川返南昌，李浩赴广西外任，取道临川。这一下，两人都激动万分。绍兴三十一年（1161），李浩看不惯被秦桧把持的朝政，主动请辞，主管台州崇道观以归，陆游写下《送李德远寺丞奉祠归临川》（李浩字德远），至今已整五年没见了，两人亲密连床，挑灯夜话：

萧萧风雨临川驿，邂逅连床若有期。
自起挑灯贪夜话，疾呼索饭疗朝饥。
即今明月共千里，已占深林巢一枝。
惜别自嫌儿女态，梦骑羸马度芳陂。

（《剑南诗稿》卷一《寄别李德远》其一）

陆游在诗中有自注二，一为第四句后“皆记前日相从时事”，一为末句后“德远所居名秫陂”。看着都是场景描写，实质上仍有对国家与时事的忧虑和伤感。他们这样的中年官员，精力旺盛，经验丰富，激情满满，可是，却不为国家所重用，国家的现状，就如窗外那连夜交加的风雨，让人忧，使人愁，怎么办呢？安于现状，多做梦吧，积蓄力量，等待时机。

张浚的事还没有完，陆游没有预料到的坏结果又来了，平调算是对你客气，“交结台谏，鼓唱是非，力说张浚用兵”（《宋史·陆游传》），隆兴通判也不能当了，你回老家去吧！乾道二年（1166）三月，陆游隆兴通判的位置，屁股还没坐热，就被人抽走了凳子。

至此，陆游的初官经历结束。

阳春四月，临川驿道旁，桑地里的桑葚已经红得发紫，麦子也已齐腰，树上的黄莺正在比试谁的叫声最美，野鸡扑的一声从草丛中飞起，陆游携一大家子，慢腾腾地往家乡方向行进。不急着赶路，反正也没官做了，阳光正好，风景怡人，沿道的好朋友，趁机去叨扰一下吧。

轻车晃悠，一路往北的陆游，摇着棕榈团扇，开始做起了白日梦。

第七卷 乡居记（一）

一、往山阴

此行陆游返山阴的路上，多了个小不点，五子子约，出生还不满三个月，子虡已经十九，子龙十七，子修十六，子坦十一，女儿阿绘四岁多点，真是革命不忘促生产，他已是六个孩子的父亲了。行进的车上，王氏紧抱着孩子，身边依偎着阿绘，田野风景扑面而来，再看精神抖擞的夫君，老大老二老三，个子都快赶上他父亲了，疲惫的脸上于是显出一丝笑容，不过转瞬即逝，这务观，官都没的做了，还开心，这一大家子回到山阴怎么办呢？

此时的陆游，不仅不沮丧，甚至有点欢喜，初官八年，经历了不少，这种政治气候，他有点厌倦了，他想回老家调整一下，他已经无数次想到了归隐的生活：

父子扶携返故乡，欣然击壤咏陶唐。
墓前自誓宁非隘，泽畔行吟未免狂。
雨润北窗看洗竹，霜清南陌课劚桑。

秋毫何者非君赐，回首修门敢遽忘！

（《剑南诗稿》卷一《示儿子》）

日出而作，日入而息。凿井而饮，耕田而食。这样的生活，帝力于我何有哉？做官，要有一定的原则，王羲之、屈原就是榜样。他想象着，一阵春雨过后，从北窗望出去，那些竹子如水洗过一样干净；霜降过后，南边桑田里的枝条该修理了。孩子们呀，往后的生活，一切都要靠我们自己了。这首诗，陆游只是写给儿子们的吗？肯定不全是，他也是写给自己，写给时代，这是一种心的宣示。

陆游这一次返乡，走的是陆路。出南昌，经上饶，端午节前，到了闽、浙、赣交界的玉山县，这里有两位老相识，他在玉山过了端午节。

第一个老相识叫尹穑，字少稷，和他一起同进士出身，也同为枢密院编修官，尹是山东兖州人，在玉山有别业，此时，他正侨居于此。

按说，陆游和尹穑都是被孝宗赏识的，他们的关系，应该非常亲密，但实际上一般，一切皆因尹的为人与政治立场。陆游被贬出京后，《宋史》卷三百七十二上这样说尹穑：尹受到孝宗重用，由监察御史、右正言、殿中侍御史，一直做到谏议大夫，但尹却是投降派汤思退的得力干将，张浚符离兵败后，尹干了许多排挤和构陷主战派人士的勾当，不少人受害，后自己也被罢官回到了玉山。

还有一层关系，也使得陆游在此停下脚步，和尹穑相会。陆游的堂兄陆洸，字子光，他曾在玉山做过知县，而尹穑有别业在此，所以他们也常联系。陆洸是陆游伯父陆寘的儿子，只比陆游大一岁，两人儿时分梨共枣，稍长，同入家塾，关系亲密。陆洸天资颖异，考进士时，连拔两浙转运司解，又为江东转运司解首，但他的命运和陆游极相似，最终还是没有考取进士。陆洸做过浦江县尉，筠州、徽州司法参军，玉山县知县等官。在玉山，陆洸恪尽职守，清正廉洁，不多拿多用多收俸禄以外的一分钱，有人计算过，这种钱多达六十万缗，陆洸虽和尹穑有往来，但不拍他的马屁，尹对陆洸也很尊敬，评价高，皇帝知道了陆知县的事迹，于是提拔陆洸为江西常平使者（详见《渭南文集》卷三十五《奉直大夫陆公墓志铭》）。

楚人遗俗阅千年，箫鼓喧呼斗画船。
风浪如山鲛鳄横，何心此地更争先。
（《剑南诗稿》卷一《重五同尹少稷观江中竞渡》）

江为信江，也就是上饶溪，端午节赛龙舟，是为纪念屈原投江。吃过端午粽，喝过雄黄酒，尹穑拿着一个香袋递给陆游：务观兄，我们去江边看龙舟竞渡吧，极热闹。这个邀请合情合理，天气好，风景佳，再去现场体验一下乡民们过节的激情。宽阔的江面上，数十条龙舟将两岸观看人群的眼睛牢牢拽住，锣鼓咚咚擂起，喊声逐渐上扬，龙舟如箭样射出，陆游和尹穑夹在欢乐的人群中，也努力拍手鼓掌，场景一时温馨。

风浪如山，真有这么大吗？不可能的，那样就不能竞渡了。这信江中，有鲛有鳄吗？鲨鱼，鳄鱼，还横行？显然也不可能，那只能是比方，陆游用这个暗喻，表示险恶的政治环境，幸好，他已退出，而尹穑呢，此时也被罢官在家，那意义也不言自明，尹兄呀，你也好自为之吧。

其实，能被皇帝赐同进士出身，自有过人之处。尹穑的品德虽被人诟病，但读书水平高、记性好却为人称道，他每天能背诵一寸厚麻沙版本的书，一寸至少三四厘米吧；他曾经在吕居仁舍人的座位上记黄历，喝一杯酒记一天，两个月记下来，不差一个字，那黄历上写着各种宜和禁呢。若干年后，陆游在山阴的老学庵里写一些往事，就写下了背诵大王尹穑的这种特别能力。

在玉山，陆游还拜访了另一位老朋友，芮国器，他为什么住在玉山，所有的资料都没有交代，不过，陆游确实去过他家了。

辽东归老白襦裙，名字何堪遗世闻。
便谓與公长契阔，不知留语故殷勤。
诗章有便犹应寄，禄米无多切莫分。

倘见右司烦说似，每因风月怆离群。

（《剑南诗稿》卷一《过玉山辱芮国器检详留语甚勤因寄此诗兼呈韩无咎右司》）

芮国器叫芮烨，湖州人，绍兴十八年进士，比陆游大十一岁，陆游初赐同进士的那一年，芮烨正好任秘书省正字兼国史编修官，他与陆游，都是浙江同乡，两人政治主张一致，平时很有话说。芮的品格让陆游佩服，他在做左从郎、仁和县尉的时候，曾经和了沈长卿的一首《牡丹》诗，其中“宁知汉社稷，变作莽乾坤”两句，不知怎么就得罪了秦桧，一下就被贬到了化州，一直到秦桧死了，才被朝廷召回。这次拜访，两人相隔多年未见，交谈热烈，芮烨拉着陆游的手说：务观老弟，你就在我这里多住几日吧，没有大鱼大肉，粗茶淡饭管饱。分别时，芮烨还让人装了满满几袋子米，送到陆游的车上，看着芮烨简朴的家，陆游也感动地推辞：别，别，国器老哥，您也只靠工资吃饭，您的俸禄也不多，不要再分给我了！回到山阴老家，感于芮烨的情谊，陆游写下了上面这首感怀诗。

路途中，又有消息传来，他的恩师曾几去世，除了心里深切悼念之外，陆游没有更好的纪念方法，由于长时间入蜀，一直要到十二年后，他才写下长长的《曾文清公墓志铭》（见《渭南文集》卷三十二），全面总结老师的一生，高度评价老师的为官为人，对老师的诗学成就溢辞赞扬。写完曾老师的墓志铭，陆游已经泪流满面：亲爱的曾老师呀，您在病重时，还写信给学生我，您对我的恩情，我一辈子牢记！

乾道二年（1166）初夏时分，镜湖水泛着亮亮的波光，湖边杨柳正盛，夏鸟欢唱，陆游一大家子，终于踏进了早已筑好的三山别业新居。

二、三山别业

湖风迎面，陆游看着门前浩大的镜湖，捋一捋有些零乱的头发，想起了沈约《宋书》里的一段话："会土带海傍湖，良畴亦数十万顷，膏腴上地，亩值一金，鄠杜之间，不能比也"（《宋书》卷五十四）。会就是会稽，湖就是镜湖，会稽有了镜湖，田地就变成了金子，眼前有这么多金子，还有什么好担忧的呢？只要勤劳，小日子一定可以过好。

镜湖是上天自然赐给会稽百姓的吗？不是，它由东汉太守马臻主持修建而成。

东汉时的会稽平原，多为水乡泽国，这样的地理特点，最怕洪水和干旱。雨季的江南，大雨常常一下就是数日，山洪随即暴发，铺天盖地的洪流，农田、房屋很快就会不见踪影，而干旱之时，广阔的晴空，一连几十天没一朵乌云飘过，急需雨水滋润的庄稼，无水可浇，百姓深受其苦。永和五年（140），马臻上任会稽太守，决定解民之忧苦。他以会稽都城为中心，将会稽山脉南部的大小三十六条溪流总纳，东西两翼建湖蓄水。二十万民工，费时五年，沿会稽山麓合围成一百二十七里长的大堤，从而形成一个巨大的狭长形的人工湖。如此大面积的水，如何进出呢？马太守让人在三百八十五里周长的沿湖开水门六十九所，水多则闭湖蓄水，水少则泄湖灌田，并泄田中之水入海。科学地排灌，镜湖沿岸的大片农田于是旱涝保收，因了此湖，这一带遂成鱼米之乡。

陆游从小读书，他知道整治镜湖的马臻，他也深为马太守抱不平。马臻组织人力辛苦修湖，却损害了一些豪强权贵的权益，他们诬陷马臻挪用皇粮国税，造湖多淹冢宅，而这治湖必须付出的代价，竟成了马臻致命的罪状，他因此被昏庸的皇帝处以死刑。现今，陆游回家乡，也是被人构陷而罢的官，虽和马太守性质不同，但官场恶劣的生态向来都是如此，陆游已经深有体会，做一个正直而有作为的官员很难。幸好，生他养他的镜湖山水，以十二分的热情欢迎着他。看着眼前平静的湖水，陆游的内心也一下子安定下来。

绍兴城西九里的镜湖边，自东向西排列着石堰山、行宫山、韩家山三座小山，这些小山与城内的卧龙山山脉相连，六朝的时候，这里就有大户人家居住，并建有寺庙和宫观。镜湖北边，青山如碧，沿岸村落星布其间，行宫山与韩家山之间的一块地，被陆游选中建三山别业，这里，离他鲁墟祖宅不远，再往前一点，还有贺知章的道士庄遗址。陆游似乎有点远见，他将镇江通判任上的俸禄节省下来，在此造了十来间房子，他想，如果哪一天不做官了，就回三山别业隐居。

别业刚落成不久，陆游就回来了，没想到会这么快。当初建房时，他特别交代，院子要弄得大一些，多种些花。当陆游跨进院子时，石榴、木槿、海棠、玉兰，早已盛装列队，紫薇、玫瑰也正绽放出多姿的娇容，这些花就是他的朋友，真好，陆游开心极了。

不用陆游吩咐，子虡子龙子修几个大孩子，正帮着仆人卸行李，王氏则抱着子约，带着阿绘朝南面走去，那里有南堂，居室都在南堂后，王氏走进那座显眼的楼房，那是正室，她和务观的居住地。

三山别业，以南堂为中心，堂的东西两侧都有斋屋，陆游称其为东斋、西斋，堂前堂后，都有小庭，堂后的小庭为中庭，中庭后面有正室。有堂，有室，还有小轩，东轩、南轩，轩内也有小屋，比如书房，比如道室。

陆游在院子里看到的花草，只是一小部分，数十年后，子孙增多，三山别业又不断扩大，各自成院，儿子们也都有自己的读书室，此地差不多形成了一个小村落，仅园林，就有东西南北四个，东、南是花圃，西为药圃，北为蔬圃，圃中应该还有草舍，北侧的山坡，则为茶园。

三、日常

陆游开始了乡居的小日子。

安顿好家，先出门去熟悉一下环境，远亲不如近邻，每天都要照面的，走走，看看，看哪里有好玩的。向西，不远处，有个柳姑庙，再往西，则是湖桑埭村，陆游称之为西村；向东，一出门就看见行宫山，再走里许，就是东村；往北，村落也很密集，穿过树林、竹林，北村就到了，再往北数里，就可以进入浙东运河；往南，越过镜湖，则进入会稽山区，那里有若耶溪、平水江，有兰亭，平水，项里，那里的山水和草木，都深含着丰富的历史，陆游喜欢。路近，散步，走路；路远，骑驴或者泛舟，随意得很。几十年来，陆游走遍了故乡村村落落的边边角角，几千首诗歌就是他对故乡最好的吟唱。

出门就是湖，沿着湖一路走，哟，好几条渔船停着呢，一毡帽渔夫在阳光下理着丝网，陆游问：老哥，您今天打的鱼已经卖完了吧，您能载我随便游一下吗？渔夫摘下帽，看了看眼前这位官人，不太熟悉，但一口的乡音，亲切得很：好。想去哪里？前面的寺庙吧。上来。陆游钻进船舱，坐在船头，渔夫坐在船尾，两脚顶住舱舷板，双手用力摇起橹，小船灵光得很，箭一样往湖上飞去了。

随意上渔舟，幽寻不预谋。
清溪欣始泛，野寺忆前游。
丰岁鸡豚贱，霜天柿栗稠。
余生知有几，且置万端忧。

（《剑南诗稿》卷一《随意》）

真是一次十分随意的出行，简短，适意，就在家门口。水真清呀，这寺庙，荒山野岭，以前和朋友来过几回，图的就是它的静。游毕，尽兴，回家，马路市场好不热闹，柿子、栗子，各种山货，满目喜欢，肉摊，鸡贩，问一问，价格低到难以想象，都买一点回去，家里人多。人生能活多少年，这样的日子还要怎么满足？什么愤怒，什么忧愁，滚一边去！

雨余溪水掠堤平，闲看村童谢晚晴。
竹马踉蹡冲淖去，纸鸢跋扈挟风鸣。
三冬暂就儒生学，千耦还从父老耕。
识字粗堪供赋役，不须辛苦慕公卿。

（《剑南诗稿》卷一《观村童戏溪上》）

一个晚春的雨后傍晚，太阳快要落山时，子坦牵着妹妹阿绘的小手，跟在陆游后面，去村口溪边看孩子们玩。下了几天的雨，溪水即将漫上堤岸，一些孩子在泥地里骑竹马比赛，坑坑洼洼的小水塘，他们也不管不顾，拎起竹马头，狂奔而去；一些孩子在放风筝，风筝已经飞得很高了，一阵风吹过，风筝呼呼作响。村里的孩子，平时都要跟着父辈种地，只有冬三月才入学读书。读那么多书干吗，肚里有几个字，会写自己的名字，会算算账，就可以了，咱平民百姓，自给自足！

孩子们在自己的游戏中极度欢乐，无忧无虑，这种气氛也感染了陆游，他觉得，自己官场上那点遭遇根本不算什么，所谓忧愁，就让它随溪水流走吧。

踏着晚霞回家，小院桌上，已摆满了菜，春笋，各种野菜，好几种鱼，山里和湖中，就是最好的菜篮子，阿绘拉着父亲的手坐下，酒倒上满满的一盅，女孩子的手灵巧得很，她早就学会替爹爹倒酒盛饭。陆游招呼：子虡，子龙，子修，来来来，你们几个也过来喝一杯。子坦，去爹爹的书房，书桌上有一首刚写完的诗取来，给大家念念，陆游吩咐着。

旋作园庐指顾成，柳阴已复著啼莺。
百年更把几杯酒，一月元无三日晴。
鸥鹭向人殊耐久，山林与世本无营。
小诗漫付儿曹诵，不用韩公说有声。

（《剑南诗稿》卷一《家园小酌》）

子坦念着诗，陆游听着诗，一口一口，慢慢抿着喝，高兴的时候，再捋捋胡须，此时，阿绘站起身和哥哥抢着也要念诗。哈哈哈，陆游大笑；哈哈哈，孩子们也跟着大笑。笑声从三山别业溢出来，往正在晚餐的邻居家灌去，他们听到陆家院子里如此爽朗的笑声，从心底里羡慕。

四、游山西村

日子就在优游中倏忽而过。

刚过立春不久，一日晨起，陆游就打算着，今天要走得远一点，往西边去，那里好几个村子，还没怎么走过呢。用过早饭，陆游顺手从门旁拿起一根拐杖就出了家门，其实，才四十三岁的人，根本不用。这根拐杖，是大儿子在柴薪中发现的，他有心，想着给老爹准备着，不定什么时候就用上了。陆游的拐杖，主要是防身，碰到不识相向他奔来的狗，他可以举着吓它一回，或者，林深草茂，可以横着扫一下，赶跑毒虫。

一出门，陆游的脚步异常轻松起来，远山烟云朦胧，眼前一片生机。樟树叶子遇风纷纷飘落，但枝上已经长满嫩枝，玉兰花在光光的树枝子上怒放，独领风骚，不少落叶树木，睡足了一个冬天，树枝上都毛糙起来，鼓胀的绿苞急于要撑开的样子。脚边的苜蓿苗正从枯草丛里钻出，荠菜欢乐的舞姿，促使人低下头去亲近。大地和山水，似乎永远没有忧愁，它们严格按着时间的命令，激情装扮着人间。

转过一道弯，又一道弯，山渐深入，淙淙流泉声，伴着陆游的轻微气喘，诗人拄着杖，朝两边山上望。那一簇簇碎白，如星样散落在山间，是野樱呀，它们奔放的姿态，总是早早地将山野叫醒。咕咕咕，勤奋的布谷鸟，它们是宣布新一年农事开始的使者。

突然，眼前出现一片平畴，茅屋三三两两出现在诗人的视野中，山脚边的一座茅屋前，聚集了不少人，去看看，他们在干什么。陆游的兴趣一向浓厚，山野也是一张好稿笺，许多生活，不用锤炼，就是自然的好诗。陆游走近一问，呀，老人做寿呢。老寿星白眉白须，脸色红润，气定神闲，大声招呼着客人，他见了外来客，立即起身相迎：来！坐！又转头吩咐家人：倒酒！什么也不要说，酒就是最好的语言，一碗酒下去，话就溢上来了，陆游操着浓浓的乡音，和寿星聊得眉飞色舞。寿星今年已八十，见多识广，他也知道高宗皇帝南逃而来的事，说起金人，咬牙切齿，说到高兴处，寿星又大声交代儿子：再去杀一只鸡，多弄点肉，我要和这位老弟喝个痛快！

几杯酒下肚，身子热起来了。这种农家自酿的米酒，虽不是琼浆玉液，但甜而不腻，口感极好。陆游的酒量极好，他可以连续喝，到了七八分以后，似乎也就那么回事，脑子越来越清醒。那些寿星亲友，也都放开在喝，还划拳，葛巾布衫的大汉，喝酒如喝水。

喝足，聊够，吃撑，日头也快西斜了，陆游拄着杖，脚步有点踉跄，幸好带着这根杖呀，他想。寿星告诉陆游，别走回头路了，穿过村子，翻过村口那座小岭，就到湖边了。陆游在村道踉跄走着，两眼有些迷蒙，茅屋不时有人出来，邀请他去家里坐坐，又端出酒，这些上年腊月酿的米酒，和寿星家的酒一样，都香气四溢。陆游酒量再大，也喝不动了，他浅抿一口，两手拱一拱：谢谢，谢谢！

村中间有土地庙，人们在庙前扎纸灯，补社鼓，整理场地，准备春社。陆游知道，即将到来的这个春社，会让许多人沉醉，社鼓敲得震天响，儿童嬉戏，疯狂追逐，人们借这个社日，大碗喝酒，大块吃肉，村里的戏台前，聚集的人群，常常笑得捧起肚子蹲在地下。在家乡归隐的时日里，每逢社日的热闹，陆游总要去体验，不为别的，就是感受一下乡民那种放松和虔诚，现今陆游留下的诗中，春社就有数首，《剑南诗稿》卷二十七有《春社》四首，卷五十三《春社日效宛陵先生体》四首，社雨，社鼓，社酒，社肉，他都细致描写过，“到处人家醉不醒”“社日儿童喜欲狂”的放肆和疯狂，“饮福父老醉，嵬峨相扶持”的醉态和憨态，“醉归怀余肉，沾遗偏诸孙”的生动与幽默，哈，这老头，真是喝多了也不忘记家里的孙子孙女们，他颤巍巍地走回家，哆哆嗦嗦从怀里掏出那一小包肉，你一块，他一块，孩子们快乐地围着爷爷分享。

夜色中，陆游跌跌撞撞摸回家，这一日好尽兴呀，他到书房坐下，一杯茶后，一个饱嗝，诗和酒气就一起涌了上来：

莫笑农家腊酒浑，丰年留客足鸡豚。

山重水复疑无路，柳暗花明又一村。
箫鼓追随春社近，衣冠简朴古风存。
从今若许闲乘月，拄杖无时夜叩门。

（《剑南诗稿》卷一《游山西村》）

农家的腊酒，丰年的鸡豚，热闹的春社，古风的村民，山西村和孟浩然的故人庄，都随着诗人的文字，活灵活现。不仅如此，山重水复、柳暗花明所暗含着的深刻哲理，和苏东坡的“不识庐山真面目，只缘身在此山中”一样，都成了宋诗中的经典。

唐诗重意境，宋诗多哲理，山西村的所闻所见，使陆游更加深悟了人生的哲理，人生的道路上，看着似乎已经进入绝境，但只要不灰心，坚持走下去，就会有不同的风景出现，就好比，已经在锅底了，再一点点地往上就是好的结果。内心充满亮光，瞬间柳暗花明。

五、上虞行

整个绍兴地区，人文荟萃，有许多著名的古迹散落在周边。

某日，陆游突然想去上虞玩几天。上虞，在绍兴府东边六十里的地方，向南几里，坐上船，拐进浙东运河，再入曹娥江，顺风顺水，一日即可到达。十年前，他去过上虞，虞舜，王充，曹娥，他还要再去感受。

一个清凉的凌晨，天刚蒙蒙亮，陆游就坐上舴艋小舟，从前溪出发，往东行去。沿溪路两边，已有三两早起去劳作的行人，视线越来越清晰，一会儿工夫，天就大亮，大地一片宁静，树上有黄莺乱鸣，前方两峰中间，太阳缓缓爬上来，河面上泛起一片金光。陆游就坐在船头，看艄公的双桨用力划着水，看两岸青绿的景色，一旅店的黄色旗幡在风中摇曳，陆游忙让船停下，他要上岸走一会儿，这个溪边小镇，他十年前来玩过。小镇虽只有一条街道，却处于交通要道上，贩夫走卒往来其间，热闹得很。走着走着，陆游拐进街边一座小院，啊呀，人都搬走了，当年朋友陪他来玩，还在院墙上题过诗呢，如今，墙土已经剥落，字迹模糊，陆游没有更多的时间感慨，叹息一声，就往外走。

直接去舜庙吧。

《水经注》引《晋太康三年地记》载：舜与诸侯会事讫，因相虞乐（虞通娱），故曰上虞。舜原来叫重华，他生下来就有异相，重华，就是两个瞳，两个眼珠影。舜是后人赠他的谥号，他并不知道自己叫舜。郦道元的记载，重华与诸侯商量什么事，我们也不知晓，但可以肯定的是，他们这个重要会议开得很成功，很圆满，于是放松地庆祝了一番，这一来，中国历史上一个重要的县名诞生了，上虞。

陆游一走进舜庙，重华这个苦孩子、孝孩子的形象就活灵灵出现在眼前。

重华姓姚，母亲早死，他的父亲瞽瞍，是一个瞎眼的老头。姚老头出身其实挺高贵的，他是颛顼帝的六世孙，不过，从五世祖开始，他们家都是平民。姚老头眼虽瞎，估计尚有些本事，后来又娶了个婆娘，也就是舜的后娘嚣，看名字就知道她是个厉害的角色，后娘给他生了个弟弟，叫象，那时，南中国草木茂盛，遍地都是亚洲象，我推测，这弟弟叫象，应该很壮实，人高马大。正常情况，这样的家庭，日子应该幸福，人口不多，重华和弟弟、后娘，都可以干不少活儿，但事实是，重华的日子不好过，姚老头、后娘、象，性格古里古怪，品性也不敢恭维，象人高马大，却懒得很，他们都不喜欢重华，不仅不喜欢，还百计千方害他。

于是，“象耕鸟耘”来了。这个成语有数种解释，但人们愿意相信，是大象和鸟们来帮助重华耕种。重华每天都承担着姚家的巨大劳动重任，面对阔大无垠的田野，重华一个人根本无力完成开垦和耕种，但他不绝望，他始终信心满满，他对瞎眼老爹、苛刻的后母、跋扈的象弟弟，一如既往地真诚，任凭他们怎么刁难、使坏，都以善良之心相待。重华三十岁时，仍然安心地做着自己的事，耕田狩猎，奉孝父母。尧帝将一切都看在眼里，他一直在寻找合适的继承人，重华的境界，非一般常人能比，尧先将女儿娥皇、女英嫁给他，然后，将整个天下交给他，让德行高的人接班，放心，天下的黎民，有福。

临别舜庙，陆游再回望了一眼舜的塑像，若有所思：颛顼帝的六世孙，陆姓也是颛顼的后代呀，《史记 · 楚世家》记载，五帝之一的颛顼，有个曾孙，受封于陆乡（今山东平原），于是称作陆终，其后代便以陆为姓。这么一想，陆游又转一个身，虔诚地朝舜像拜了三拜，拜拜祖宗！

这一次，陆游在上虞的几天时间里，将虞舜的古迹几乎走了个遍，舜庙、舜井、百官桥、舜江（今曹娥江）、舜山、陶灶、渔浦湖（今白马湖）、象田村等，他还去古老的“舜井”，舀水尝了尝，“舜井”藏在树林中，陆游记得，葛洪也曾坐此井边饮泉。

拜过中华第一孝子，陆游又去舜江南岸，看一块碑，那是写中华第一孝女曹娥的。《后汉书 · 列女传》中的这段话，陆游极熟：“孝女曹娥者，会稽上虞人也。父盱，能弦歌，为巫祝。汉安二年五月五日，于县江溯涛婆娑迎神，溺死，不得尸骸。娥年十四，乃沿江号哭，昼夜不绝声，旬有七日，遂投江而死，至元嘉元年，县长度尚改葬娥于江南道旁，为立碑焉。”

曹娥碑，实在是一块名碑，有许多名人都来读过。蔡邕曾暮夜造访，手摸碑文而读，并在背面题下了“黄绢幼妇，外孙齑臼”八个字(绝妙好辞)，这一语双关，既赞美碑文写得好，又留下了中国第一个字谜。《世说新语》描述，曹操也曾费尽心思地猜过这个字谜，自叹脑子差杨修三十里路程。王羲之则以小楷书写碑，李白到剡溪，也来曹娥庙，有诗为证，“笑读曹娥碑，沉吟黄绢语”。

陆游在曹娥庙看到的碑，是王安石女婿蔡卞临摹旧时碑文重写的，这块书于宋元祐八年（1093）的碑，四百多个字，满满记载了曹娥投江寻父的孝行，虽是楷体正字，笔法却无限清新，如山涧流泉肆意飞流。陆游边读边用手在临空摹笔，哎呀，这文，这字写得，真是太好了，太好了！

《剑南诗稿》卷一《上虞逆旅见旧题岁月感怀》《舜庙怀古》，卷十八《泊上虞县》，卷二十二《东关》四首、《练塘》等，为我们记录了陆游走上虞的不少踪迹。

六、王炎来信

自罢官回故里，陆游从来没有感觉到如此的自由自在，他似乎没有空余时间，做事，访客，赏景，读书，写作，一桩接着一桩，和邻居们关系越来越融洽，乾道三年（1167）的冬天，陆游索性将自己的书斋命名为“可斋”：

得福常廉祸自轻，坦然无愧亦无惊。平生秘诀今相付，只向君心可处行。

（《剑南诗稿》卷一
《书室名可斋或问其义作诗告之》）

你要问我此生有什么秘诀，我只有一句话，为人为事向着自己的良心。良心要求你保持廉洁，无论做事，无论当官，按着自己的良心，你就能福重祸轻，就会心地坦然，无愧无惊。

表面上，陆游坐在可斋里，将万般忧愁都搁置起来，且读了许多道家著作，但一旦朝廷有风吹草动，消息传来，他仍然为国事忧，深夜醒来，听着外面的急雨，坐起身，想着国家的命运，想起奸人的祸国殃民，就会泪流满面。

乾道三年（1167）二月，陈俊卿等力奏奸臣龙大渊、曾觌的卖国行为。这一回，孝宗看着形势不对，民愤太多，就将宠臣龙、曾赶出了京城，龙大渊为浙东总管，曾觌为福建总管，虽然他们仍然官位显赫，但毕竟不在京城，对孝宗的影响有限。听到这样的消息，陆游高兴得不行，立即写下两首《十月苦蝇》，委婉表达了自己的情感：

其一

村北村南打稻忙，浮云吹尽见朝阳。
不宜便作晴明看，扑面飞蝇未退藏。

其二

十月江南未拥炉，痴蝇扰扰莫嫌渠。
细看岂是坚牢物，付与清霜为扫除。

（《剑南诗稿》卷一）

陆游眼光锐利，虽然浮云吹尽，却仍要注意，真正的晴天还没到来，飞蝇极可能会扑面再来。不过，不用担心，寒冬将至，那些飞蝇很快会冻死。既是对人们和朝廷的一种善意提醒，又表明了主战派与自己的决心，只要国家召唤，我随时可以为复国抗敌、扫除飞蝇而战斗。

让陆游高兴的事接踵而来：二月，虞允文知枢密院事，六月，又升虞为资政殿大学士、四川宣抚使，龙大渊也在本月死了，十一月，陈俊卿任参知政事，刘珙任同知枢密院事。虞允文、陈俊卿这些人，都是忠勤体国的大臣。尤其是陈俊卿，为人稳重而多有智谋，绍兴八年（1138）的进士，曾受秦桧的排挤通判南剑州，秦桧死后，陈又返朝，给还是太子的孝宗讲经。陆游在镇江时，陈以礼部侍郎的身份随张浚视察江淮的军队，和陆游认识，颇为志同道合，乾道四年（1168）的十月，陈俊卿再次得到重用，升至右仆射同中书门下平章事兼枢密使兼国用使，陆游激动万分，立即去信祝贺（《贺莆阳陈右相启》，见《渭南文集》卷八），他认为，朝廷任用这样的贤相，一定能重振朝纲。

形势继续鼓舞着陆游。乾道五年（1169）二月，张浚有了公道的说法，追赠太师，谥忠献，朝廷还为岳飞立庙，英雄们虽然死了，却如风中飘扬的大旗，振奋着人心。同月，王炎任参知政事兼同知枢密院事，三月十九日，再以参知政事的身份出任四川宣抚使。与此同时，朝廷又开始积极备战，招募忠义之士，这一切，都让陆游开心。眼前的镜湖水，越来越明亮，他的第六感告诉自己，闲日子很快要结束了。

果然，就在王炎任四川宣抚使的当月，陆游就接到了他的邀请：陆务观，你来我这里做参谋吧，我们要筹划北伐！陆游立即写信表示感谢：

> 侵寻末路，邂逅赏音。招之于众人鄙远之余，挈之于半世奇穷之后——凡一时之荐宠，极多士之光华。岂谓迂疏，亦加采录。某敢不急装俟命，碎首为期。运笔飒飒而草军书，才虽尽矣；持被刺刺而语婢子，心亦鄙之。
>
> （《渭南文集》卷八《谢王宣抚启》）

除了万分感谢王炎的知遇之恩外，还有心赴四川的场景设想，真想立即打点起行装，在军营中奋笔书写军书，那些安稳的工作，让别人去做吧！

虽然心向往之，但陆游对朝廷依然有期望，他在等待，再加上去冬以来身体老是出状况，这一拖，很快就到了年底。

第八卷 入蜀记（上）

一、夔州通判

乾道五年（1169）留下的时间已经不多了，最后一只脚都已经踏进了腊月，十二月六日上午，山阴三山别业，陆游家门口，暖阳中跑来一匹官马，陆游一看那驿卒，应该是送信的，他想，莫不是有消息了？果然是，朝廷新的任职文件到了：夔州通判。

通判他不陌生，此前，他已经做过镇江通判、隆兴通判，等了五年，这次还是通判。夔州，他知道，五千里地以外，偏僻的蛮荒之地。

想不通，也得通，这是他和全家赖以生存的鸡肋。好在，那里有他崇敬的杜甫，官家人嘛，总是要四海为家。只是，久病的身体，对已经四十五岁的陆游来说，实在不宜远行，向朝廷如实报告，来年天气暖和一点，我再出发。

二、往京城

等待的日子如白驹过隙，勉强凑齐路费，转眼就要出发了。这一天，是乾道六年闰五月十八日。江南的六月天，酷暑的前奏，闷热交加，傍晚时分，一只大船从镜湖边出发，开始了漫漫的入蜀行程。此去经年，不会有虚设的良辰美景，有的只是困苦和艰难，陆游的心里已经有足够的准备。今日只是启程，此刻，他的兄弟们，正在法云寺等着他，为他饯行，在法云寺住一夜，次日凌晨就正式出发。

想当年，高祖陆轸舍宅为寺，这里就成了陆家宗族的精神象征，高祖曾在此辟谷炼丹。在陆游的脑海里，高祖是一个隐约的形象，这位隐逸超脱的高人，神龙不见首尾，他也想学高祖，可眼前这一大家子，他得负起责任，先过好踏实的世俗生活。法云寺一夜，除了长兄陆淞在京城临安外，老二陆濬，老四陆浸，应该都在，他们喝了酒再喝茶，油盏的油添了再添，抵足卧谈，谈官场，谈时局，谈朋友，如幼时玩耍般亲密。他们都知道，世道艰难，这一分别，不知道什么时候才能再见呢。

索性不睡了，五更就出发，星辰挂满天，地气尚微凉。二哥和四弟一直在叮嘱老三：务观，珍重呀珍重，酒少喝一点，下笔要慎重。他们太知道陆游的脾性了，直爽，认真，弄不好就得罪人。

我会谨记兄弟们的教导！陆游高声地回应，声音透过漆黑的夜空上扬。

起始的行程轻松愉快，不少朋友都来送行。天亮的时候，已经到达柯桥驿馆，在此一边用早餐，一边见送行的朋友，大家吴侬软语，保重珍重声声贯耳。中午至钱清驿，在史浩丞相建的亭里吃中饭，和各位送行的朋友告别。望着“钱清”两个字，陆游浮想联翩：东汉的会稽太守刘宠，政绩显著，受皇帝褒奖，奉调离任，当地百姓感念其恩，持钱送至西小江边，刘宠执意不收，后为不拂百姓美意，只取一枚钱，并随即将钱投至江中，江水顿时清澈见底，“钱清”因此得名。刘宠的形象渐渐明晰起来，廉洁奉公，勤奋工作，爱护百姓，应该是做官的本分，陆游心里坚定地认为。

这一天的傍晚，陆游一行到达萧山县，入住梦笔驿，这是萧山县最大的中心驿站，来往客人繁多。驿站旁有觉苑寺，就在萧绍运河边，此寺因江淹而著名。

说起江淹江文通，这又是一个长长的故事，因为他一个人占着两个成语：梦笔生花、江郎才尽。江淹在此是笔生花还是文才尽？自然，人们相信笔生花，尽管一般人都认为，江淹做梦的地方在南京的朝天宫（治山）一带，那里以前有一个古驿站，但是，萧山县江淹的传说也历史悠久了，至少，陆游那个时候，这里就叫梦笔驿了。《嘉泰会稽志》卷八如此记载：

> 觉苑寺在县东北一百三十步，齐建元二年，江淹子昭玄舍宅建寺。会昌废，大中二年重建，赐名昭玄寺。大中祥符中避圣祖名，改今额。寺有大悲阁，熙宁元年沈睿达为之记，又作八分书字额，四字笔意极简。古阁后壁，有画水名家毗陵戚舜臣画的水。

陆游看着那些碑和字，都极喜欢，再看戚舜臣的画，也感觉如涛澜汹涌，让人害怕，有人说戚的画是印版式的死画，陆游认为这个评价太过分了。

大诗人到此，客人陆续上门，县丞来了，县尉来了，更重要的是，老师曾几的长子曾原伯就住在这里，而且，曾原伯的长子曾槃，此时就在萧山县做县尉。老朋友相逢分外亲，陆游到曾原伯家里饮酒，喝到了二更才回官驿。刚回驿站，曾原伯又赶来，两人就一起坐在驿门口再聊天，月如昼，夜微凉，但两人的心里却热乎乎，不时地沉浸在往日的快乐时光中。

四更时分，船夫解开缆绳，船往钱塘江的西兴渡口进发。天亮了，今日好天气，江平无波，顺利过江，到达京城临安。在仙林寺喝过茶，陆游直接从运河坐船出北关，他急着去见大哥陆淞。

接下来的十天时间里，陆游一直在京城逗留，八年没来了，朋友也多，都需要走一走，会一会，在大哥家住了四天，叶梦锡侍郎请喝酒，国子监芮国器监官请喝酒，族兄陆仲高、著作郎詹道子、编修张叔潜陪同，和仲高同游西湖，逛寺庙，检正（宰官，督中书门下诸房吏人公事）

沈持要请喝酒，太常侍少卿赵德庄陪同。陆游没有细写与大哥的交流，或许，大哥交代的话，与法云寺中二哥、四弟嘱咐的话，应该没有大的区别。陆游十二岁就补登仕郎，这位大哥，和他一样，也是以祖荫恩补通仕郎，有了这个身份，就可以官员子弟的身份参加考试，比起千军万马的民间初选，还是有不少优势的。陆淞历任秘阁校理、工部郎中、知辰州，官至朝请大夫，淳熙九年（1182）卒，年七十三。

三、北上

自六月一日晨移船出闸，陆游一家离开京城往北而上，五天后，到达秀州（今嘉兴），停留两日，朋友见了不少，也有不少可记之事。这里记两件。

游览宝华尼寺，拜宣公祠堂。宣公就是陆宣公，中唐陆贽的谥号，陆游一直将陆贽当作先祖。公元754—805年，是陆贽生活的年代，他是大历八年的进士，唐德宗时，召为翰林学士，贞元八年出任宰相，两年后被贬至忠州（今重庆忠县）别驾，永贞元年卒于任所。陆贽的后裔，浙江嘉兴、湖州一带甚多。陆游走进寺内，祠内有碑，但字迹有些模糊，不过仍然大致明白，碑为苏州刺史于頔所书，大意是说，秘书监陆齐望在此替女儿建了一座尼寺，但碑文没有说寺内为什么有陆宣公的祠。陆游在寺内逛了一圈，老尼妙济、大师法淳及其弟子居白，热情地接待了他，大家喝茶闲聊，一个下午很快过去了。

方务德侍郎，就是那位镇江通判任上陆游的长官，他们一直有往来，在秀州的两天多时间里，他请陆游吃了三顿饭。第二天，方务德的馆客、进士闻人纲来拜访，他说，他认识毛德昭，毛是陆游幼时东阳避难读书时的老师，陆游对这位老师印象很深。一讲起毛老师，话题就停不下来，毛是衢州江山人，极其苦学，中年不幸生病导致眼盲，虽然眼睛看不见，但他仍然整日坐着，默诵“六经”数千言，闻进士说到这个细节时，陆游唏嘘不已，听说毛老师没有留下子嗣，陆游一时哽塞。

十日夜晚，船停枫桥寺前，陆游只写了一句：唐人所谓“夜半钟声到客船”者。不知为什么，陆游没有提及张继，次日五更，便离开了枫桥。

十一日夜晚，船泊无锡县驿，边上就是锡山，产锡，陆游的耳边响起了汉末就开始流传的民谣：“有锡天下兵，无锡天下清。有锡天下争，无锡天下宁。”要天下兵吗？要天下争吗？统统不要，宁愿无锡。这里的“锡”，不妨看作财富的代名词，在陆游的心里，金人一次次南来，不就是为了财富吗？

过常州，发丹阳，入镇江，这就到了他曾经工作过的老地方了，分外亲切，老朋友闻讯而来，天气虽热，陆游的心更热。与焦山长老定圜禅师说起焦山他题写的《瘗鹤铭》，陆游一阵开怀大笑，禅师将陆游的题文刻之于石，他们两人情谊深厚。又有金山长老宝印来访，说起陆游要去的前程，宝印说，峡州以西，滩不可胜计，白居易形容是“白狗次黄牛，滩如竹节稠”，你可要小心再小心呀。陆游拱手称谢：听说了，那一段江，滩多礁石密。

十九日，知府蔡子平在丹阳楼请陆游吃饭，这江边的天气，闷如蒸笼，房里虽然堆满了冰块，依然没什么凉意。饭后，蔡知府亲自煮建茶，样子和手势颇为专业，同坐的熊教授，是建宁人，他解释说：以前的建茶，杂以米粉，后来又加上薯蓣粉，这两年来，又加上了楮树芽，这些淀粉或香料的添加，与茶味道很相配，并且多泡沫。大家喝着茶，天南海北地聊，陆游此时，绝没有想到，九年后，他会任福建提举常平茶盐公事，专门去建安管茶叶。

接下来的数十天时间，陆游一直在此逗留，甘露寺，金山寺，玉鉴堂，妙高台，看山，看江，登阁，观日出。船泊瓜洲，空气澄爽，江面虽宽阔，但他看金山似乎就在眼前，江边那些人的眉目都可以辨出。不巧的是，陆游坐的船帆破了，船主要赶往苏州去买，所以，他在此又留了两日，不过，他有了新发现：两日间，往来渡者，至少一千人以上，且大多是军人。

宋金依然对峙，这里是关键点，长江水浩浩荡荡，陆游心中更不平静，他多么想，可以和敌人面对面，真刀真枪地干一场！

四、见秦埙·看王安石像

接下来的十六天时间，我觉得有两件事情值得一说。

一件事是，船泊秦淮，陆游去见了秦伯和侍郎。

秦伯和是谁？其名埙，秦桧的孙子，就是和陆游同场锁厅试的那一位。绍兴二十三年（1153）的那场考试，陆游刻骨铭心，而秦埙，省试、殿试均为第一，士论不平，廷试时，皇帝就竖起了耳朵听，小秦的策文里头，说的大多是他爷爷秦桧、他爹爹秦熺的话语嘛，了无新意，已经有那么多的非议了，罢罢罢，第三名吧。

秦埙将陆游迎进接待大厅，四壁辉煌，栋宇宏丽，房子前面有个大大的水池，池外就是御书阁，难怪，皇上赐宅，岂有不气派的。走进这样的大厅，陆游心中的滋味很难描述，不过，有一点可以确定，那场考试如果心里有结，也早已过去，至少，孝宗赐他同进士出身，这样的荣耀，不是一般的考试可以比的，何况，人到中年，世事沧桑，秦桧早已作古，而他和秦埙的关系，基本可以理解为同学关系，那么，将行远方，拜访一下同学，会更显得他的大度和心宽。揖手，坐定，两眼相视三秒，言语似乎都在不言之中。秦埙虽比陆游小一轮，脸上却也不年轻，写满愁容。两人聊了些什么，陆游没有记录，不外乎人之常情的客套，一般常人的叙旧。秦埙不知死于何年，不过，做过工部、礼部尚书的他，发展得似乎还不错，作为秦桧的孙子，仕途虽有些影响，但不至于像后世“我到坟前愧姓秦”那样落魄和遭人弃。统治者都喜欢连坐，这也是斩草除根打击对手的好方法，只是，制度的制定者，有时也免不了自己入了瓮。

也有人说，陆游与秦埙私交还可以，陆游这样写，其实是春秋笔法，意在追念当年锁厅试中将其录为第一名的主考官陈之茂。

这一路暑热中行船，太阳猛烈，水也不清凉，狭窄的船舱，被光和热日日夹击，长久坐卧，二十几口人挤在一起，极易生病，随行的孩子就病倒好几个。自到金陵后，陆游自己的身体也出现了状况，打不起精神，这不，秦埙就派了个叫柴安恭的医生来给陆游家人看病，晚上，秦埙还亲自送药到陆游的船上。

说起秦埙，还有个细节。秦埙有个门客叫刘炜，当时是湖州武康（今德清县）的县尉，他也来拜访陆游。大家聊天的时候，刘炜说到了秦家就感叹：现在的秦家已经衰败了，常常入不敷出，要典当东西。陆游好奇地问：秦家每年还有多少收入呢？刘炜答：只有米十万斛了（另一说七万）。陆游听了只是笑笑，笑容里却掩着些苦味愁味，他这次入蜀，品阶只是八品，能有多少俸禄？要不是为了生计，这个官，不当也罢！转念一想，路途中，还有不少更苦的贫民，瞬间释然。

依然有些疑问，陆游晚年的《老学庵笔记》中，对秦桧及其家族成员，比如儿子、孙女、妻族，写了十七条，近似于白描的手法，秦桧家族的劣迹被无情披露。如此看，陆游心中，似乎还有一股怨气在，只不过，他撒气的方式巧妙。既然有此怨气，那秦埙还值得去拜访吗？！

另一件事是，去定林庵看王安石像。

八日晨，陆游到钟山的太平兴国寺游玩，先去道林真觉大师塔烧香。真觉大师，就是宝志，也作宝誌，南北朝齐梁名僧，《梁高僧传》《五灯会元》都有他的事迹记载。刘宋泰始年间开始，宝志出现了怪现状，居所不定，饮食无时，发长数寸，要么不说话，一说话就成谶语，世称“誌公符”。齐武帝时，视其为妖言惑众，将他抓到牢中关了起来，但宝志人在牢里，大街上却常常见到他的身影，有人报告监狱管理部门，一查，他依然在牢中。而到了梁武帝时，又对他很是尊重，梁武帝天监十三年（514），宝志去世，葬在定林寺前面的冈独龙阜。对这样一位神僧，宋太宗也很崇拜，太平兴国七年（982），太宗派使者到钟山烧香，还亲自写文称赞，并赐号道林真觉菩萨。陆游绕着塔，一点点地细看，有宝志的金铜像，中间位置有铭文，乃王安石做江宁知府时写。拜过塔，转到塔西边，有小轩，叫木末，轩下皆是百年以上的老松树，树干逸出虬枝，如蛟龙盘踞，“木末”这个轩名，是后人取王安石诗句“木末北山云冉冉”名之。

看过碑，陆游又转到塔后的定林庵。父亲曾经和他说过，这个地方，有著名画家李公麟为王安石画的画像，就挂在昭文斋的墙上。这里，要交代一下背景。王安石第二次被罢相后，就回到了江宁，在城东建了一所房子，因房子西南距江宁的白下城和东北距钟山各七里地，他就将房子取名为“半山园”。王安石对钟山情有独钟，整日骑着驴子，终日看山不厌山，买山终待老山间。而定林寺，离王安石的半山园极近，所以，他也是定林寺的常客，甚至，寺里还专门弄出一座房子供他居住，王安石就在这房子里读书写作会客，昭文斋，王安石专门取的斋名。陆宰曾这样给儿子描绘那幅像：王公戴着帽子，束着带，神采和真人一样。王安石去世后，昭文斋就常常关门，只是遇到重要客人来访，庵里才打开门。寺僧打开门，客人见到王安石的像，皆感觉惊讶，太像了！他们面前的王安石，如真人般盯着来人看。其实，这个地方，陆游不是第一次来了，乙酉秋，一个雨天，他曾经独自来拜访过，那一次，他还在墙壁上写了字。这一下，五六年就过去了。

自然，陆游这一次来，依然没有看到王安石的像，这只是个遗址罢了，因为定林庵曾发生大火灾，昭文斋被毁，连一根木头都没有剩下。陆游至此，只是一种念想，毕竟，他们一家，对王安石的感情，和别人不一样，爷爷陆佃的老师呀。这一次来，陆游看到，他上次题写的字，被人刻到了崖石上：“乾道乙酉七月四日，笠泽陆务观冒大雨独游定林”。二十个字，再读一遍，又感叹了几声。

从定林庵下来，经过半山，陆游停留了片刻，这里是王安石的旧宅，一百多年过去，残毁尤甚，面对虚墟，还能再说什么呢？世事沧桑，人事更替，兴衰就如草木的枯荣。唉，下山吧，太阳烈起来了，此时需要来一杯凉茶！想到这里，陆游加快了返程的脚步。

五、从当涂到芜湖

船到了当涂。这里有李白，陆游心中的偶像，必须作充分的停留。

有郡中两位教授陪同，陆游一行到了位于青山的李太白祠堂，李白墓就在祠堂后面。李白为什么会葬在这里呢？他的族叔李阳冰做当涂县令的时候，李白来投靠他，因为青山风景好，他的偶像，谢家人之一的谢朓的旧宅，也在这个地方，李白就在此住了下来。此堂不知建于何时，堂中有两块碑，唐刘全白（幼时受知于李白）写的墓碑，近年成都帅张真甫的重修祠碑，陆游都看得很仔细。他看碑，不仅读文了解内容，还看碑的书法，看到好字，他会在手心里点点画画。有不少研究者认为，陆游的书法水平被低估，就如同他的诗文被低估一样，陆游的书法，南宋至少能排进前几名。祠堂正中有李白塑像，头上裹着乌巾，白衣锦袍。李白边上，郭功甫陪侍着，郭本来就是当涂人，少有诗名，做过武冈知县、汀州通判、端州知州，后弃官隐居卒于青山，郭有一千四百多首诗传世，梅尧臣极欣赏他的诗，赞其为“真太白后身”，有他陪着李白，李白不会寂寞，郭功甫也不会寂寞。

看过祠堂，拜过墓，陆游写下一诗抒发感受：

> 饮似长鲸快吸川，思如渴骥勇奔泉。
> 客从县令初何有，醉忤将军亦偶然。
> 骏马名姬如昨日，断碑乔木不知年。
> 浮生今古同归此，回首桓公亦故阡。
>
> （《剑南诗稿》卷二《吊李翰林墓》）

前四句赞李白，叹李白，李白的气魄，李白的诗才，李白的落寞；后四句，叹人生，叹世事，也叹自己。

一行人免不了陪着陆游感叹议论，随后大家往青山深处走去。林茂草盛，路比较难走，行了三四里，两位道人端着茶汤在松石间迎接，呀，真是安排得太周到了，气有点喘，口有点渴，正好解暑。又行里许，看见一座庵堂，一老道人出迎，七十多岁的人了，红光满面，胡须都没有白的影子。道人说，他姓周，潍州人，在此山居住三十年了。又出来一老太太，八十了，耳聪目明，谈笑的神态一点不像这个年纪。大家都很惊异，老太太笑着打趣：曾得异人秘诀。这是个好地方呀，庵前有小池叫谢公池，水甜且凉，现在盛夏，泉水依然满池。山顶有小亭，也叫谢公亭，陆游站在亭子上四顾群山，那些山就如蛟龙奔放，争赴山谷，很像绍兴家乡的舜山，只是舜山顶上平坦得如平地一样。

亭子的北面正对着历阳城，周道人指点陆游看这观那，他突然指着群山说：当年完颜亮打进来时，山中都听得到激越的战鼓声。陆游闻此，眼前立即闪现出八年前的一幕：金国正隆六年（1161）十月，金主完颜亮率六十万大军四路攻打南宋，然而，他的运气并不好，关键的关键，他从弟完颜雍趁他南征空虚时称帝，这就乱了他的方寸，本来应该立即回去应对，但不服输的性格，促使他一定要大胜南宋，争回面子，终于，完颜亮的生命终结于十一月二十七日凌晨拂晓时分。前一天，他发布命令：三日渡江不得，将随军大臣尽行处斩。支持新皇帝的叛乱者们，发动突然袭击缢杀了完颜亮，率军北还，邀功去了。想到此，陆游心里有些叹息，他替朝廷叹息，唉，没有抓住大好机会，本来，朝廷是可以趁机收复一些失地的，甚至取得更大的成果，一言难尽。

第二日，船到了当涂西南三十里的大信口停泊。这里，两小山夹江，山叫东梁、西梁，也叫天门山，这是一座盛产诗歌的名山，李太白赞“两岸青山相对出，孤帆一片日边来”，王安石赞“崔嵬天门山，江水绕其下”，名家名诗太多了。

陆游夜行堤上，在大信口看月亮，这一天是十八，看着明月，他想起了欧阳修的《于役志》。宋仁宗景祐三年（1036）五月，范仲淹以直言获罪，被贬饶州，三十岁的欧阳修看不下去，站出来为范说话，也遭贬夷陵（今湖北宜昌）做知县。心中一肚皮气的青年欧阳，不走一千六百里的旱路，偏偏绕个大圈，选择五千五百里的水路，沿汴河入淮河进长江，溯流西行，沿途多受风浪之险，足足走了一百余日才抵达任所，其间，按行程起止，他写下了日记《于役志》。

或许，前辈的事迹他已烂熟于心，官场如战场，你死我活，有个性的正直官员，十有八九会遭贬。苏东坡当官三十年，被贬十七次，贬谪是常态，不贬才奇怪。明月已经高挂，大山和大江，都静静沐着月光，这个地方，欧阳前辈是不是停留过，陆游还不确定，但他已经下定决心，要写一部《入蜀记》，一路的山川风景风情，一路的心路历程，都要记下来。

顺风顺水，船一下就到了芜湖。

宁国太平县主簿左迪功郎陈炳来见。陈炳为婺州义乌人，老乡相见也算亲，他们一起去逛宁渊观，陈炳给陆游讲了一个得道长生的故事，想必，他知道，陆家都比较喜欢道，陆轸那一代就有传统了。陈炳说，他从姑（父亲的叔伯姐妹），在徽宗朝得道，赐号妙静练师，结庐葛仙峰下，平生不吃熟食，只饮酒，吃生果，替人算祸福死生，不差毫厘。每当风日清和时，她就闭关独处，有人在房子外面偷听，只听得里面传出的是两个婴儿的声音，或唱或笑，一直要闹到半夜才停下来，但人们都不知道发生了什么事情。九十岁那年的新年元旦，她自言：四月八日当远行。到了这一天，果然坐逝。看着陆游半信半疑的眼神，陈炳又说：她从姑曾经替他看过相，说他有仙骨，会碰到异人。果然，他生病了，皖山的徐先生来给他看病，当天病就痊愈。徐先生留下来，教他不吃食物的口诀，但陈炳父母希望儿子参加科举考试光宗耀祖，就不让徐先生教。不过，自此后，陈炳就不再吃荤食，只喝淡汤及吃白饭而已，一直过了六年，他都身轻体健，能日行两百里。后来，陈炳科考登第，娶妻，又开始吃起荤食，徐先生就告辞而去，临走前，他和陈炳说：二十四年后，你想起这件事会后悔的。陈炳将徐先生送到溪边，正要叫船过来，徐先生就提起衣裳从水上快速离去，喊他也不答应了。说到这里，陈炳深深地叹了一口气：我真后悔啊，真的想辞官归隐了。

陈炳从姑的故事，陈炳自己的经验，陆游是相信的，在以后的日子里，他不仅有诗文表达，更有体验，他知道，与险恶的官场相比，道中的精神世界无比精彩，不吃不喝，或者，少吃少喝，就能将日子过好，何乐不为？

陆游的船行过三山矶时，正值中午，矶上龙祠刚刚建好，悬崖绝壁处，青苔丛生，有半醉道人斜站在那里看行船，随时都可能掉进江里，船上的人看了都害怕。陆游的眼神移到江面上，又有好风景，数十头江豚出没，或黑或黄，突然，一头红色长江豚，好像大蜈蚣一样，昂首逆水而上，激起的水浪有两三尺高。

关于大鱼的描写，后面的行程中，陆游还有不少观察。九华山下泊梅根港，见巨鱼十数，色苍白，大如小黄牛，出没水中，每次跃出水面，激起壮观白浪。船过马当的石壁下，突起大风，急避小港，忽见大鱼正绿，腹下绯红，跃起船舵旁，高三尺多。如小黄牛的，应该还是江豚，跳起来的大鱼，不知道是什么鱼，浩浩长江，有大鱼并不奇怪，况且大鱼习惯深潜，平时人们不太抓得到。船泊庐山下赤沙湖口时，江中见物，有双角，远望极像小牛，出没水中，还有声音发出。我猜测，这应该是扬子鳄，现今，安徽、浙江、江西都有扬子鳄养殖或生存，但不确定，陆游说有双角，这就有疑问了。

二十一日晚，陆游船泊荻港。在凤凰山的延禧观，观主陈廷瑞，也是婺州义乌人，他给陆游讲延禧观的故事，颇为神奇。

延禧观原来叫青华观。故事缘于一个姓赵的先生。赵先生是荻港人，父亲以卖茶叶为生，赵小时候的名字叫王九，十三岁时，生病快死了，父亲抱着他到青华观求救：只要能救活孩子，以后就让孩子入观做道士。这一天晚上，小赵做了个梦，一位老人引着他爬上一座高山，老人对小赵说：我是阴翁祖师。老人还拿出柏枝给他吃。小赵惊梦醒来，就不再吃熟食了。后来，小赵又做了个梦，依然是那位祖师，这次，祖师教了他数百个天字，梦醒，那些字都牢牢地记在脑子里。小赵的两个梦，弄得动静很大，连太宗皇帝都知道了这件事，于是召见了小赵，正式度他为道士，赐冠简，易名自然，小赵仍然回到青华观，后来做了观主。祥符年间，皇帝再召他到京城，赐紫衣，并将青华观改为延禧观。赵先生恳求还山养母，得到批准，某天，他无疾而终。门人欲将他葬往山中，行到半途，棺材忽然大而重起来，抬也抬不动，他母亲说：我儿子一定是个异人。大家打开棺材一看，空空无尸，只有一把剑和一双鞋子，于是就地埋葬。这个冢今天还在，大家都叫它剑冢。

果然神奇，赵先生无疑得道成仙了。陆游想起来了，赵先生的事，史上曾有记载，情节基本与陈廷瑞说的差不多，只是没有剑冢一说。得道成仙的故事，陆游向来爱听，听完故事，荻港上空，已经繁星满天，江边渔火点点，陆游的心里也畅快不少。

整日坐船，腰酸背痛，刚刚恢复的身体，不宜太累，还是早点上船休息吧。

六、琵琶亭·巨筏·老虎

接下来的行程，有顺畅，有艰难。

顺畅时，那些风景，就在陆游的笔端如画般泻出：自离当涂，风日清美，波平如席，白云青幛，远相映带，终日如行图画，殊忘道途之劳也。自雷江口行大江：江南群山，苍翠万叠，如列屏障，凡数十里不绝，自金陵以西所未有也。是日，便风张帆，舟行甚速，然江面浩淼，白浪如山，所乘二千斛舟，摇兀掀舞，才如一叶。过狮子矶，薛壁百尺，青林绿筱，倒生壁间，图画有所不及。

艰难时，多的是惊慌和惊吓。船至赵屯，因风益大，只能停下：是日大风，至暮不止，登岸，行至夹口，观江中惊涛骇浪，虽钱塘八月之潮不过也，有一舟掀簸浪中，欲入夹者再三，不可得，几覆溺矣，号呼求救，久方能入。又一日，舟至石壁下：忽昼晦，风势横甚，舟人大恐失色，急下帆，趋小港，竭力牵挽，仅能入港。

八月三日，陆游的船到了琵琶亭。在这里，他收到了夔州寄来的文书。陆游没有写文书的内容，应该是一般性公文，宋代官员的调任迎送，套路挺多，宋仁宗就下诏，对迎送的距离、人数、费用、等级都作了明确的规定。夔州的文书表明，来迎接陆游上任的差吏已经在出发的路上了。

琵琶亭，极其著名，亭因白居易而来，白自己在《琵琶行并序》的序言中已经讲得非常清楚：

元和十年，予左迁九江郡司马。明年秋，送客湓浦口，

> 闻舟中夜弹琵琶者，听其音，铮铮然有京都声。问其人，本长安倡女，尝学琵琶于穆、曹二善才，年长色衰，委身为贾人妇。遂命酒，使快弹数曲。曲罢悯然，自叙少小时欢乐事，今漂沦憔悴，转徙于江湖间。予出官二年，恬然自安，感斯人言，是夕始觉有迁谪意。因为长句，歌以赠之，凡六百一十六言，命曰《琵琶行》。

这条江，真是太有名了，陆游的耳边似乎响起白乐天的叹息声。在江州，他拜见了知州、通判、发运使、发运使干办公事、察推诸官员，这是礼节，不过，他没有过多写到白乐天，即便众官员在庾楼宴请他，他也没多写。或许，在陆游心里，白乐天的诗，过于写实，他喜欢不起来，而纵观白乐天的一生，也算是生活过得优雅的文人，看看眼下自己的生活，距离实在有点远。

陆游上庐山的四天，不细说。这十来天时间，他过得很充实，太平兴国宫，东林太平兴龙寺，慧远法师祠堂，神运殿，华岩罗汉阁，白公草堂，香炉峰，东林寺，连日游历，焚香，拜佛，看碑，看画，看山，看峰，听钟，听泉，听鸟，品泉，品茶，夜晚甚至拥炉。山中的寒，和船上的终日挥扇，完全两个季节。

十四、十五两日，巨筏和打虎的两个场景，别开眼界。

船行大江，遇一超级大木筏，十余丈宽，五十余丈长，这相当于三十多米宽、一百五十多米长的一艘航母呀。筏上有三四十户人家居住着，有臼，有碓，妇女，孩子，鸡，犬，互相往来，中间还有好几条人行道，居然还有神祠，这样的水上人家联盟，陆游从来没有看到过，他很惊讶，船老板显然习以为常，解释说：这还是小的呢，大的木筏上，铺上土作菜园子，甚至还有酒铺，但大木筏，只能在大江中航行，小峡口过不去。

这就是个移动的村庄，这样的村庄中，人们靠水吃水，航运，打鱼，日日伴江，随江生或者死，别人看着是风景，其实船民的日子极为艰难，遇风遇雨遇浪，常常提心吊胆，筏工们那长长的撑篙，根本撑不透那看似温柔的水波。

自富池以西，沿江之南，都是大浪般起伏的大山，陆游观察到，山麓时有居民，他们往往在江边搭一个棚，拿着弓箭，趴在石头上，等待老虎。

原来是打老虎。宋代的自然生态好，虎就成了患，成群结队，常常吃人，李逵就找水那一点点工夫，老妈就被虎吃了，武松打了虎，成了大大的英雄，还做了都头，而在一般的农村，日益增加的人口，不断开荒拓土，虎的生存范围越来越狭窄，饥饿与生存就成了老虎吃人的最大原因。其实，起先的时候，山野中，虎有的是食物，它并不太吃人，只偷吃牛羊猪之类的家畜，人虎矛盾严重时，虎就对人下口了。在后面往上逆水的行程中，船工这样告诫陆游：以后我们都要白天行船，陂泽深阻，虎狼出没，夜晚行船，纤夫多为所害。

观捕虎的这一夜，恰是中秋，船泊蕲口镇，当地税务官——秉义郎高世栋来看望陆游，他是陆游在京口认识的老朋友了。陆游带着几个儿子一起登岸，临大江又看月亮，江面远与天接，月影入水，水面荡摇不定，犹如一条金龙。随后，他们往市中心逛去，买了一些薄荷、乌梅之类的熟药，这些煎煮好的药品，船上随时需要备着。

实际上，十五的月亮并不是最圆，第二日船泊散花洲，空江万顷，月如紫金盘，从水中突然涌出，这个月亮看得才过瘾，陆游写道：平生无此中秋也。

七、东坡雪堂·黄鹤楼

黄州游东坡雪堂，当是陆游此行的重要一节。

“乌台诗案”差点让苏轼掉了性命，被贬黄州，团练副使，这已经是最好的结果了。日子总是要过，苏轼在此读书，写作，会客，日子虽拮据，但他内心是充实的。自从有了雪堂后，苏轼就常在堂中闲坐，想起那个案子，依然有些后怕，于是就用与人对话的方式，写下了长篇散文记雪堂，用以表明彼时的心情，我们看开头一段：

> 苏子得废圃于东坡之胁，筑而垣之，作堂焉，号其正曰雪堂。堂以大雪中为之，因绘雪于四壁之间，无容隙也。起居偃仰，环顾睥睨，无非雪者。苏子居之，真得其所居者也。苏子隐几而昼瞑，栩栩然若有所适而方兴也。未觉，为物触而寤，其适未厌也，若有失焉。以掌抵目，以足就履，曳于堂下。
>
> （《苏轼集》卷一百四十《雪堂记》）

这确实是个好地方，随意放松心情歇息，这样的地方，是极容易做白日梦的，在那样的梦中可以自由飞翔，但梦随时要醒，美好的梦与当下的现实一对比，失望的情绪一下子就会漫上心头。不过，这依然是个好地方，用手揉揉眼睛，将鞋子穿好，苏轼再一次来到雪堂。

苏轼逝于建中靖国元年（1101 年）七月二十八日。苏轼的雪堂，差不多建于他到黄州后的第二年，公元 1080 年左右。到宋高宗绍兴戊午年（1138），黄州太守韩之美重建了雪堂，修整了苏轼以前常走的路，也就是说，韩太守重建雪堂之前，雪堂已经存在了五十多年。一幢竹制茅屋，怎么能够在风雨中伫立如此久呢？韩太守看到的场景，一定是一片废墟，杂草疯长，乱树丛生，所以，韩太守建的雪堂，位置有些偏差，极为正常。南宋洪迈《夷坚丁志》卷第十八有《东坡雪堂》，记载了这么一件事：黄州人何琥，是东坡门人何斯举的儿子。金军南下后，他寄居在鄂州（今武汉武昌）的江边，每年的寒食节，他都要回故乡扫墓。韩太守修雪堂，正好是春天，何琥要到那里去游玩，夜晚，他梦见苏轼对他说：现在建的雪堂地基比当年我建的，移动了一百二十步，小桥和细柳也不是在原有之处，你要让他改过来。苏轼还在梦中一一指出应该如何修如何建，何琥醒来记得清清楚楚。第二天，何琥将这个梦告诉了韩之美，韩太守就按梦中所说，全都改了过来。后来，有个八十七岁的老人唐德明，从黄陂来观赏雪堂，一见之后，不觉惊叹：这确实是苏轼的雪堂旧基啊。唐年轻时，一定去雪堂玩过，他的年纪，完全符合，他是雪堂原基的见证人，是权威。

现在，陆游来游雪堂了：

> 十九日，早，游东坡。自州门而东，冈垄高下，至东坡，则地势平旷开豁。东起一垄颇高，有屋三间。一龟头，曰“居士亭”。亭下面南一堂，颇雄，四壁皆画雪。堂中有苏公像，乌帽紫裘，横按筇杖，是为雪堂。堂东大柳，传以为公手植。正南有桥，榜曰“小桥”，以“莫忘小桥流水”之句得名。其下初无渠涧，遇雨则有涓流耳。旧止片石布其上，近辄增广为木桥，覆以一屋，颇败人意。东一井曰“暗井”，取苏公诗中“走报暗井出”之句。泉寒熨齿，但不甚甘。又有四望亭，正与雪堂相直，在高阜上，览观江山，为一郡之最。
>
> （《入蜀记》卷四）

这个十九日，是陆游入蜀行至此地的八月十九日，那么，我们可以断定，陆游此时游的雪堂，十有八九正是韩太守重建的，只不过，将近一百年过去，堂东那棵大柳，已经长成大树了。

现在的东坡雪堂，早已成黄州的中心城市地带，黄州的专家考证，东坡雪堂的故址不在今日黄冈师院老校区、体育路一带，它的准确位置应在黄州城内的青云街与考棚街之间的大穆家巷侧。

我替陆游这样想着：东坡雪堂原来的位置如果能找准，自然是好事，如果偏离一些，也不是什么大事，重要的是，苏轼在这里成为了东坡；重要的是，《雪堂记》中呈现的那段特别的历史；重要的是，他陆游也来过，后人一定会说起这件事的。

陆游观察到一个细节，黄州临着长江，边上并没有港澳可泊，有人说，以前是可以泊船的，郡官讨厌过客太多，所以废了停泊点。也就是说，黄州的名气，不仅仅是苏东坡营造出来的，东坡之前，杜牧来守过，王元之（王禹偁）来守过，东坡之后，张文潜（“苏门四学士”之一）

谪居过，来的人多，有不少还是各级官员，州郡免不了要接待什么的。

雪堂前，陆游久久留恋，太阳已经正中，江水将空气焐得潮潮闷闷的，下坡吧，还要去赤壁矶看呢，那里有“故垒西边，人道是，三国周郎赤壁”，不管是不是真的战场，一定要去看一下的。

过黄州后，长江的地形有了变化，远山依然深秀，但航道狭窄了起来，地势也高了起来，岸两边看到的多是菽粟荞麦之类。晚泊杨罗洑，大堤高柳，居民稠众，鱼贱如土。怎么个贱法？百钱可饱二十口，还都是大鱼呢。陆游心里高兴，这一大家子，每天的开销不少，鱼如此便宜，真好。

写到这里，又一个细节出现了，这个鱼贱如土的地方，竟然找不到小鱼，那怎么办呢？他家的猫要吃的呀。哈，苦中有乐，陆游喜欢猫，猫通人性，他写猫的诗竟然有几十首，想必养猫是他平时的乐趣，远行也要带上猫，他很少有爱好，除了写诗喝酒。南宋笔记中有大量猫故事的描写，从侧面也可以看出，南宋养猫已经成为时尚。秦桧孙女的猫不见了，全城紧急搜捕；有骗子将白猫染成红色装名贵极品猫，再故意制造噱头卖高价，然后逃之夭夭。

八月二十三日，陆游的船到达鄂州，泊税务亭，这是个热闹的地方，商船客船，不可胜数，夔州派来迎接的士兵当日即来参见陆通判，夔州越来越近了。

在鄂州的七天时间里，有两事可记。

观大军教习水战，这场演习，让陆游看得心潮澎湃：大舰七百艘，皆长二三十丈，上设城壁楼橹，旗帜精明，金鼓鞺鞳，破巨浪而来，捷如飞翔，观者数万人，实天下之壮观。

长江是天险，但也必须有强大的水军才能守得住防线。南宋政府在和金人长期交战中，败多胜少，但部队的军事训练也不少，周密的《武林旧事》中，水军也利用钱塘江大潮训练，大浪滚滚，红旗招展，冲浪儿的身影，异常矫健。

战船穿梭，无畏斩浪，看着不断飞舞着的浪花，陆游心中那株复国之树，似乎又茁壮拔节了不少。

自然，黄鹤楼还是要去一下的，尽管已经是遗址了。这一天下绝景，旧传三国费祎飞升于此，后忽乘黄鹤归来，楼以此名。写黄鹤楼的诗文，崔颢的诗传得最广，以至于李白都不敢写了。陆游登上石城山的石镜亭，看宽阔的长江，头又转向西边，看对岸的汉阳，晴空下视野通达，岸边人物草木皆皆可数，陪同的老吏说：黄鹤楼应该在这个亭子的南楼之间，正对着鹦鹉洲，但楼已废，只剩石刻了。

虽是遗址，并不妨碍陆游的想象，孟浩然和李白，似乎就站在他眼前，两位大诗人诗意送别的情景，活灵活现：黄鹤楼下，开元十八年（730）三月，草长莺飞，江风依然有凉意，李白有些醉态，紧握孟浩然的手不放，老朋友啊，您这就要走了，我的心也会随着江水和兄一起去广陵的，孟浩然拍拍李白的肩膀连连说，老弟，我们还会再见的，会再见的，小别小别。车轱辘的话说了一遍又一遍，船夫都在催了，官人，可以走了，此时日光正好，行船舒适！嗯，虽然两人都是特意赶了好几天才到这里相约的，但送君千里，终有一别，就此别过吧，一切保重。两岸葱郁的青山，宽阔的江面上行船不多，孟浩然的船快速下行，远了，又远了，渐渐不见踪影，只见长江水静静向东流去，李白才怅然转身。

李白和孟浩然友谊的小船，早已“孤帆远影”了，陆游心里“故人西辞”“故人西辞”也默念了好几次，四百多年的时光，倏忽过去，眼前的长江水依然滚滚东流，陆游想着后面的行程，匆匆离去。

八、入峡

八月三十日开始，陆游离开鄂州。过竟陵（湖北天门），在石首的塔子矶过了重阳节，照例写诗记录：

照江丹叶一林霜，折得黄花更断肠。
商略此时须痛饮，细腰宫畔过重阳。

（《剑南诗稿》卷二《重阳》）

红叶映江水，满林一片霜。是陆游自己折得一捧菊，还是风折满地菊？似乎都有，菊是思念的代名词，思念如海，在这江陵的细腰宫，还是用酒来麻醉自己吧。仅仅一般的思念，并不会让早已久经风霜的陆游“断肠”，此地，江陵，楚国的旧都，屈原的诗在他的脑中翻滚，他和屈夫子一样，都是极其关注国家的命运，这里，更是唐婉的老家，一想起前妻，那种彻骨的痛，一时漫浸胸口，但在一大家子面前，脸上不能过多表现。

夜泊柳子时，陆游去了全、证二僧的船舱中，听诵梵语《般若心经》，这梵语心经，只有蜀僧能诵，今天，也只有这喃喃梵语，才能让他心静下来。

过公安县，已经是九月十七了，这一天的傍晚时分，陆游一家老小将行李都搬到嘉州赵青的船上，因为要进入三峡，必须换乘专门的“入峡船”，这种船只用橹及百丈，不用张帆，此船的载重量为一千六百斛，有六支橹，两车百丈。百丈是什么？牵船用的篾缆，用一根大毛竹剖成四开，然后扭缠而成绳状，宽如人臂。

赵青的船要修理，这一等就是十天，陆游正好可以休整一下，会见朋友，附近游玩，一时也轻松。

九月二十七日，船终于修好，重新开船，这是要举行仪式的，击鼓鸣橹，船工嘴巴里都发出嗨嗨声，好像很兴奋的样子，仪式虽简短，却也吸引了许多人看，岸上观者如墙堵。

第二日，船泊沙市附近的方城，船上发生了一桩意外事件：招头因失去职位，跳水自杀。招头，船工们的管理者，也就是个掌舵的艄公，好处是，每次祭祀的时候，祭祀后的肉，招头可以双倍于别的船工。这个叫王百一的招头，不知怎么的就得罪了船主，船主另聘程小八做了招头。王百一失了职位，很不开心，又没地方去，于是发狂跳了江。陆游见状，立即让人去救王百一，水流急，速度快，一会儿工夫，王百一就漂出一里多路，头被水淹没，又顽强地露出头来，没进又露出，幸好被人救了起来。

人被救起，陆游连忙安慰王百一，内心对他充满同情，失去一个小小的招头职位，就能让人想到死，何况比这更大的事呢？夔州通判，虽是个鸡肋，但不去任职，又能怎么样？想到这里，陆游不禁一阵苦笑，愁容挂了半脸，不过，没人能觉察到，船已经在纤夫的杭育杭育声中，缓缓上行了。

十月六日晚，到了峡州，泊至喜亭下，这里就是欧阳修被贬的地方。

陆游一上岸，就迫不及待地看《至喜亭记》碑，此碑，欧阳修撰，黄庭坚书。

为什么叫至喜亭？因为岷江水路凶险，一不小心就会触礁翻船，而夷陵这里，水流平缓，艄公们到达这里，都庆幸自己又重生了一次，于是喝酒庆祝。谁修的至喜亭呢？工部所属的虞部郎中朱再治修的，朱到任三个月，就在江边上修了这座亭，供来往行人停留。朱郎中在夷陵任职的几年时间里，这里年年丰收，人民安居乐业，还修建馆驿让客商们休息，对来往的行船提供方便，所以欧阳修就写了这篇文章来赞颂他。

陆游《入蜀记》的最后一卷（第六卷），自十月六日起，至二十七日到达夔州止。中间这二十天时间，是在高崖绝壁下狭窄的航道中行进的，千峰万嶂的下牢关，重山相掩的扇子峡，天已经极冷了，岩岭上已经有积雪，且一路多险，遇恶滩，则要下船走陆路，再看那船，因江岸多石，船工们拉着粗“百丈”，一步一步，艰难行进。更有险情发生，船底被尖锐的石头所损，幸好未沉，修理是必需的。这里还有一个细节，让人感叹：归州龙门这一段险滩，石头多，船常常触滩底石而致毁亡，自十月至次年二月，有关部门都禁止行船。后来，归州知州让石工用八十天时间，将这一段江底尖锐石头凿去，过程显然斗智斗勇：江两边的百姓，都靠过往船只生存，石头触坏了船底，得停下来修理，得补充食物，那就有生意好做，于是，他们就贿赂石工，石头不可凿去呀，船破是因为装东西太重的原因，反正，百姓要阻碍，他们要生计。

自然，停泊时，两岸有好景，仍然要去看。

船泊黄牛庙，上有灵感庙，庙后树木高大，看着像冬青树，但陆游心里确定它不是冬青，此树的落叶上，有黑纹，类符箓，每张叶子的形状都不一样，陆游的儿子们也对这些树叶发生了兴趣，他们捡了好多片叶子，夜晚的舱中一时热闹，大家都在讨论树叶上的黑纹，这个像什么字，那个像什么字。这时，船主过来告诉陆游：夜晚不要敲更鼓了，庙后山中多有虎，它们听到更鼓声就会跑出来吃人！

陆游到归州住宿。归州城太小了，背依牛山，城中无尺寸平土，三四百户人家，临江，滩声常如暴风雨一般传来。知府贾选，拱拱手对陆游抱歉道：州府的官仓，每年只有秋夏两季粮食可收，麦、粟、粳米，一共五千余石。陆游心想，是呀，太穷了。但此地，并不应该如此荒凉的，这里有屈原，还有宋玉，还有王昭君，不过，宋大诗人的老宅，已经沦为酒坊了，屈原祠、昭君祠都已荡然无存，陆游只有对着红枫搔首叹息了。

陆游到巴东县住宿。江山雄丽，但市井极其萧条，百来户人家，除了县衙，全是茅草房，没看到一片瓦。县尉兼主簿向陆游汇报：这里也没什么事，基本不用上班，一任知县走了，常常两三年没有人肯来。

巫山凝真观，正对着巫山神女峰，陆游满怀虔诚走进观中拜谒。这巫山神女呀，一直充满着神奇。庙祝见来了大诗人，喋喋不休地介绍起神女的各种传说：每年的中秋之夜，月明星稀，巫山峰顶就会传来阵阵丝竹之音，山猿随之鸣叫，幽幽的，绵绵的，到天亮时才停止。庙祝指着庙后半山腰说：那里有一个平坦的大石坛，传说是夏禹见神女授符书的地方。此时此刻，天空晴朗，万里无云，陆游盯住前面的神女峰看，峰顶那数片白云，真是特别，它们如鸾鹤徘徊轻舞，久久不散去。巫山县令、县尉在旁边陪着陆游，他们一时也陶醉了。

九、夜谒白帝庙

二十六日，吃过大溪口如升斗般的大梨（如此大梨有点夸张），他们就往瞿塘峡进发，这也标志着陆游入蜀的行程进入了尾声。瞿塘峡的景色令人难忘，两壁对耸，上入霄汉，石壁如削般平坦，峡中水流平缓，站在船头望天，天如一匹长练挂着。陆游心里清楚得很，此时乃枯水季，要是往常，那不得了：

四月欲尽五月来，峡中水涨何雄哉！
浪花高飞暑路雪，滩石怒转晴天雷。
千艘万舸不敢过，篙工柂师心胆破。
人人阴拱待势衰，谁敢轻行犯奇祸。
一朝时去不自由，山腹空有沙痕留。
君不见陆子岁暮来夔州，瞿唐峡水平如油。

（《剑南诗稿》卷二《瞿唐行》）

晚上就到了瞿塘关，其实，这个时候，陆游已经算正式进入夔州，瞿塘关，就是唐代的夔州，和白帝城相连。下船，入关，陆游夜谒白帝庙。陆游第一次夜谒，他看到了什么？高大的古松柏，古碑，皆是后蜀时所立；有越公堂，初为隋朝杨素所建，杜甫的赋诗已经看不见，看建筑，这个堂应该是近年所修，也很不错；庭中有石笋，建中靖国元年，黄庭坚题了字。

瞿塘关的东边，东屯，就是杜甫的故居，那里是陆游在夔州的精神寄托。到夔州的第一件事，他就想去拜谒。

二十七日一早，船泊瀼江西边，陆游抬头望，山麓沙上，夔州府衙前的旗幡在冷风里呼呼地飘着，五个半月，十五州，换了五次船，五千多里山水，还有这一身的疲乏，他心里真不确定，他要在此待多久？他的未来究竟在哪儿？

第九卷 入蜀记（中）

一、寻杜

安顿好一家大小，陆游先去拜见主要领导，一把手王伯庠（1106—1173），他是山东济南人，南渡后居住在明州的鄞县。王是宋高宗绍兴二年（1132）进士，登第后，先做明州教授，后提拔为侍御史，知阆州、夔州、温州等，他是一个典型的知识分子，诗词均佳，写了不少书，也有不错的政绩。

眼前的王伯庠，六十多岁的人了，颇显老态，但神态和蔼可亲，又都来自遥远的浙江，陆游和他的情感，似乎一下子拉近了许多。王伯庠极欣赏陆游的才华，他笑眯眯地对这位下属说：朝廷让你分管学事，兼管内劝农事，我们夔州这地方，地方虽大，但贫穷荒凉，人口不多，事情自然也不多，且又远离京城，不过，此地山水确实不错，值得好好欣赏。在这山高皇帝远的地方，官员们只有自己照顾自己了。

拿着政府的薪俸，自然要做事，尽心尽职，这是陆游的为官原则，不论何地何时，他不混日子。按程序，先向朝廷写一份《通判夔州谢政府启》，表明自己已经到达任职地，相当于工作计划，好让朝廷知道你在干什么。然后，他深入基层走访，体察了解人民的现实生活。我们无法还原陆游在夔州工作和生活的日常细节，好在，一年四个月中，他留下了五十九首诗，我们可以从诗作中还原他的一些现场。比如：

峡中山多甲天下，万嶂千峰通一罅。
峒民无地习耕稼，射麋捕虎连昼夜。
女儿薄命天不惜，青灯独宿江边舍。
黎明卖薪勿悲吒，女生岂有终不嫁？

（《剑南诗稿》卷二《书驿壁》之二）

这基本上是一幅夔州百姓的日常生活图。山连山，峰叠峰，这样的地势，注定没有多少地可以耕种，百姓靠什么生活呢？男人们只有打猎糊口，麋鹿，老虎，野猪，山中的那些动物，就是猎人们的追逐对象，有些动物习惯夜出，那就要不分白天黑夜地守候。女人们呢？日子也好不到哪里去，清晨很早就要上山打柴，根据诗人的观察，此地还有不少大龄女子，到老都难嫁，因为战乱，男子少，养家的责任也重。

其实，陆游此时看到夔州女子的境况，可能要好于杜甫那个时期，杜甫曾写过夔州女子的惨状，陆游脑海中如画般刻着：

夔州处女发半华，四十五十无夫家。
更遭丧乱嫁不售，一生抱恨长咨嗟。
土风坐男使女立，男当门户女出入。
十犹八九负薪归，卖薪得钱应供给。

（杜甫《负薪行》）

乾道七年（1171）腊月乙卯日，夔州下属的巫山县知县李德修给陆游发来了邀请函：我们新修了“对云堂”，请领导来参加落成典礼。

此堂和杜甫有关。

大历三年（768），正月中旬，杜甫出夔州，经过巫山县，与当地朋友在此宴饮，有诗《巫山县汾州唐使君十八弟宴别兼诸公携酒乐相送率题小诗留于屋壁》为证：

卧病巴东久，今年强作归。
故人犹远谪，兹日倍多违。
接宴身兼杖，听歌泪满衣。
诸公不相弃，拥别惜光辉。

建中靖国元年（1101）年，黄庭坚从蜀地到荆州，路过巫山，寻访杜甫在巫山的遗迹，住在了县衙的东堂，留字壁间，有“坐卧对南陵，云山阴晴变态”之语。距黄庭坚寻杜已过七十年，李德修在遗址上修起了这个堂，陆游高兴坏了，宴席上不断举杯，直至大醉，省油灯下，窗外梅花怒放，陆游应李德修之请题名并写下了《对云堂记》（见《渭南文集》卷十七）。是分内工作，也是对杜甫的一种深深致敬。

杜甫在夔州居住过两年，留下了四百三十多首诗，这些诗，在杜诗的艺术宝库中占有极其重要的地位，是高峰。心中的偶像，陆游得细细地寻访和感受。事实上，这一段经历，对陆游诗风的改变，也具有里程碑式意义，我们或者可以这样理解，陆游诗从江西诗派，鼻祖正是杜甫，虽没有杜甫居夔时的落魄和穷困，但杜甫在夔州给他留下了刻骨铭心的感同身受，他真正走进了杜甫那博大而宽广的内心，诗风开始转变。

杜甫在夔州曾经换过四个住处，赤甲、西阁、瀼西、东屯。除赤甲不可考外，其他三处，陆游都详细走访，《东屯高斋记》（见《渭南文集》卷十七），将对杜甫的崇敬之心发挥到了极致。

到夔州的几个月时间中，陆游多处考察杜甫居夔州的遗迹，他考察发现，杜甫曾将三个地方都叫作“高斋”，次水门，白帝城高斋；依药饵，瀼西高斋；见一川，东屯高斋。白帝城那个高斋，早就不见踪影了，白帝城以前曾毁坏过数百年时间；瀼西，就在夔州府边上，也早就变成了街市；只有东屯这个高斋，一李姓人家住着，且已经居住了数代。李家此时的主人叫李襄，是个进士，日子应该过得还不错。

总算找到了一处。此高斋，负山带溪，位置好，陆游参观考察后，甚至都有点羡慕起李襄了：你这位置，读书弹琴放歌，真是过日子的好地方呀，你的生活，和当年的杜甫完全不同，杜甫居此不到一年，而你家已经居住几代，你比杜甫幸福多了，你也比我幸福多了，我只能做个鸡肋似的小官，回家也无地可种。

陆游不断感叹，为杜甫的坎坷境遇抱不平，这样的大才，竟然不为朝廷所用，生活贫困，落魄巴蜀，他读杜甫诗“小臣议论绝，老病客殊方”之句时，不禁痛哭流涕，他能体味出杜甫报国之心的痛，这种痛与读荆轲的伤悲、读阮籍的绝望，都不能相比。

陆游对杜甫的感情，非一般人能比。在入蜀的行程中，杜甫就如一盏明灯指引着他，他多处写到了杜甫，比如，船经过公安，立即想起杜甫《移居公安》《留别公安太易沙门》《晓发公安》等诗，陆游推断，杜诗人应该是秋天至公安，暮冬才离去。陆游常常将缅怀和考证相结合，无论作诗为人，杜甫都是他的榜样。

这一夜，他又登上了白帝城，想起杜甫也常在此怀古伤情，陆游的思绪就迅速进入了杜甫丰富的精神世界中：

拾遗白发有谁怜，零落歌诗遍两川。
人立飞楼今已矣，浪翻孤月尚依然。
升沉自古无穷事，愚智同归有限年。
此意凄凉谁共语，夜阑鸥鹭起沙边。

（《剑南诗稿》卷二《夜登白帝城楼怀少陵先生》）

眼前的杜甫，是立体的，可触可摸的。苍苍白发，佝偻着背和腰，一步步吃力地登上了楼，静浪并不喧闹，却依然能感觉出它的汹涌，空中明月高悬，但在杜诗人眼中，却是那么孤单。陆游和杜甫，两位诗人在不同的时空中角色转换，陆游登楼思杜，身临其境的凄凉，洒满地，浸满江。陆游久久不愿离去，夜渐深，忽然，扑棱棱，鸥鹭从江边惊起，它们拍打着翅膀，隐没在漆黑的群峰中。

二、继续寻杜

四月十九日，成都，杜甫草堂沧浪亭，人山人海，人们在干什么呢？他们在过浣花节。此节，是为了纪念唐朝西川节度使崔宁的夫人任氏。这个传说是这样的：崔宁应诏回长安，有敌来犯，任夫人率守城军民，奋力抵抗，最终赶跑了敌人，蜀人感其恩德，在浣花溪畔设浣花夫人祠纪念。四月十九日，就是浣花夫人的生日，每年这一天，百姓都会从四面八方赶来，参加游乐活动。陆游在成都，多次参加这个活动，不过，他惦记的，依然是杜甫，来草堂，正好可解惦念之思。

自淳熙二年（1175）春至淳熙五年春，陆游一直在成都居住。这座繁华的都市，到处都是名胜古迹，陆游自然满心欢喜，不过，杜甫的踪迹，仍然是他追逐的重点。淳熙四年十一月的一天，阳光和暖，陆游又到草堂拜谒杜甫，看着杜甫像，崇敬与同情与自怜，诗句迅速溢满胸间：

清江抱孤村，杜子昔所馆。
虚堂尘不扫，小径门可款。
公诗岂纸上，遗句处处满。
人皆欲拾取，志大才苦短。
计公客此时，一饱得亦罕。
厄穷端有自，宁独坐房琯？
至今壁间像，朱绶意萧散。
长安貂蝉多，死去谁复算？

（《剑南诗稿》卷九《草堂拜少陵遗像》）

浣花节人山人海，可平时，杜甫草堂却门可罗雀，纪念堂中，满是灰尘，一幅落寞景象，诗圣在草堂居住，生活清苦，连一顿饱饭也变得艰难起来了，不过，这并不妨碍崇拜者的敬仰。在陆游看来，杜甫的诗，不仅仅只有写在纸上的那些，更有许多遗失的，他必须努力多方搜寻，欣慰的是，眼前的杜甫像，和众多灰飞烟灭的达官贵人，成了一个极好的对比，人们永远纪念诗圣，包括他陆游。

杜甫在蜀的足迹，只要有机会，陆游都会去寻找。

乾道八年（1172）春初，陆游结束了夔州的任期，应王炎之邀前往南郑（今汉中），经过阆中，而此处，杜甫曾两次来过，留下六十多首诗，阆中人就在与城相望的锦屏山，建起了杜甫祠堂纪念。自然，陆游就是奔着纪念堂去的，《游锦屏山谒少陵祠堂》，再次颂扬诗圣：

城中飞阁连危亭，处处轩窗临锦屏。
涉江亲到锦屏上，却望城郭如丹青。
虚堂奉祠子杜子，眉宇高寒照江水。
古来磨灭知几人？此老至今元不死。
山川寂寞客子迷，草木摇落壮士悲。
文章垂世自一事，忠义凛凛令人思。
夜归沙头雨如注，北风吹船横半渡。
亦知此老愤未平，万窍争号泄悲怒。

（《剑南诗稿》卷三）

从诗风看，这种慷慨激越，是陆游内心愤愤不平的自然爆发，并由杜及己，极抒自己长期空怀报国之志，却无门无功，郁闷并没有随着如注的大雨而消失，相反，冷风将他的热心越吹越凉。此行虽是去南郑，离他心中的前线越来越近，不过，他依然忐忑。

陆游寻找的不仅仅是杜甫遗失的诗，还包括他的后裔。

淳熙元年（1174）夏，陆游在蜀州（今崇州）权知州，找到了杜甫的后裔，有《野饭》诗的自注为证：

可怜城南杜，零落依涧曲。

面余作诗瘦，趋拜尚不俗。

陆游的自注为：杜氏自谱，以为子美下硖留一子守浣花旧业，其后避成都乱，徙眉山大垭，或徙大蓬云（《剑南诗稿》卷五）。

虽然有人怀疑，杜甫并没有儿子留在草堂，但杜甫和陆游相距只有四百多年，后裔找到的可能性还是极大的。

三、王炎再邀

仍然回到夔州。

乾道八年年初，寒气将周遭笼盖，陆游伏在昏暗的书桌上写一封重要的信，三年任期即将结束，自己的去处在哪？如果没有新的职务，生活就会无着落，即便东归，路费也凑不齐，只好硬着头皮，给左丞相虞允文写信，好歹，虞是熟人。对着老熟人，简直就是倾诉，写着写着，陆游的眼泪也不断往下掉：

某行年四十有八，家世山阴。以贫悴逐禄于夔。其行也，故时交友醵缗钱以遣之。峡中俸薄，某食指以百数，距受代不数月，行李萧然，固不能归，归又无所得食。一日禄不继，则无策矣。儿年三十，女二十，婚嫁尚未敢言也。某而不为穷，则是天下无穷人。伏唯少赐动心，捐一官以禄之，使粗可活；甚则使可具装以归，又望外则使可毕一二婚嫁。不赖其才，不藉其功，直以其穷可哀而已。

（《渭南文集》卷十三《上虞丞相书》）

此信今天读来，依然让人感觉酸苦，靠俸禄为生的人，一天没有俸禄，便不能生活，如果一个人还好，关键是一大家子，几十口人。三十岁的儿子，二十岁的女儿，都还没有成家，天下没有比他更穷的人了。

夔州任上，尽管陆游的官阶，由正八品的左奉议郎升为从七品的左承议郎，俸禄还是杯水车薪，此信虽有些夸张，但穷困也是实情。

信发出后，陆游有些不放心，他又想起了王炎。三年前，四川宣抚使王炎，曾请他去做幕僚，但那时，他长久闲居，对朝廷还有大的期待，于是搁下，到了年底，朝廷却来了夔州任的通知。现在，他知道，王炎已经升任枢密使了，他想去川陕的念头又冒了上来，再给王炎写一封信吧（《渭南文集》卷第八有《上王宣抚启》），表达一下自己强烈抗金和报国的愿望和决心，再说，从夔州去彼地，也算方便。

陆游一直没有收到虞丞相的回信，个中原因是，虞允文彼时正重病在身，无法顾及陆游。而王炎，却张开双臂，热烈拥抱陆游。乾道五年三月，他任四川宣抚使的当月，就向陆游发出过邀请，这次，陆游主动要求，大好事，既有浓厚的报国心，又有一身好武艺，上马击狂胡，下马草军书，他太需要陆游这样的文武人才了。王炎给陆游安排的职务是：干办公事兼检法官，襄赞军务。相当于重要的军事秘书岗位。

接到王炎的邀请，陆游一时心情大好，他心中久埋着的种子，似乎就要发芽。安顿好家人，立即只身奔赴南郑（汉中）。

跨万州、梁山、邻水、广安、岳池、南充、阆中、利州，直抵南郑。一路上，陆游看山看水，都有一种别样的生机，“春风桃李方漫漫，飞栈凌空又奇观。但令身健能强饭，万里只作游山看”（《剑南诗稿》卷三《饭三折铺铺在乱山中》），三月十七日，陆游到达王炎的征西大幕帅府，开启了全新的人生。

四、南郑时间

在南郑，我称之为陆游的南郑时间，陆游人生历程中的重要闪光符号。

细梳一下陆游这一年（乾道八年）的时间表：

正月从夔州出发，三月抵南郑；三月到九月，在南郑；九月从南郑到阆中公干，十月回南郑（王炎幕府已散）；十一月离南郑，十二月抵成都过年。

重点说在南郑。虽然，宋金处于和平时期，但陆游首次从戎，内心依然充满激动和期待，他期望这里有不一样的人生，实现平生报国志愿。

总体来说，这八个月，陆游的行动轨迹，以南郑为圆，半径三百里，除了正东一面，他的足迹都到达过。他的日常工作，主要处理宣抚使司的日常文案，起草文件，并为王炎出谋划策，但他也经常要外出，到前线观察地形，侦察敌情，搜集军事情报，顺便和同僚们一起打猎，业余时间，则偶尔有军中宴乐。

且举三首诗佐证。

骄风起海澨，浩荡东北来。
铁骑掠阵过，秋涛触山回。
老夫北窗下，坐守寒炉火。
处世困忧患，万事学低摧。
便欲灭灯睡，门闭不敢开。
并海固多风，汝孱良可哀。
念昔少年日，从戎何壮哉！
独骑洮河马，涉渭夜衔枚。

（《剑南诗稿》卷二十六《岁暮风雨》）

最后一个字，“枚”是什么？夜晚侦察行军时，为防止士兵和马发出声音而衔在嘴里的木片，“衔枚”，一个动作，悄无声息的紧张感，呼之欲出。而这不是一般星月朗照的夜晚，陆游选择的夜晚，大雪纷飞，寒气逼人，行着行着，前面出现了河面，幸好河水不深，挽紧马，小心过吧。涉过河后，人和马身上，都呈一片霜白。这种侦察活动极为辛苦，“我昔从戎清渭侧，散关嵯峨下临贼。铁衣上马蹴坚冰，有时三日不火食”（同上卷十七《江北庄取米到作饭香甚有感》）。对面就是敌人呢，要密切关注他们的行动，铁甲不能脱，随时都会有战斗，做饭的炊烟自然不能有，会被敌人发现，只能“山荞畬粟杂沙碜，黑黍黄穈如土色”（同上），饭里有硌牙的沙子，黑黍黄穈发霉如土色，热饭都吃不上一口！

中岁远游逾剑阁，青衫误入征西幕。
南沮水边秋射虎，大散关头夜闻角。
画策虽工不见用，悲吒那复从军乐。
呜呼！人生难料老更穷，麦野桑村白发翁。

（《剑南诗稿》卷三十八《三山杜门作歌》其三）

三四两句为关键，一射虎，二大散关。

陆游在诗中多次提到打老虎，念念不忘，这应该为真。宋代老虎多是大前提，而在深山密林中行军，撞见老虎，情理之中，况且，陆游不是一个人，他带着几十个人的队伍呢。当一只吊睛白额、正处于哺乳期的母虎突然出现在陆游他们的眼前时，久习武事的他，紧握着长矛，毫不犹豫地率先冲了过去，其实，在他心中，面对的不仅仅是虎，而是如虎一样的敌人，搏杀的力量中，深含着他杀敌的勇气。

绍兴十一年（1141），宋金第二次签署和议，史称“绍兴和议”，和议规定，宋帝向金称臣，并要“世世子孙，谨守臣节”，宋每年向金纳银和绢各二十五万两、匹，宋割唐（今河南唐河）、邓（今河南邓县）二州及商（今陕西商县）、秦（今甘肃天水）二州之大半给金。这样，东以淮河中流，西以大散关（今陕西宝鸡西南），就成了宋金的疆界，以南属宋，以北属金。所以，陆游的诗中常出现“大散关”，大散关指代火热紧张的前线。他最有名的当数《书愤其一》中的“大散关”了：“早岁哪知世事艰，中原北望气如山。楼船夜雪瓜洲渡，铁马秋风大散关。塞上长城空自许，镜中衰鬓已先斑。出师一表真名世，千载谁堪伯仲间。”铁马秋风，气势咄咄逼人。

四十从戎驻南郑，酣宴军中夜连日。
打球筑场一千步，阅马列厩三万匹。
华灯纵博声满楼，宝钗艳舞光照席。
琵琶弦急冰雹乱，羯鼓手匀风雨疾。

（《剑南诗稿》卷二十五
《九月一日夜读诗稿有感走笔作歌》节选）

宋金和议既签，金人物质上都满足了，双方的边界，暂时得到了安定，陆游的兴奋，是因为眼前就是他长久理想将要实现的地方，其实，当时的边界，双方除了小冲突外，并没有大的战事，因此才有如此场面的军宴。酒对驻扎在南郑前线的南宋军人来说，既能壮胆，又能御寒，而光喝酒，太没意思了，跑马，打马球，蹴鞠，羯鼓，琵琶，一时热闹无比，或许，这也是另一种热身，是将士们临阵前的雄心与美酒的完美结合。南宋大营里喧闹震天，金人的探子，看着影影绰绰的兴奋人群，想不好回去汇报什么内容了。

陆游的这些激情诗，大多写于离开南郑时，离开四川，晚年居住在绍兴老家，一直到死，他都在怀念南郑时间。最著名的当数《诉衷情》词：

当年万里觅封侯，匹马戍梁州。
关河梦断何处，尘暗旧貂裘。
胡未灭，鬓先秋，泪空流。
此生谁料，心在天山，身老沧洲。

（《放翁词》卷下）

理想和现实，回忆和抒情，悲愤和凄凉，字字打击人的心灵！

烽火南郑，使得将诗当日记来写的陆游，一直处在亢奋中，他在南郑写下了一百多首诗，不幸的是，《剑南诗稿》中，我们只见卷三的十二首，且没有一篇是记述当时的军旅生活的。这是一个谜，关于此，陆游自己这样解释:舟行过望云滩，坠水中(《剑南诗稿》卷三七《感旧》诗六首之一自注)。乾道八年(1172)冬，陆游自南郑回成都途中，经过望云关，望云关下有望云滩，船小水急，一个侧翻，陆游装诗的行李落入水中，被嘉陵江的急流卷走。

这样的解释，虽合情理，依然是个谜。有专家提出，陆游这是故意弄丢的，为的是怕给人以口实。这一时期的诗，一定写了陆游与王炎的交往，赞颂有加，也肯定有不少的行军生活记录，还有侦察途中的即兴之作，这些都属于军事机密，再加上，宋孝宗后期，王炎已经成了一个政治忌讳，陆游自我判断，这些诗保存下来，不仅对自己不利，也对自己的子孙不利，干脆，毁了它，南郑岁月，日后再慢慢回忆吧！但这仅仅是猜测，和陆游光明而磊落的性格却不符合，干吗要毁？除了写得不好的扔掉，都要留下来！

澎湃激荡的南郑八个月，彻底改变了陆游的人生和诗风，随着时间的推移，南郑时间逐渐演化成了一种力量，一种思念，一种精神，并一直深深浸入至陆游的晚年，直至他人生的终点。

乾道八年岁暮，细雨阴冷，道路泥泞，巍峨两山间，陆游一行在艰难行进。这是著名的蜀道，李白《蜀道难》的诗句不时地冒出，陆游要往成都去，他的新职务是——成都安抚使司参议官，又是一个闲官。陆游的坐骑是一头瘦驴，一般的平路能骑，但陡峭处，人困难，驴也困难，不忍心，只好牵着，前面就是剑门关，满腔的诗情一下子又冒了上来:

> 衣上征尘杂酒痕，远游无处不消魂。
> 此身合是诗人未？细雨骑驴入剑门。
>
> (《剑南诗稿》卷三《剑门道中遇微雨》)

或许是剑门关太有名了，自南郑回成都的陆游，行至此地，思不能抑，一连写下五首，另外四首是:《志公院在剑门东五里院东石壁间有若僧负杖者杖端仿佛有刀尺拂子之状》《剑门关》《剑门城北回望剑关诸峰青入云汉感蜀亡事慨然有赋》《丹芝行》。蜀亡和眼前的南宋有什么联系吗？偏安一隅，国土破碎，强敌虎视，随时都有覆灭的危险。细雨阴冷，小道崎岖，昨夜酒喝得太多了，高兴了喝酒，不高兴了更喝酒，诗人摇摇晃晃，瘦驴顾自嗒嗒嗒嗒行走，诗人无法和驴子交流，看着两山壁立、仅容车马通一道的剑门关，大山仿佛将人压得喘不过气，一阵悲凉袭上心来，这还是一个诗人吗？身份谁也不能否认，只是，没有多少人能理解，这是一个充满家国情怀、渴望上战场的诗人，至少，那端坐在京城朝堂上一会儿主战一会儿主和的孝宗皇帝没有很好地理解他。

五、《天彭牡丹谱》

南郑的忙，成都的闲，陆游似乎又回到了从前。

安抚使司参议官，确实有点闲，没有具体的安排，所以，一旦辖区内的州暂时出现职务空缺，朝廷想到的第一替代人就是陆游，权代摄篆，就是代班的意思。乾道九年（1173）春，陆游奉命权通判蜀州；同年夏，摄知嘉州；次年三月初，离嘉州复返蜀州；九月，返回成都，不久即摄知荣州，十一月初才到任；除夕夜又接到新任职——朝奉郎、成都府路安抚使司参议官兼四川制置使司参议官，朝奉郎为正六品，升官了，但依然是参议官。正月初十，陆游匆匆离开荣州。

这样的马不停蹄，真正的屁股都没有坐热，不过，陆游依然勤勉，工作，写诗，赏景，交友，都不耽误，下面仅撷取陆游在嘉州任上的几朵浪花。

建浮桥：青衣江、沫水汇合处，两岸阻隔，往来不方便，浮桥建完后，江面上车辕都可以行走。

筑江堤：陆游到达嘉州的当年冬季，枯水季加农闲季节，正好可以修堤。此前，陆游观察到，当地筑堤都用竹笼装上碎石，几年就坏了，陆游改用大石头筑，可保长久。

秋操检阅：例行的军队战事演练，陆游一身戎装，料定他有动员讲话，那种气概，一定来自南郑，来自他久贮的抗金决心，“草间鼠辈何劳磔，要挽天河洗洛嵩”（《剑南诗稿》卷四《八月二十二日嘉州大阅》）！

陆游在成都的几年时间里，除了去下属州顶班外，大部分时间都居住在成都，其间，赏玩风景和山水，挖掘地方历史文化，差不多成了他的日常。

陆游喜欢花，比如梅花，而海棠王国的成都，真让他大大饱了眼福，凡是花园，陆游都想看，《花时遍游诸家园》，一写就是十首，自己都说是个“海棠痴”。离蜀前，他写下了多年考察观察彭州牡丹的心得，《天彭牡丹谱》，中国花卉史上的一篇重要文章。

为什么要写这样一篇跨度比较大的植物文章？看得多了，就看出了名堂，不写忍不住，这大约是写作《天彭牡丹谱》的前提。

他常常流连于城西沙桥上下，那里的牡丹，尤其超绝。而三井的李家，刘村的毋家，城中的苏家，城西的李家，他们种花都极有经验，陆游一家一家都仔细观赏过，这里的牡丹花开得比一般人家要好。

陆游梳理出天彭牡丹的简单发展史：以前，永宁院有寺僧，种出了好看的牡丹花，人们甚至将寺院称作牡丹院，一到春天，看花人云集。崇宁年间，当地百姓宋氏、张氏、蔡氏，从洛阳买了新品种牡丹来种；宣和年间，石子滩的杨氏，也从洛阳买了新品种牡丹来种，自此后，洛阳牡丹开始在天彭茁壮生长，种的人越来越多，以至于成了蜀中第一。

陆游看牡丹，不仅仅是走马观花，他一个品种一个品种，蹲着看，侧着看，晴天看，雨天看，仔细观察和记录。看过天彭百余种牡丹，分花色，他选出三十四种名品，并一一列出，不知这些品种有没有保存到现在，但看花名就让人移不开眼，迈不动脚。

红花二十一种：状元红、祥云、绍兴春、燕脂楼、金腰楼、玉腰楼、双头红、富贵红、一尺红、鹿胎红、文公红、政和春、醉西施、迎日红、彩霞、叠罗、胜叠罗、瑞露蝉、乾花、大千叶、小千叶。

紫花五种：紫绣球、乾道紫、泼墨紫、葛巾紫、福严紫。

黄花四种：禁苑黄、庆云黄、青心黄、黄气球。

白花三种：玉楼子、刘师哥、玉覆盂。

碧花一种：欧碧。

陆游实在是个好的观察者，上面三十四个品种，他一一描绘，摘举几朵。

> 状元红：重叶，深红花，其色与鞓红、潜绯相类，而天姿富贵，彭人以冠花品。多叶者谓之第一架，叶少而色稍浅者谓之第二架。以其高出众花之上，故名状元红。或曰：旧制进士第一人，即赐茜袍，此花如其色，故以名之。
>
> 祥云：千叶，浅红花，妖艳多态，而花叶最多。花户王氏谓此花如朵云状，故谓之祥云。
>
> 绍兴春：祥云子花也，色淡红而花尤富，大者经尺，绍兴中始传。大抵花户多种花子，以观其变，不独祥云耳。
>
> 双头红：并蒂骈萼，色尤鲜明，出于花户宋氏。始秘不传，有谢主簿者，始得其种。今花户往往有之。然养之得地，则岁岁皆双；不尔，则间年矣。此花之绝异者也。
>
> 欧碧：其花浅碧，而开最晚。独出欧氏，故以姓著。

简洁形象，彭州牡丹的品种和种植态势基本明了，甚至还给出暗示，好花品种，就是竞争力，因此，好花也不轻易传人。

另外还有三十二种，诸如转枝红、朝霞红、内人娇、玉抱肚、白玉盘等，陆游实事求是说明，他没有更多的研究，期待喜欢牡丹的人继续有新的发现。

弄花一年，看花十日，阴晴相间养花天，这是最好的看花天，牡丹花盛开，自太守至百姓，都将其当成节日来过，有花的地方就有人摆起桌子喝酒赏花，大路上，车马来来往往，歌声不断。

淳熙丁酉（1177），这一年的观牡丹季，成都帅在西楼下举行夜宴，事先，他派人用高价向花户买了数百个如尺大的牡丹花苞，快马骑送，到达宴会地点时，花苞上的露水都还未干，众宾客坐定，酒喝起来，歌唱起来，烛光与花相映发，酒杯中都映得出花的影子，一时繁丽动人！

陆游自然是这场宴会的参加者，不过，即便是在写牡丹，他也不忘记自己的使命，在文章的末尾，由这场奢华的宴会发出了感叹：面对破碎的国土，如此玩物，是不是也属丧志呢？！

我非常好奇，陆游的《天彭牡丹谱》，结构上完全模仿欧阳修的《洛阳牡丹谱》，为什么？其实，他的用意也极明显，将彭州牡丹与洛阳牡丹勾连在一起，为的是不忘洛阳，洛阳代表被金人占领的国土，看着眼前的牡丹，想着远方的沦陷区，想着恢复中原！

六、放翁来了

淳熙二年（1175）六月，范成大到了成都，任四川制置使，西北地方的军政最高长官，这给陆游的工作和生活带来不少信心，甚至是莫大的希望，因为范成大虽不是主战派，但显然与那些主和派完全不一样，抗金复国的理想，一时又在陆游心中燃起。

此前，入蜀路上，途经镇江，六月二十八日清晨，陆游在金山观日出，巧遇分别八年的范成大，他们曾经是京城任职的同事，彼时，范成大正以资政殿大学士、起居郎的身份出使金国，两人都见到了喷薄而出的太阳，晨曦初映，范成大意气风发，两人有谈不完的话，范成大还在金山的玉鉴堂宴请了陆游一家。六年后，两人又在成都相会，且是共事，虽是长官与部下的关系，但陆游一点也没有距离感，这一切，都因为有诗歌。

显然，陆游有点兴奋过头了。作为朝廷委派的镇守大员，范成大无疑是带了皇帝圣意来的，他无意冒进开拓，只想全力守边，维持安稳的现状。事实上，这一点，范成大做到了，边境严密防守，加上范的声望，金人也不敢来扰，边关一时无事，莺歌燕舞，灯红酒绿，就成了南宋官员们的常态。

而在陆游身上，北伐无望，极度忧虑，时时吞噬着他的内心，酒和诗就成了他最好的排遣方式，羯鼓，琵琶，歌舞，俏丽的姑娘，长夜的纵饮，他一概不拒，甚至有些放荡。花赏了一处又一处，诗写了一首又一首，酒喝了一场又一场，陆游和范成大，多有唱和，关系和谐，范成大让人建了个亭子，问陆游取啥名呢？陆游一想，范成大和张翰都是苏州人，就脱口说道：思鲈呀（《老学庵笔记》）。对官员来说，异地为官，思乡归隐似乎是最潇洒的事情。但这样的生活，显然只是苟活的表象："平生嗜酒不为味，聊欲醉中遗万事。清醒客散独凄然，枕上屡挥忧国泪"（《剑南诗稿》卷八《送范舍人还朝》）。唯有酒，可以暂时排遣那种深深浓浓的未酬壮志。

不过，陆游表面上的放浪行为，还是被投降派捉住了小辫子：

> 范成大帅蜀，游为参议官，以文字交，不拘礼法，人讥其颓放，因自号放翁。
>
> （《宋史·陆游传》）

虽为不实和夸大，但陆游还是被罢了嘉州知州，改奉桐柏山崇道观祠，这是陆游的第一次"奉祠"。"奉祠"是什么呢？简单说来，就是名义上的职位，官没了，但可以领一份薪水。奉祠制度，是宋代对官员的一种特殊照顾，一些老弱病的大臣或者不宜任命为实职的官员，安排主持管理宫观的祭祀，根据职级高低，奉祠的职位有：宫观使，提举，提点，主管。实际上，并不要求官员去宫观上班，挂个名而已。国家设立的道观，当时比较著名的有桐柏宫、洞宵宫等。但这个制度发展到后来，也成为打击报复异己者的一种方法，就是将官员搁置起来，无法干预政事，陆游的奉祠就是这一类。

除写诗针锋相对以外，陆游还想出了更好的办法，索性以"放翁"为号吧：

> 策策桐飘已半空，啼螀渐觉近房栊。
> 一生不作牛衣泣，万事从渠马耳风。

名姓已甘黄纸外，光阴全付绿尊中。
门前剥啄谁相觅？贺我今年号放翁。
（《剑南诗稿》卷七《和范待制秋兴》其一）

放翁来了，陆游第一次用“放翁”作为自己的别号。刹那间，天地间似乎起了一座高楼，楼上挺立着一位率性的诗人，他要与天地相和吟，他才不管那些心胸狭窄的孑孓小人，正好，我将整个世间都视为自己的花园。

陆放翁这个号，自此开始，一直伴他到终生，想来，这也算是歪打正着，唯有此号，才能显现他的性格。他在天地间自得其乐：“桥如虹，水如空。一叶飘然烟雨中。天教称放翁”（《剑南诗稿》卷十三《长相思》五首其二），“梅花重压帽檐偏，曳杖行歌意欲仙。后五百年君记取，断无人似放翁颠”（《剑南诗稿》卷三十三《园中绝句》），“天亦命放翁，用此以养生”（《剑南诗稿》卷四十八《养生》）。二十多年过去，嘉泰二年（1202）夏，陆游又好好地将“放翁”总结了一下，真是太感谢这个替他取号的人了：

拜赐头衔号放翁，家传不坠散人风。
问年已过从心后，遇境但行无事中。
马老岂堪空冀北，鹤飞犹得返辽东。
道傍跌宕烦君看，阅尽时人脸尚红。
（《剑南诗稿》卷五十一《放翁》）

范成大在成都只待了两年，淳熙四年（1177）六月，他离开成都。范离去，陆游更加落寞，依然不断地闲游，拼命地喝酒，然后喷薄出无数的篇章。这一年的十月，京城文件来了，任命陆游为叙州（今四川宜宾）知州，不过，上任期要等，等到下一年的冬天。南宋的组织部门实在有点滑稽，是太闲还是细致？或者是冗官太多，安排不过来？再或者又是打击人的新手段？当年十月下的任职通知，要到次年冬天才能上任。

幸好，淳熙五年(1178)春正月，躺在京城温暖皇宫龙床上的孝宗，读了陆游不少蜀地的诗作，突然满腔感慨：真是个“小李白”呢，当年赐他同进士出身，他在蜀地也已经好久了，叫他回来吧！

暮春时节，大地回暖，蜀中大地一片春光烂漫。五十四岁的陆游，将五岁的儿子子布留在成都，带着妻子儿女，自成都沿水路东下。站在船头的陆游，不断向前来相送的好友张缜、李石等人挥手告别，他看着张缜紧紧地抱着子布，心里满是感动。船上有一张俏丽的面孔，她望着渐渐远去的故乡，似乎有点惆怅，那是陆游在成都纳的小妾杨氏，尽管妻子王氏板着面孔，但看着这一大家子人，还有将船塞得满满的沿途购买的大量的书，陆游似乎有些满足，阳光映满他长长髭须的下巴，脸上的笑容，犹如岸边勃发的柳树枝条那般生动。

七、草堂侍杜

陆游在蜀八年，留诗八百六十七首，这几乎占了他现存诗的十分之一。

细加翻阅，夔州五十九首，夔州至南郑五十首，南郑至成都三十七首，成都三百八十九首，蜀州九十一首，嘉州一百一十八首，邛州三十首，荣州二十一首，另外还有大邑、新都、广都、汉中等若干首。

一直以来，诗歌就是陆游记录工作和生活的日常，比如，他到处寻梅，一连有二十二首梅花诗，宴游少不了，竟然有七十多首，寻访寺院道观，与僧人道士结交，他都会有记录。

天地间，陆游就是一颗神奇的种子，落到哪里都会茁壮发芽。大地的滋养，人文的滋养，环境的影响，锻造出了不少精品，李白的超级恣肆汪洋，杜甫的深厚人文悲悯，陆游都兼收并蓄，特别是杜甫，陆游一生皆尊杜学杜，视其为心灵的导师，重要的精神支柱。

清嘉庆十七年(1812)，杜甫草堂又一次重修，这一次，主政官员，四川总督常明，四川布政使方积，成都知府曹六兴，他们共同作出了一个重要的决定，在杜甫祠堂中，将陆游请进，陪祀于杜甫的身边。理由是：陆游与杜甫，心迹之同也。也就是说，陆游与杜甫，都有浓厚的爱国情怀。这件事，著名文人杨芳灿有《修杜少陵草堂以陆放翁配飨记》为证。

仔细梳理陆游和杜甫，还真是许多地方相像，都是客居蜀地多年，境遇也有不少相同处，诗风更有传承，又都去蜀而不能忘蜀，这样的诗人，必须让他们在一起，否则，杜诗人太寂寞了。

陆文杰，陆游的第二十一世孙，幼年时随做官的父亲在蜀居住，著有《松月山庄诗集》。陆文杰自己说，他在震泽做县丞时，江苏人王之佐送了一幅《笠屐图》的拓本给他，后来，这个拓本不慎遗失，巧的是，在成都，又从赵桂生处得到了这个拓本。清道光十七年（1838），他去杜甫草堂拜谒，看见陆游配享在侧，杜甫有石刻像，而陆游没有，于是，陆文杰就将那幅《笠屐图》刻石，并撰文刻石嵌壁（清代王培荀《听雨楼随笔》卷六《山阴陆文杰》）。

陆文杰刻石嵌壁处，在工部祠前廊左侧，杨芳灿《修杜少陵草堂以陆放翁配飨记》石刻，在工部祠前廊右侧，两碑遥遥相对。

清光绪十年（1884），杜甫草堂再次重修，这一次，他们将黄庭坚也请到杜甫的身旁，理由自然也是心迹相同，黄庭坚，黄山谷，本来就是江西诗派的主要倡导者。从那时到现在，人们进草堂拜谒杜甫时，杜大诗人的左边是陆游，右边是黄庭坚，“荒江结屋公千古，异代升堂宋两贤”，三位诗人，或者交头接耳，切磋讨论，或者大笑开怀，纵情疾呼，一时热闹至极。

将诗稿命名为《剑南诗稿》，这一定是一个长久而郑重的决定，来自蜀地的王氏与杨氏的朝夕相伴，长子陆子虡娶的也应该是蜀地女子，自然还有令其心心念念的南郑，蜀地，成了陆游生命中最重要的亮丽符号。

第十卷 建安抚州记

一、提举福建常平茶事

淳熙五年（1178）八月，陆游满怀希望回到京城，休息了几天，孝宗百忙之中接见了他。陆游望着比他小两岁的孝宗赵眘，头上白发差不多已经盖满，威严的神情难掩疲惫。赐座。谢皇上。必需的礼节后，陆游有些放松下来。

“务观爱卿，这次入蜀，时间长了些，不过，爱卿的情况朕还是清楚的，你对国家和朝廷忠心耿耿，有激情，做事勤勉。”皇帝这样开场的意思很明白，你不要有什么怨言，你的一切都在我的掌控之中。

“谢皇上挂念，臣一切安好。所有的困苦，臣都不怕，就怕闲着。”陆游答的是真心话，自宁德主簿初仕以来，无论什么职位，他都努力为之，干好了才是对国家负责，也不辜负推荐他任职的人。

“爱卿的诗才也越来越高，你的许多作品，我都读过。楼船夜雪瓜洲渡，铁马秋风大散关。写得真好！朕佩服爱卿的雄心壮志，朕喜欢爱卿诗中的豪情气概。朕也想有作为呀，可是，朝廷的事情太复杂，金人太野蛮，太贪婪，北伐的事，弄不好就自伤八百，国家还有灭亡的危险。”皇帝说的也是事实，朝堂上，永远都是一会儿主战，一会儿主和，从历史看，主和派把持朝政的时间更长。

“陛下呀，抗金和复国，主要取决于您的决心和意志，我们和金人，斗智也斗勇，金人表面强大，内里其实也虚，岳飞韩世忠张浚，许多次战争实例都可以证明金人也有弱的地方，而且，我国百姓抗金的积极性很高，每年交给金人巨量的银子和帛绢，都是百姓的血汗钱。臣以为，决心，人才，策略，民意，几方面合力，形势就会逆转！”陆游依然试图说服皇上，鼓足勇气，任用贤能，可是，他知道，眼前这位皇帝，虽然有恩于他，也算勤勉之君，但在多方的夹缝中，仍然显得有点胆小。

“务观爱卿，你说的这些我都理解，可事情远没有你想的那么简单。我们还是说点别的有趣的事情吧，巴蜀的风物风情历史，听说你带回了一个漂亮小妾？”皇帝说完，看着陆游慢慢泛红的脸，似乎有点小得意。

这场君臣问答，表面轻松，陆游心里，却不断升起凉意，皇帝已经不太关心抗金收复的事了，就在这一年的正月，主战派陈亮上书论时政，遭到孝宗的宠臣曾觌（龙大渊已死，曾觌依然活跃）的排斥，礼部尚书范成大也被罢回乡了。而后的任命，更让陆游心凉：提举福建常平茶事。去那里管茶叶生产吧，多弄点税收，管牢每年给皇家上贡的茶叶质量。

离开山阴已经九年了，去福建任新职前，必须要回去一下。

陆游这次返回故里，差不多住了一个半月时间。房子长时间没人住，很快就会破败，风雨中的三山别业，不少地方已经残破不全，必须好好整修。邻居老友，周边风景，都要去拜访看看，疲惫的心，只有回到如画的山阴，才会安定下来。

故乡的一点一滴，似乎都促动着诗人敏感的神经，这一个半月，陆游写下二十多首诗，风情依然是主体，不过，刚刚归来的蜀地，也如一个鲜活的人，开始入他的梦了，这些梦在他以后的岁月里，一直会持续到人生的终点。

放翁五十犹豪纵，锦城一觉繁华梦。
竹叶春醪碧玉壶，桃花骏马青丝鞚。
斗鸡南市各分朋，射雉西郊常命中。
壮士臂立绿绦鹰，佳人袍画金泥凤。
椽烛那知夜漏残，银貂不管晨霜重。
一梢红破海棠回，数蕊香新早梅动。
酒徒诗社朝暮忙，日月匆匆迭宾送。
浮世堪惊老已成，虚名自笑今何用。
归来山舍万事空，卧听糟床酒鸣瓮。
北窗风雨耿青灯，旧游欲说无人共。
省庵兄以为此篇在集中稍可观，因命写之。游。

（《剑南诗稿》卷十《怀成都十韵》）

“放翁五十”，虽是诗韵的要求，写下这四个字，陆游还是有点难为情，已经五十四了，浮世堪惊老已成，诗酒茶，美女桃花骏马，还有斗鸡和打猎，锦城的美好生活，真是让人留恋。陆游写完这首诗，站在一旁的陆子元连连夸奖，子元叫省庵，是陆游的同祖父从兄，省庵接着鼓动陆游：务观兄有一手好字，不如将此诗书法，送给我！陆游擅长行草，朱熹称赞“务观笔札精妙，意致高远”，不一会儿，一幅纵三十四点六厘米，横八十二点四厘米的纸本行草就展示在省庵的面前，省庵看着陆游的书法，高兴得有些手舞足蹈。

陆游的这幅亲笔书法，现为北京故宫博物院收藏。笔力跌宕振发，风起波涌，书风亦瘦硬通神，清健洒脱，性功两见，词翰双美。后纸有明陆釴、谢铎、程敏政、王鏊、周经、杨循吉、沈周题跋。卷中钤有清乾隆、嘉庆、宣统内府诸玺及“商丘宋荦审定真迹”“陈宗后印”等鉴藏印章。

淳熙五年（1178）十月末的一天，天下着大雨，陆游只身自山阴启程，或者，他只带老三或老四随行照顾，家小都留在了三山别业。因雨太大，道路泥泞，当天只好在天章寺借宿了一晚，不过，心情还不算坏，“解衣一笑僧窗下，几两青鞋了此生”（《剑南诗稿》卷十《大雨中离三山宿天章寺》），既然想通了嘛，哪怕前程长路漫漫。

经过诸暨的干溪、枫桥、双桥、牌头，到达义乌，过义乌绣川驿、湖头寺，没几天就到了衢州道中，江山江郎山那三座巨石峰，惹得陆游诗兴大发，一连吟了两首：

奇峰迎马骇衰翁，蜀岭吴山一洗空。
拔地青苍五千仞，劳渠蟠屈小诗中。

（《剑南诗稿》卷十《过灵石三峰》其一）

陆游一反以往有点严肃的面孔，调皮起来了，这三座石峰呀，你们太高了，你们吓倒我老汉了，五千仞，一仞约等于七八尺，你们拔地向天，盖过蜀道，盖过吴山，但是，且慢，你们虽高，真不算什么，我不怕你们，劳烦你们蜷缩到我的小诗中来吧！诗人的幽默和气概，就是一种胸怀，再大的困难，也吓不倒他！

过仙霞岭，然后南下，进入建宁府，再途经浦城、水吉。十一月的天，闽中山区已是彻骨的寒冷，浦城道中的鱼梁驿，溪流绕屋，夜里又下雨，炭炉虽然烧得很暖和，但凌晨醒来还是觉得冷，得加炭才行。

终于到达建安郡（现福建建瓯市）的提举福建常平茶盐公事任所。

别看此地偏僻，却和孝宗赵昚有关。他先是被高宗分封建州（今建瓯）做建王，不久被立为太子。孝宗认为，建州这地方有帝王之气，破格擢升建州为建宁府。建宁府是南宋全国的十个府城之一，下辖建安、瓯宁、建阳、浦城、崇安、松溪、政和等闽北各县，府治设在建安，是闽北的政治、经济、文化和交通中心。

陆游到达任所，正是建安腊梅漫山遍野绽放的时候。爱梅之人，见了如此别致的梅花，自己的心情也如梅花般盛开，他一口气写下十首咏梅诗：

其一

空谷佳人洛浦仙，洗妆真态更婵娟。
广平莫倚心如铁，撩起清愁又破禅。

其二

月中疏影雪中香，只为无言更断肠。
曾与诗翁定花品，一丘一壑过姚黄。

其八

探春岁岁在天涯，醉里题诗字半斜。
今日溪头还小饮，冷官不禁看梅花。

（《剑南诗稿》卷十《梅花绝句》）

这梅花，是空谷佳人，是河洛之神，姿态曼妙优雅。一日，曾几老师问陆游：梅花与牡丹，你认为哪一种更好呢？当时，陆游答得王顾左右而言他，牡丹自古以来就是第一，而梅花却有不同的说法。虽然，陆游在蜀地专门写了彭州的牡丹，对其大赞，但看了建安的梅花，陆游觉得它更能和人联系，撩他这个冷官的心魄，梅花树下饮酒题诗，歪歪斜斜的字体，正是断肠人心声的倾泻。陆游眼里，这里一丘一壑的梅花，都要超过彭州百姓姚氏家的千叶黄花牡丹，虽然那是最好的牡丹。其实，陆游这是借此地梅花，赞他心中所有的梅花，蜀地梅花，临安梅花，山阴梅花，皆无意争春，任群芳嫉妒，尽管知道终要零落成泥成尘，依然香如故。那些苟且的主和派，你们这样做安心，就这样做吧，我不会和你们同流的！

情抒够了，皇帝交代的工作也耽误不得。陆游工作的第一件事，就是去凰山的北苑茶焙生产基地巡视，那里方圆三十里，北苑贡茶的历史已经数百年了，算是御茶园，凰山山麓，还建有茶署。从凰山脚往上走约三里，有九道门，沿路建有亭台轩榭，其中最大建筑叫中堂。在最后山坡的一块巨石上，有早期茶盐官宋襄书法的碑文，说明贡茶园的性质隶属与范围。碑刻至今已九百八十年，仍文字清晰，是国家级文物保护遗址。

天下之茶建为最，建之北苑又为最。宋徽宗甚至亲自为北苑贡茶写了一部专著《大观茶论》:“本朝之兴，岁修建溪之贡，龙团凤饼，名冠天下。”宋襄还在龙凤团茶的基础上，创制了小龙团。欧阳修在《归田录》中记载“其品精绝，谓之小团，凡二十饼重一斤，其价值金二两，然金可有而茶不可得”。陆游自然也对建安茶倾注了十二分的热情，为其打出了天下第一的广告:

建溪官茶天下绝，香味欲全须小雪。
雪飞一片茶不忧，何况蔽空如舞鸥。
银瓶铜碾春风里，不枉年来行万里。
从渠荔子腴玉肤，自古难兼熊掌鱼。

（《剑南诗稿》卷十一《建安雪》）

经过冬的酝酿和寒雪的洗礼，建安茶以蓬勃的姿态活跃在春风里，白茶汤在黑茶盏上空画出淡淡的袅袅云烟，入腔绵绵醇厚，喝着这样的茶，也不枉万里之行了。

北窗高卧鼾如雷，谁遣香茶挽梦回。
绿地毫瓯雪花乳，不妨也道入闽来。

（《剑南诗稿》卷十一《试茶》）

新茶已经出焙，小吏仔细地将茶煎好，这项工作他做得极细，每年这个时候新茶出品，都要先送管理主官试品，看有什么不足之处。小吏正要将茶端上，却听得陆游正在北窗下高卧，鼾声如雷。没有几分钟，却见主官已经醒来，主官揉揉眼说：这茶太醇香了，将我从梦里生生牵回。《试茶》,《烹茶》,《昼卧闻碾茶》，茶成了陆游的安慰剂。

然而，品茶，观景，游寺，睡觉，这鸡肋（又是鸡肋，夔州通判他也这样认为）之职，陆游有时觉得真是百无聊赖，“睡足平生是建州”（《剑南诗稿》卷十一《送钱仲耕修撰》)，但越睡得多，越想念往昔的日子，想蜀地，思故乡：

> 正当九月十月时，放翁艇子无时出。
> 船头一束书，船后一壶酒。
> 新钓紫鳜鱼，旋洗白莲藕。
>
> （《剑南诗稿》卷十一《思故山》）

《思故山》《思故庐》《初秋梦故山》《客思》《客意》《归思》《思归》，故乡的父老乡亲，故园的乡情乡意，一切都那么地浓烈。

心情不好，身体也自然状况频出，况且已是人过中年。这一年的端午节，梅雨纷纷，祭奠完屈原，陆游“病来一滴不饮酒，但嗅菖蒲作端午”（《剑南诗稿》卷十一《建宁重五》），一想起屈原，陆游就禁不住泪流纵横，徒生忧愁，情绪低迷，报国心志得不到舒畅的伸展，还得提防着暗地里随时刺来的冷枪。

如此，陆游就将诸多的不如意，演织成他倾泻的诗句，失望，孤独，空虚，甚至还有《婕妤怨》，以汉成帝时班婕妤的命运来伤悼自己，在建宁只待了九个多月，却写下了一百三十多首诗。这一年的夏天，他将在闽收集的碑帖和随身带来的图书，一并寄往山阴，身体不好，眼睛也累，索性懒得看书，多做做梦吧，即便白日梦，在梦中，他总可以自由驰骋的，谁也管不着他。曾觌们依然把持着朝政，将书运回家的另一层意思也极明显，这闲官，随时可以不做！

二、过武夷山·鹅湖寺之夜

陆游似乎有预感，他也不死心，难道孝宗会让他一直在建宁弄茶叶吗？

果然，淳熙六年（1179）的九月，孝宗有旨来，宣陆游进京。

立即打起简单的行李，告别建安，他要轻装绕道武夷山，那里，有他少年时的梦想。

楚泽吴山已惯行，武夷从昔但闻名。
北岩小寺长汀驿，且喜游山第一程。

（《剑南诗稿》卷十一《别建安》第二）

建安城西二十里，有北岩寺，送行的人到此为止，当夜，陆游就宿在北岩寺，星空广阔，寺院里的灯火显得特别孤单，但一想到要进入武夷山，陆游心里还是禁不住喜悦。次日傍晚，过长汀驿：

晚过长汀驿，溪山乃尔奇！
老夫惟坐啸，造物为陈诗。
鸟送穿林语，松垂拂涧枝。
凭鞍久忘发，不是马行迟。

（《剑南诗稿》卷十一《长汀道中》）

长汀驿，也叫长汀铺，就在建溪河畔，驿前有跨河的长汀桥，位置在现今的建瓯市徐墩镇，该镇政府所在地至今还叫长汀村。这里的溪山，使得陆游停下来，久久注视，溪边长坐，面对大山和溪水，任意地吼叫几声，将声音有意拖得长长的，吼完，全身通透舒畅极了。这里似乎是鸟类的天堂，林间溪边，松垂拂涧，各种鸟，从早到晚忙个不停，陆游几声大吼，众鸟纷纷惊起，以为来了什么怪物。看够了景，太阳已经落山，唉，还要再赶一会儿路，走吧，跨上马，又着实看了好一阵。

又一个傍晚，陆游到了崇安境内的黄亭铺，天下起了雨，此地距武夷山只有四十里地，住一夜吧，诗兴照样大发：

未到名山梦已新，千峰拔地玉嶙峋。
黄亭一夜风吹雨，似为游人洗俗尘。

（《剑南诗稿》卷十一《黄亭夜雨》）

这一夜，诗人睡得很踏实，尽管一夜风雨，但他根本没有听见，且做了个美美的梦，梦里已经在游千峰百姿的武夷山了。夜晚，风雨，倦鸟的哀鸣，都是容易滋生忧愁的情景，而清晨起来，面对这样的情景，诗人依然开心，哈，好，这一夜的雨，就是为我洗尘的！

陆游开始面对面接触武夷山了。秋日的晴阳下，武夷山的三十六奇峰，碧空如洗，毫无纤云。独特的山，犀利的岩，神奇的洞，给充满道家情怀的诗人以无限的想象。他幻想着眼前的大王峰，拔地万仞，矗立云表，上锐下敛，峭壁斗削，下面那深深的洞穴，十分适宜修道，叮咚流泉，前方广阔，流云从脚下飘过，鹤与猿与他做伴。

尽情登山，然后在九曲溪中泛舟。武夷山的溪并不温顺，从诗名《泛舟武夷九曲溪至六曲或云滩急难上遂回》(《剑南诗稿》卷十一）中即可看出，由此，诗人想到了急流勇退的哲理，如果强意逆行，则有遭遇粉身碎骨的可能。

美丽的山水，及时舒缓了诗人愁结的心绪，武夷山之行是快乐而轻松的，奇事趣事不少，如《过建阳县以双鹅赠东观道士为长生鹅观俯大溪鹅得其所矣武夷险绝处有仙船架崖壁间数日前大风吹堕船木数寸坚硬如石予偶得之皆此行奇事也各赋一诗》(《剑南诗稿》卷十一）所写，陆游送东观道士鹅，场景一定感人：卖鹅者挑着一担鹅过来，鹅见陆游，嘎嘎叫个不停，有两只还一个劲儿地咬着陆游的衣服不放，陆游猛然想起唐朝《朝野佥载》中的那只长生鹅了。他的唐朝越州老乡祖录事，某天早出，见担鹅向市中者，鹅见录事，频顾而鸣，录事乃以钱赎之，至僧寺，放为长生。陆游立即摸出钱来，买下那两只咬他衣服的鹅，叮嘱道士放作道观的长生鹅。看那两只鹅在溪边开心的样子，陆游还想起了王羲之，山阴道士养了一大群鹅，王羲之极喜欢，道士就对王羲之说：您如果帮我写《黄庭经》，这一群鹅都送您！王羲之写完，笼鹅而去，一点也不客气。至于陆游在武夷险绝壁崖处见到的仙船架，其实是南方少数民族的悬棺葬，他如果知道是古人的骨函，就不会兴致勃勃地玩摩那坚硬如石的船木了。

鹅的故事还在继续。

铅山县西南十五里，有著名的鹅湖，旧时有人蓄鹅于山，待鹅长育成群，复飞而下，鹅湖就是这么来的。这里还有鹅湖寺，唐大历中，大义禅师结庵于此，宋咸平年间，赐额慈济禅院，景德四年（1007），改赐仁寿禅院。陆游追着鹅湖而来，他到达时，已是初秋，湖中莲荷，叶子依然有些绿意，却开始现出明显的衰败，枯叶渐渐成了主角，这一夜，陆游宿在鹅湖寺。

陆游躺在寺院的硬板床上，寒灯映床，瞪着两眼想他的好朋友朱熹的辩论。鹅湖上空，长久而激烈的“鹅湖之辩”声再一次响起。四年前的四月，陆九渊，朱熹，这两位心学与理学的大师，在这里，正儿八经地举行了一场大辩论，与会的还有陆九龄、吕祖谦等。陆游知道，比他小五岁的朱熹，无所不学，学问驳杂而丰富，佛老兼擅，因李侗老师的倾心传授而得二程理学的真传，鹅湖之辩时的朱熹，已经完成了《四书集注》，理学体系初步建立。对朱熹来说，这场辩论是必需的，只有通过大辩论，他的理学体系才能构建，学说影响才能扩大，他力图使经学、史学、哲学及文学，都能有机地融入到理学中去，如果能将其他学派排斥，那就太理想了。

朱熹有一个完整的理学体系，从《朱子语类》中可以归纳为以下大致四点，这是他理论的精髓：

一、宇宙的本原是“理”，一切天地万物，都是“理”的体现；

二、未有天地之前，“理”就存在，“理”不生不灭；

三、社会变动，是一种气运循环，有盛有衰；

四、理一分殊，天地万物一个理，如金木水火土为气之精英，人一个理，遵循仁义礼智信，这是全体与个别、一般与特殊的关系。

再说陆九渊（1139—1193），南宋心学理论体系的创始人。江西人陆九渊显然早慧，虽然小陆游十几岁，但陆游对这位宗亲敬佩有加。陆九渊十三岁就有志于古人之学，而且形成了自己的初步理论：人与天地万物，皆在无穷之中，宇宙就是吾心。陆九渊读书有疑，却不重视著述，强调“六经注我，我注六经”，对前人的学术和社会问题，都有自己独到的认识，但在理学上，他与朱熹有重大分歧。

淳熙二年（1175）初，吕祖谦到武夷拜访朱熹，住了一个多月，朱熹送老朋友到鹅湖。而吕祖谦为了调和朱熹和陆九渊的矛盾，特地约了陆九渊、陆九寿兄弟与朱熹相会，大家畅快地聊一聊，求同存异。这场争辩不去展开，大家都知道结果，陆游也知道结果，你说我支离烦琐，我说你无言空疏，谁也说服不了谁。陆游不知道的是，九年后，朱陆又进行了无极和太极之辩。朱学，陆学，还有吕祖谦的吕学，成了南宋学术思想中鼎足而三的主要学派。

住在鹅湖寺的这一夜，陆游辗转反侧，夜不能寐，他又想起了入蜀的八年，南郑的军旅生涯，秦山苍苍，铁衣枕戈，睡觉身满霜，拥马涉沮水，飞鹰上中梁，越想越激动，抚枕慨以慷，索性披衣起床，写下《鹅湖夜坐书怀》(《剑南诗稿》卷十一）著名长诗，天色已微明，陆游写完，泪如滂沱。

三、衢州候旨

过信州东驿，一路至玉山县南楼、玉壶亭，走过玉山县南长桥，游南山普宁院，陆游见山高处有塔院，及云雾中缥缈的小亭，很想上去，陪同告诉他，雨天山陡路滑，上去危险，遂作罢。

迈过玉山的边界，一脚就跨入了衢州道中，老马颤巍巍走着，看着眼前的风景，诗人有时吟几句诗，有时索性打一会儿瞌睡，傍晚时分，行至常山招贤渡口，归鸟破秋烟，风霜摇落天，行人争晚渡，陆游低头轻拍胯下的老马安慰道：不急，不急，让他们先渡。

终于到了衢江边的皇华馆，此驿处于两省通衢，各项设施却也一般，再往前走，要不了半月，就到京城了。陆游安心地住了下来，他开始思考一些问题，这些年来的境遇，此次召见，会是什么样的结果。

躺在驿站舒适的床上，几日的调整，多日的奔波劳累全都消解，此时，往事如潮涌来：锁厅试就因为“喜论恢复”被秦桧罢了资格，枢密院编修官做得好好的，背后议论了一下曾觌就被孝宗以多管闲事赶到了镇江，不久平调隆兴通判，没过多久，就因“交结台谏，鼓唱是非，力说张浚用兵”被罢官回了山阴，这一搁就是五年，虽然起用，仍然是通判，且调五千里以外的夔州，又是八年过去，以为时来运转，却到建安管茶盐，而那朝廷上，主和派依然将主战派修理得东奔西走，他们动动嘴，就够别人喝一大壶了。这次回京，会是什么结果？只要他抗金收复的主张不改，肯定也好不到哪儿去，越想越寒心，越想越害怕，五十五岁的陆游想，索性打个报告，奉祠拿个半薪，归隐故乡：

世念萧然冷欲冰，更堪衰与病相乘。
从来幸有不材木，此去真为无事僧。
耐辱岂惟容唾面，寡言端拟学铭膺。
尚余一事犹豪举，醉后龙蛇满剡藤。
（《剑南诗稿》卷十一《奏乞奉祠留衢州皇华馆待命》）

这世道，不说了，想起来，寒心，这老病的身体，怎么经得起那些事呢？这次，我已经认真思考过了，我这样的人，很不适应官场，就去做个闲僧吧，不是真做僧，是如僧那般生活。此后的生活，我要学会忍耐，别人侮辱我，唾面我自干，闲谈不论人非，静坐常思己过，只有一件事，不，应该是两件事可以自由豪放，一是喝酒，尽情地喝，大碗地喝，喝够了，铺上剡藤纸，我就笔走龙蛇了，我的诗就是我的世界，我的字，就是我的诗！

奉祠报告，说写就写，写完，立即送走。

在衢州的日子，悠闲，甚至无聊，中午喝了点小酒，“午枕挟小醉，鼻息撼四邻”（《剑南诗稿》卷十一《午睡》），偶得石室酒，独饮醉卧，模样着实和李太白一样可爱：“浩歌复起舞，与影俱翩仙。一笑遗宇宙，未觉异少年”（《剑南诗稿》卷十一）。道士，年老的长者，都是他想交的朋友，烂柯山观仙人棋盘，夕阳中下山，九十余岁的柯山老人，一头乱发，身瘦如枯木，布衫如百衲衣一般，肩上倒背着酒葫芦，陆游恭敬地迎上问：老人家，您活得很自在，真有仙风道骨呀！老人笑笑：我没什么牵挂，年轻时就独自一人，不娶妻，不生子，有钱就付给酒家！陆游连连说真好真好，我不如弃官跟着您吧！老人又捋须大笑：你放不下的，放不下！哈哈哈，老人的笑声，要将暮色穿透，和他那枯树样的身材极不相称，陆游惊讶这种巨大的内在爆发力！

候旨待命期间，陆游去了趟金华，老友韩元吉正在婺州做第一长官呢。陆游到达婺州时，州衙内的极目亭恰好建成。这一别又好几年了，老友相见，分外热烈，两人在极目亭喝酒赋诗，一时欢乐不已。韩元吉还对陆游此次入京和任命抱很大的希望：务观老弟水平高，皇上一定会对你的奏对满意，你会更上一层楼的！

四、拟岘台的雪

淳熙六年（1179）十一月左右，或者就在金华，或者在衢州，朝廷通知来了：无须入京奏对，任朝请郎（正七品），提举江南西路常平茶盐公事（抚州），赐绯鱼袋。

官职依然，只是换了个地方，管理的范围虽然更大一些，但孝宗不让进京，终究不是什么好事，忧愁顿时又蹿上陆游心头，瞬间又想通，皇帝虽没让进京，但诏令语气缓和，态度亲切，况且抚州人文荟萃，打起精神来，取道信州（今上饶），往抚州出发。

十四年前，陆游从镇江通判转任隆兴通判，走的是水路，这一次，二入江西，山路险峻。弋阳道中，已经天寒地冻，大雪纷纷，骑马行走在崎岖的山道上，雪片空中乱飞，陆游的思绪立即回到了南郑军中的日子，报国心涌满心头：

我行江郊暮犹进，大雪塞空迷远近。
壮哉组练从天来，人间有此堂堂阵！
少年颇爱军中乐，跌宕不耐微官缚。

凭鞍寓目一怅然，思为君王扫河洛。
夜听簌簌窗纸鸣，恰似铁马相磨声。
起倾斗酒歌出塞，弹压胸中十万兵。

（《剑南诗稿》卷十一《弋阳道中遇大雪》）

大雪塞空，整个天都是雪的世界，它们排着方阵，从天而降，急缓相间，阵容颇为壮观，呀，我们要是有这样气势的军队就好了。立志报国，挥戈阵中，收复河山，夜深人静，风敲寒窗，簌簌作响，像极了战马列队出发迎战的声音。不怕天寒地冻，几碗酒下肚，胸中就有十万甲兵涌动！

雪后道路泥泞，寒风如刀扑脸，天似乎比下雪更冷，大棉袄穿着也冷战连连，手指僵硬，两只手，整天都蜷缩在衣袖间。只有下马烤烤火，抓缰绳的手指才会灵活起来。唉，这十年来，陆游已经行走了十万里，什么样的艰难，他都经历过，他都不怕，只要是为国家，为百姓！

十二月，踏着深雪厚冰，陆游艰难到达抚州任所。抚州的寒梅，虽然没有建安的多，却也引起了陆游的特别关注，临川道中，见数树梅花，特别憔悴，诗人有感而发：

我与梅花有旧盟，即今白发未忘情。
不愁索笑无多子，惟恨相思太瘦生。
身世何曾怨空谷，风流正自合倾城。
增冰积雪行人少，试倩羁鸿为寄声。

（《剑南诗稿》卷十一《梅花》）

陆游一生，和梅结下了深深的情缘，借梅抒发了诸多的情怀，他赞梅的品格，同时也惜梅、怜梅，替梅发声，一树梅花一放翁，或者，他自己就是梅。

淳熙七年（1180）正月，抚州城，街市上彩灯红球，小贩们喊卖声音此起彼伏，人们一直沉浸在过节的浓郁氛围里，一场大雪，又将整个抚州装点得洁白，比平时多了几分妩媚。

纷纷飘扬的白雪，一下子撩起了陆游的诗心，他直奔拟岘台而去。拟岘台是一座高高的塔楼，彼楼，他已登上多次，今日大雪，凭栏眺望整个抚州城，一览无余之外，更有一种别样风景：

垂虹亭上三更月，拟岘台前清晓雪。
我行万里跨秦吴，此地固应名二绝。
山川灭没雪作海，乱坠天花自成态。
狂歌痛饮豪不除，更忆衔枚驰出塞。
芦摧苇折号饥鸿，欲傅粉墨无良工。
摩挲东绢三叹息，收入放翁诗卷中。
明朝青天行日毂，万瓦生烟失琼玉。
世间成坏本相寻，却看晴山晕眉绿。

（《剑南诗稿》卷十二《拟岘台观雪》）

这拟岘台，是抚州的象征。它和鹳雀台、幽州台一样有名，“占断江西景，临川拟岘台”，此台筑就后，便成了诗和文的台。

陆游非常清楚此台的来历。北宋嘉祐二年（1057），裴材来到抚州城。作为一州的父母官，裴知州走遍了这里的山山水水。他发现，城东有一角，紧靠大山丘，抚河在山脚流淌，站在城角处，可以俯瞰整个抚州城，也可以望见城外连绵的山峦，但因雨水冲刷，没人管理，灌木和杂草已经淹没了城角。裴知州略一思索，便有了整治的具体方案：索性以此为基，造一座高台，百姓可以登台望景，寄托情思！裴知州率民众，增筑碎石土方，抬高地势，围上栏杆，加建亭台楼阁，还替这个地方取了个名字，拟岘台。

为什么叫拟岘台？岘，即岘山，这里的地形极似岘山。岘山很有名，湖北襄阳城南的那座岘山，裴知州心里有情结，西晋的羊祜，他心中的官员偶像，羊祜就是因为治理襄阳而留下了德政美名。羊祜去世后，百姓感其德行，在岘山立碑纪念，睹碑思人，一想起羊祜的好处，常常泪如雨下，因名“堕泪碑”。那么，拟岘台，裴知州的用意就很明显了，为官就要以羊祜为榜样，以德政为先，为百姓生活的富足，创造一切条件。

裴知州也算策划高手了。他首先请临川名人曾巩登台观景，曾大作家青春年少，春风得意，登临此台，家乡美景眼底尽收，文兴大发，立即写下了《拟岘台记》。果然，一大批名人都为拟岘台留下了诗作，足见裴知州此举实在是有远见卓识。同是临川名人的王安石，也写有《为裴使君赋拟岘台》。

陆游任职抚州，前辈写拟岘台的诗文都在他心里装着，他曾经写过《登拟岘台》《雨后独登拟岘台》《冒雨登拟岘台观江涨》，今天，看着满地积雪泛起的白光，他的诗情又激情喷发。

垂虹亭上的夜月，拟岘台前清晨的白雪，它们是我匆匆行旅的极好见证，眼前的连绵大山，都变成了白茫茫的深海，那不断狂舞的漫天雪花，一下子激发了我的豪情，想南郑的军旅生活，彻夜守边的篝火，跃马奔途的紧张，似乎就在眼前，我真想将这一切场景都生动地描画下来呀，可是我不能，我只能写我的诗。干吗“摩挲东绢三叹息”？他是想到了杜甫，杜甫《戏为韦偃双松图歌》云：“我有一匹好东绢，重之不减锦绣段。已令拂拭光凌乱，请公放笔为直干。”老杜对韦偃的画倾慕不已，于是备绢求画，那种急切的心情，似乎和他沉稳的心态不相称，然而，他顾不了那么多。时至今日，韦偃的《双松图》与老杜的诗，都是不可多得的艺术瑰宝。而陆游写抚州的雪，还有更深一层意思的发挥，和他以往的诗一样，都属于水到渠成的自然延伸：无论现实如何残酷，福祸却时常相依，我相信明天的美好，明天太阳一出，那些雪就会融化而去，炊烟依然会从瓦缝中袅袅升起！

五、《陆氏续集验方》

有两首诗，可以帮助我们大致了解陆游在抚州的工作：

朱墨纷纷讼满庭，半年初得试山行。
烧香扫地病良已，饮水饭蔬身顿轻。
日落三通传浴鼓，雨余千耦看农耕。
故巢光景还如此，为底淹留白发生。

（《剑南诗稿》卷十二《山中作》）

江南五月暑犹薄，梅子正黄风雨恶。
庭中讼獠不贷人，急甚常如虎遭缚。
空斋鼠迹留几尘，赋诗饮酒疑前身。
脱归径卧与壁语，敢恨无人问良苦。

（《剑南诗稿》卷十二《数日诉牒苦多惫甚戏作》）

这确实忙，或者都是一些鸡毛蒜皮的小事，但百姓闹到政府的公堂上来了，就是大事，必须要解决，而且要立刻解决，依然没有陆游审案的具体事例，但陆游断案，一定是智慧和实践的结合。这些工作，一件接着一件，常常要忙到很晚，书斋里很少去，桌子上地上，到处都是老鼠横行的足迹。酒也好久没有喝了，没时间，没心情。其实，陆游的工作，不仅只是断案，还要关心农业生产什么的，那些山水，对不起，只能抽时间去欣赏了。

淳熙七年（1180）的抚州，年景似乎极度不好。初夏时，好多天不下雨，那些禾苗都要枯槁，紧接着又下暴雨十几天，大水成灾，“行人困苦泥没胯，居人悲啼江入舍”（《剑南诗稿》卷十二《大雨逾旬既止复作江遂大涨》），到七月，又遇厉害的秋旱，“嘉谷如焚稗草青，沉忧耿耿欲忘生”（《剑南诗稿》卷十二《秋旱方甚七月二十八夜忽雨喜而有作》），作为政府主官，救灾，救助灾民，防治瘟疫，恢复生产，都必须高度重视，陆游除了尽力而为外，还做了一件特别的事，将多年搜集的医方编辑成《陆氏续集验方》，并亲自写跋，刊刻传布：

予家自唐丞相宣公在忠州时，著《陆氏集验方》，故家世喜方书。予宦游四方，所获亦以百计，择其尤可传者，号《陆氏续集验方》，刻之江西仓司民为心斋。淳熙庚子十一月望日，吴郡陆某谨书。

（《渭南文集》卷二十七《跋〈续集验方〉》）

宣公陆贽，是陆游的祖先，唐朝名相。唐贞元十一年（795），裴延龄说了陆贽的坏话，四十二岁的陆贽被唐德宗从太子宾客的职位上贬至忠州别驾，此前一年，陆贽曾是宰相。陆贽在忠州十年，常闭关静处，勤研医术，为人治病，并著有《陆氏集验方》五十卷。陆游坐在抚州的书房“民为心斋”中，想起先祖的医书，遂将多年搜集到的医方一一整理，总计有一百多个，再选出若干认为最适合的刻出。《宋史·艺文志》卷二〇七有《陆氏续集验方》二卷，今不传。南宋王执中编的《针灸资生经》卷三，录有一则《陆氏续集验方》治下血不止：“量脐心与脊骨平，于脊骨上灸七壮即止；如再发即再灸七壮，永除根本。目睹数人有效。予尝用此灸人肠风，皆除根本，神效无比。”

陆游编方之余，脑中也会闪出几年前在成都街道施药的情景：

我游四方不得意，阳狂施药成都市。
大瓢满贮随所求，聊为疲民起憔悴。
瓢空夜静上高楼，买酒卷帘邀月醉。
醉中拂剑光射月，往往悲歌独流涕。
划却君山湘水平，斫却桂树月更明。
丈夫有志苦难成，修名未立华发生。

（《剑南诗稿》卷六《楼上醉歌》）

这首诗写于淳熙二年（1175）六月的成都，这一年，成都百姓染病待毙，陆游亲自配药，安排人置药缸于街头，还一个一个施药，边施药边告诫病人使用方法及注意事项，救活不少人。此次施药估计一连数日，尽管身体疲惫，但看着痊愈的百姓，他还是开心的。施药结束，登上酒楼，尽情喝酒，这一喝又醉得不行，抽出腰中剑，对着月亮舞，越舞越悲伤，空有一身本事，却经常遭受排挤，岁月不饶人，还不如为百姓做点实事呢，至少可以救人！

关于陆游的医术，将在此后的章节中展开，这里不再赘述。

六、桐庐处处是新诗

十一月的一天上午，上班不久的陆游，正紧张处理公务，突然接到了朝廷通知，到京城去见皇上！此时，他接下驿吏的文件，心里一时五味杂陈，不过，依然有些开心，他估摸着，皇帝又想起他，一般会有好事情，情绪瞬间就调整了过来。入蜀的情景仿佛昨天，当时也是希望着会有一个好平台，却不想远去夔州，而且是一去九年，这几年，建安、抚州，他都踏实努力工作，但心中收复河山的念头并没有就此消沉，他多么希望能有一次面圣陈情的机会呀！

不敢多耽搁，陆游日夜兼程，幸好，此地去京城，并不遥远，从抚州到弋阳，再取道衢州，不久就进入了严州的寿昌县境内。这一日的清晨，在寿昌的江边小村，刚刚歇息了一夜，朝廷的命令又追着到了（惊叹于南宋政府驿路的发达及传递信息的迅捷）：不必到京城面见圣上了，许免入奏，仍除外官。突如其来的变化，陆游似乎有预感，却又说不清楚什么原因，唉，还是用诗来表达吧：

晓传尺一到江村，拜起朝衣渍泪痕。
敢恨帝城如日远，喜闻天语似春温。
翰林惟奉还山诏，湘水空招去国魂。
圣主恩深何力报，时从天末望修门。

（《剑南诗稿》卷十三《行至严州寿昌县界得请许免入奏仍除外官感恩述怀》）

他真的不太知道原因，他宁可这样想，皇帝事太多，这次就不见了吧，我那满腹的思想，确实想要和圣上当面讲呀。其实，是朝廷里确实有人不想让他见皇上，这个人就是赵汝愚，不过，此时，罢免令还没下达，只是不让他进京，你就在家等着吧，到时候，我们会通知你去哪里任职。

走吧，走吧，我们先去严州，从那泛舟富春江而下，顺道去拜望一下严子陵，他感觉，不事王侯的严先生，会给他一些内心的力量。他知道，一百三十多年前，他的高祖陆轸，曾知睦州（后改严州），并留下了不错的好名声。他自然不知道，六年后，他会和严州这个地方结下大缘。他更不知道，他任职严州之后的三十九年，小儿子遹会再知严州。

到了严州码头才知道，正是十一月的冬季，自梅城以下到桐庐县城这一带的富春江，称“七里濑”，两山夹岸，层峦叠嶂，水枯滩浅，无法行船，只有陆路行到桐庐，然后在桐庐乘船至钱塘江，过萧山，辗转回山阴老家。

这期间，他在桐庐享受美酒美食，为桐庐留下了数首诗，比如：

桐江艇子去乘月，笠泽老翁归放慵。
一尺轮囷霜蟹美，十分潋滟社醅浓。
宦游何啻路九折，归卧恨无山万重。
醉里试吹苍玉笛，为君中夜舞鱼龙。

（《剑南诗稿》卷十三《桐庐县泛舟东归》）

面对如此山水，陆游的心情是放松而舒畅的，富春江有他崇敬的严光，严光是这条大江的精神核心，还有前辈范文正公知睦州修严陵祠的著名举动，都让这条江充满了神秘，他在精神的大池中自由荡漾。

陆游还为桐庐留下了著名的广告诗：

桐庐处处是新诗，渔浦江山天下稀。

安得移家常住此，随潮入县伴潮归。

（《剑南诗稿》卷十三《渔浦》）

按《南宋咸淳图》标记，“渔浦”，在萧山县西三十里、六和塔对面，但我以为，“渔浦”只是指一般的渔码头，桐庐的渔码头，不是富阳的渔码头，也不是萧山的渔码头，否则无法解释“桐庐处处是新诗”了，萧山属绍兴，富阳属杭州，而桐庐属严州，如果萧山属严州，则尚可一说，因为严州又称桐庐郡，可是，一条江的头和尾三个县，却是三个地区，故应该是在桐庐县前码头候船时所感。桐庐真是个天下少有的好地方，到处都勃发着诗一样的激情，“桐庐县前橹声急，苍烟茫茫白鸟双”（同上卷），我真想将家安在这里！蜀地的成都也不错，陆游也曾有想法将家安在那，这很正常嘛。

第十一卷 乡居记（二）

一、这年好大雪

也好，五十六岁的陆游，一身轻松，回到了山阴老家，整整十年了，他都没有在家过春节，这下，新职到来之前，可以访亲探友，再去寻一寻家乡的美味，痛快地喝一喝正宗的绍兴酒。

淳熙八年（1181）的正月，山阴风雪大作，连日不停，看着满天飞舞的乱雪，陆游的思绪，似乎又回到了一年前的抚州，不过，那是异乡，眼前这雪，却下得十分应景，看着一大家子人，喝着热团茶，饮着羊羔酒，心里是暖暖的，而冒雪访友赏景、踏雪，则又是意趣横生，一时间，他的诗里充满着雪的洁白和诗意：

山中看雪醉骑驴，清赏真成十载无。
高压孤峰增峭绝，斜倾丛竹失枝梧。
松肪火暖眠僧榻，芋糁羹香拥地炉。
病骨虽臞犹健在，未应遽作卧游图。

（《剑南诗稿》卷十三《正月二十八日大雪过若耶溪至云门山中》）

十年来都没有如此放松过，雪下得真大，酒喝得全身发热，虽大雪也不觉得冷，从畜棚里牵出驴子，一路往山中行去，这是诗人和大地的交流，大雪将孤峰上下涂得全白，白白的高峰，更显孤独，耸立的崖壁越显陡峭。山边的树、竹，被雪压弯了的枝头，或斜或残，低低地垂着头，似困极的旅人。陆游此行，其实是有方向的，前方的寺庙，寺僧是老朋友了，雪中来友，老僧喜出望外，温暖的僧房中，两人聊了很久很久。务观兄，今晚不用回家了吧，我们抵足再卧聊！陆游点点头：好呀，我正有此意！地炉炽热，烤芋头发出的香味，弥漫着整个僧房，僧房里又挤进了几个小僧，他们都想听听这位官人在外面的经历，跑东颠西，奔南奔北，陆游身上有太多的传奇，他们喜欢听。

这一年正月，山阴的雪铺天盖地，《辛丑正月三日雪》《雪中登云泉上方》《冲雪至余庆觉林雪连日不止》《雪霁归湖上过千秋观少留》，陆游的好心情似乎停不下脚来：

若耶溪头朝暮雪，鸦鹊堕死长松折。
横飞忽已平屐齿，乱点似欲妆帘缬。
放翁凭阁喜欲颠，摩挲拄杖向渠说。
莫辞从我上嵯峨，此景与子同清绝。
银杯拌蜜非老事，石鼎煎茶且时啜。
题诗但觉退笔锋，把酒未易生耳热。
扶衰忍冷君勿笑，报国寸心坚似铁。
渔阳上谷要一行，马蹄蹴踏河冰裂。

（《剑南诗稿》卷十三《大雪歌》）

有饥鸟在河面上啄冰，突然，冰谷里，传来几声鹤鸣，那叫声有点凄惨，唉，饿了好多天了吧，又突然，路边高高的松树上，忽地掉下一只冻僵了的死鸟，乌鸦死了，喜鹊也死了，大自然对待万物是平等的，坏鸟好鸟只是人们对鸟的评价而已，鸟本身并没有善恶。而雪日中的陆游却是幸运的，寺庙中，炭火温暖，他和僧人都斜靠着床榻，面前的地炉，炉内有烤着的芋头，炉上还煮着热汤，或者，石鼎上煎着滚茶，大家边煎茶，边喝茶，这时，老僧捧出一小罐蜂蜜，询问陆游：务观兄，你要不要在热茶里加一小勺？这可是去年山中蜂农送来的好蜜！陆游的看雪，确实诗意横生，但显然还是表面，漫天的大雪，是一个极好的场景铺设，大地因雪而变得更加坚硬，眼前的大雪，忽地就成了南郑山中的大雪，陆游心中那颗报国心，随时会迸发，并不因为官场上的不如意而改变，他和这寒冬的大雪一样，同样坚硬，而且，只要君王一声令下，他就会义无反顾，奔向战斗的前方。

悠闲的日子，过到了三月，等来的却是一纸罢官令，理由与陆游的号“放翁”有关，在蜀地，因为曾被人讥为身形“颓放”，他索性自号“放翁”，这一回，陆游本来是任职提举淮南路常平茶盐公事的，结果，“给事中赵汝愚驳之”：有干部群众反映，陆游做官，不太注意自身形象，好多地方越轨，有人说他居然从四川带回一个尼姑！道听和途说，居然成了罪状！陆游无语，他已经不是第一次吃这种亏了，谁让你平时写那么多的诗，那么多的文章，表达那么多的激烈思想，想让你难受，分分钟的事。

不过，陆游吃饭还是不成问题的，次年五月，他被准予奉祠——主管成都府玉局观（虚职，有俸禄），不用为油盐酱醋茶而操心，也就求得了一份宁静，而此前几个月的闲适生活，就成了他今后的日常，他实在无法知道，这样的年纪，他的仕途还会有什么样的起色，也许，极有可能以这样的生活终老于此。

二、《书巢记》

心一旦静下来，唯一能让他开心的事，就是读书写作了。

陆子既老且病，犹不置读书，名其室曰书巢。客有问曰：

“鹊巢于木，巢之远人者；燕巢于梁，巢之袭人者。凤之巢，人瑞之；枭之巢，人覆之。雀不能巢，或夺燕巢，巢之暴者也；鸠不能巢，伺鹊育雏而去，则居其巢，巢之拙者也。上古有有巢氏，是为未有宫室之巢。尧民之病水者，上而为巢，是为避害之巢。前世大山穷谷中，有学道之士，栖木若巢，是为隐居之巢。近时饮家者流，或登木杪，酣醉叫呼，则又为狂士之巢。今子幸有屋以居，牖户墙垣，犹之比屋也，而谓之巢，何耶？”

陆子曰：“子之辞辩矣，顾未入吾室。吾室之内，或栖于椟，或陈于前，或枕藉于床，俯仰四顾，无非书者。吾饮食起居，疾痛呻吟，悲忧愤叹，未尝不与书俱。宾客不至，妻子不觌，而风雨雷雹之变，有不知也。间有意欲起，而乱书围之，如积槁枝，或至不得行，辄自笑曰：‘此非吾所谓巢者邪。’”乃引客就观之。客始不能入，既入又不能出，乃亦大笑曰：“信乎其似巢也。”

客去，陆子叹曰：“天下之事，闻者不如见者知之为详，见者不如居者知之为尽。吾侪未造夫道之堂奥，自藩篱之外而妄议之，可乎？”因书以自警。

淳熙九年九月三日，甫里陆某务观记。

（《渭南文集》卷十八《书巢记》）

这个书巢，就是书房，由文可以读出，陆游的读书和藏书，均于此。大名人嘛，平时来来往往的客人朋友很多，人们都好奇，您的书房，有墙有窗，还和别的房子相连，为什么叫“巢”呢？“巢”都是在树上的呀？对于这样的发问，陆游觉得，有必要写一篇文章解释一下。

这个《书巢记》，在我读来，客人的发问，似乎都是陆游自己的设问，问得那么有水平，有层次，这应该是自问自答。

就如你们所见，鸟巢的种类繁多，有自己精心筑巢的，也有占别人巢的，有巢氏是怎么来的？还不是因为房子没有出现吗？没有房子，人民怎么生活呢？穴居应该是常态，而穴居常会受到各种伤害，有巢氏出现了，他是圣人，他受鸟巢启发，构木为巢以避害，人民就拥戴他为王，尧筑巢也是如此，为了避水害。而以前那些在大山中的学道之人筑巢，是为了隐居，现今喝醉酒的人上树，那是酒后发狂，而我的书巢，显然不是前面所说意义上的巢，你们在外面，根本看不出，需要进入才能体会。现在，请你们进到我的书巢里来吧，随便参观一下。

看，我的屋，书柜上，桌子上，床头，箱子里，全是书，我和这些书生活在一起，它们能懂我的悲伤忧虑，愤激感叹，我整天钻在书堆里，妻儿也不相见，刮大风打大雷下暴雨，我也不管，有时想站起身，却被乱书围着，如同那些堆着的枯树乱枝，走不得路，看着这样的情景，我自己都会发笑，你们看，这不就是我说的巢吗？书巢！小心，小心，你们小心，你们进得来，不一定出得去呢。客人也大笑：真是巢哎！

陆游写这篇文章的目的是什么呢？天下的许多事，听到的不如看到的，看到的不如亲身了解的，如果没有深入其中，而在外面胡乱议论，那就会不明真相。陆游说是自警，但结合他彼时的境况，我却读出了另一种讽谏义：对我说三道四的那些人，你们真是不了解我呀！

真正的作文高手，他会利用一切来表达自己的思想，就如他的诗一样，随时随地可以倾吐他的真情实感。他如此埋头读书写作研究，真的是为了打发闲居的日子吗？不完全是，他心中那颗报国的种子，依然温胀着，遇热随时即发！

什么都不怕，幸好有书，读书串起诗人的日常。

《剑南诗稿》中，以读书为题的诗，有八十多首，秋夜读书，冬夜读书，寒夜读书，春夜读书，夏夜读书，夜分读书，五更读书，晴窗读书，雨夜读书，他是无时不读，往往一读就是鸡鸣，最著名的当数写给小儿子的《冬夜读书示子聿》中的那四句：“古人学问无遗力，少壮工夫老始成。纸上得来终觉浅，绝知此事要躬行。”这是一个父亲对儿子的谆谆教诲，这也是一个读书人经历持久阅读的最有见识的宝贵经验，读书是一个持续的过程，唯有积累才能有成，唯有和实践结合才能得出真知。

淳熙九年（1182）正月，屋外雪厚如毯，陆游依然终日苦读，有感而发：

放翁白首归剡曲，寂寞衡门书满屋。
藜羹麦饭冷不尝，要足平生五车读。
校雠心苦谨涂乙，吟讽声悲杂歌哭。
《三苍》奇字已杀青，九译旁行方著录。
有时达旦不灭灯，急雪打窗闻簌簌。
倘年七十尚一纪，坠典断编真可续。
客来不怕笑书痴，终胜牙签新未触。

（《剑南诗稿》卷十四《读书》）

我读得还是少啊，五车书，这是必须读的。陆游的父亲就是个藏书家，他自己也是工作到哪，书就买到哪搜集到哪，蜀地回山阴，基本没什么家产，只有一船书随他回了家。三坟、五典（三皇五帝时期的典籍），《八索》《九丘》（八卦、州志），他都要读（现在已读不到，估计陆游那时也读不到，只是指代古书而已），而《三苍》(《仓颉篇》《训纂篇》《滂喜篇》)，他已经翻译得差不多了。读书常常通宵，雪夜苦读时，雪子斜敲窗，正是极好的伴奏。要一直读，一直读，今年五十八，十二年后再读十二年，书巢里的那些书，他是不会让它们安宁的，他不会让它们静静地躺着。

又一日午后，刚下过一场大雨，陆游坐在书巢中，正昏昏欲睡，忽然，一堆白云从他书巢的南窗齐齐地飘过来问候他，一个激灵，呀，真是太惊奇了，这些白云，难道是我的老朋友吗？它们万里迢迢而来，诗人又思绪万千了：

岷山千里青未了，恨隔长江不到吴。
羁云冉冉吾旧识，安得挽之来坐隅！

（《剑南诗稿》卷二十《白云自西来过书巢南窗》）

嗯，这些白云一定认识我，它们自蜀地的高山而来，它们起先没来看我，是因为有大江的阻隔，朋友情谊终归深厚，这不，它们就来了。白云呀，既然来了，你们就到我的书房里来陪我坐坐嘛！只是写白云吗？显然不是。诗人的抱负，可以借各种景物抒发，这雨后镜湖上空飘来的云，真是一个好比喻。

三、给朱熹的救灾信

淳熙八年（1181），浙东大旱和洪灾接踵而至，绍兴府尤其厉害：

绍兴府之饥荒，昔所未有。——不独下户乏食，而士子、宦族、第三等人户有自陈愿为乞丐之列者；验其形骸，诚非得已。兼自秋来卖田拆屋，斫伐桑柘，鬻妻子，货耕牛，无所不至。不较价之甚贱，而以得售为幸。典质则库户无钱，举贷则上户无力；艺业者技无所用，营运者货无所售。鱼虾螺蚌，久已竭泽，野菜草根，取掘又尽。——衣不盖形，面无人色。扶老携幼，号呼宛转，所在成群。

（《朱文公文集》卷十六《奏救荒事宜状》）

灾荒，自八月开始。此时，浙江的主官是朱熹，提举两浙东路常平茶盐公事，但不知道什么原因，朱长官一直到十二月六日才开始视察西兴（钱塘江对面的西陵驿）。陆游自然关注这一场灾难，他自己家的日子也不好过，官被罢了，继续奉祠还没有消息，家中人口又多，床头金尽，藜羹麦饭，寒冬无褐，白首忍穷。十月份，他写了《蔬园杂咏》五首，菘（白菜）、芜菁（大头菜）、葱、巢、芋，自种自吃，其中芋就成为度过灾荒的主要食物："陆生昼卧腹便便，叹息何时食万钱？莫诮蹲鸱少风味，赖渠撑拄过凶年"（《剑南诗稿》卷十三）。看着朱熹这位老朋友一直没到任，陆游心焦呀，十一月，终于忍不住给朱熹写了信：

市聚萧条极，村墟冻馁稠。
劝分无积粟，告籴未通流。
民望甚饥渴，公行胡滞留？
征科得宽否，尚及麦禾秋。

（《剑南诗稿》卷十四《寄朱元晦提举》）

朱熹小陆游五岁。陆游在诗中，显然表现了不满，怎么还不到任呢，这里的灾民多么需要朝廷的救济呀。有资料显示，朱熹迟迟没到任，是在筹集救灾钱款和物资。陆游和朱熹具有同样的忧民爱国情怀和伟大的政治抱负，他们的友谊，应该始于孝宗淳熙年初。数年来，他们彼此关注，常有诗文互动。淳熙十年（1183）九月，陆游一口气写下《寄题朱元晦武夷精舍》绝句五首："先生结屋绿岩边，读易悬知屡绝编。不用采芝惊世俗，恐人谤道是神仙""有方为子换凡骨，来读晦庵新著书""天下苍生未苏息，忧公遂与世相忘""我老正须闲处著，白云一半肯分无"（《剑南诗稿》卷十五），既是对淳熙六年（1179）过武夷山在鹅湖寺的一种追忆，更表达了对朱熹学问的赞赏、仕途的寄托、友谊的维护等多种意思。

朱熹到任，一片哀鸿，他努力救灾，朝廷也尽力表现出诚意：淳熙八年（1181）十二月朔，出南库钱三十万缗付朱熹赈籴；九年七月辛巳，出南库钱三十万缗付朱熹以备赈籴（《宋史·孝宗三》）。从史料上看，这场灾荒的时间和程度，都超过了以往，一直持续到第二年的夏季。

四、务农连环画

自淳熙八年春到淳熙十三年春接到严州知府的任命，六个年头，整整五年多时间，陆游一直在山阴蛰居，《剑南诗稿》中共收有六百多首诗。

抗金毫无希望，陆游唯有将诗篇写在生他养他的山阴大地上，这一时期的诗，读书感怀，乡村风貌，关注农事，甚至亲自务农，许多鲜活的细节，跃然纸上，《剑南诗稿》卷十三的《小园》四首，可见一斑：

小园烟草接邻家，桑柘阴阴一径斜。
卧读陶诗未终卷，又乘微雨去锄瓜。

历尽危机歇尽狂，残年惟有付耕桑。
麦秋天气朝朝变，蚕月人家处处忙。

村南村北鹁鸪声，水刺新秧漫漫平。
行遍天涯千万里，却从邻父学春耕。

少年壮气吞强敌，晚觉丘樊乐事多。
骏马宝刀俱一梦，夕阳闲和饭牛歌。

这几乎就是陆游亲自务农的连环画。

三山别业的院子外面，有一条小路，路那边就是邻家的桑田。四月的镜湖，活脱脱一幅江南烟雨图，连农人的身影，都沾着田野的芬芳。诗人这段时间又重读陶诗，现在读，景和情都极合适，“晨兴理荒秽，带月荷锄归。道狭草木长，夕露沾我衣”（陶渊明《归园田居》其三），细细品味，想着陶渊明的自在和逍遥，陆游有些自愧不如，先停下，赶紧去菜地，这一场雨下得真好，去锄瓜草吧。

五十七岁的陆游，儿女成群，重活干不了，也不用干，摘桑叶，养蚕，锄草，摘瓜，摘橙，应该可以。鹁鸪声中，还尝试着下田插把秧，看着诗人笨拙的种田模样，身上脸上都沾着田泥，邻家大哥老伯都笑了：官人呀，你种田不如我们，诗写得好，多写几首吧！稻田里，笑声攒成一团。

饭牛就是喂牛，一边喂牛一边唱歌，人和动物亲近，栩栩如生。陆游后面还写到过“饭牛”：“马上元无听鸡句，原头那有饭牛歌”（《剑南诗稿》卷七《羸卧》）。然而，诗人喂牛唱歌，又有深刻的表达，意在表达寒士自求用世。“饭牛歌”是古歌名，又称《扣角歌》《牛角歌》《商歌》。屈原《离骚》中有诗“宁戚之讴歌兮，齐桓闻以该辅”，说的是，春秋时的卫人宁戚，喂牛于齐国东门外，看见桓公出门，叩牛角而唱此歌。这宁戚，和《战国策·齐策》中齐国的穷书生冯谖一个套路。冯谖做孟尝君的门客，经常靠在门边，拿着长剑，一边弹着剑，一边发牢骚唱歌，而三次牢骚的内容却一次比一次要求高：剑啊，我们回家吧，在这里，鱼都没的吃！剑啊，我们回家吧，在这里，车都没的坐！剑啊，我们回家吧，在这里，我没有办法养家！而孟尝君都笑着一一满足，给冯谖吃鱼的待遇，给冯谖配车的待遇，把冯谖老母亲接来一起养老。自然，在冯谖的帮助下，孟尝君为相几十年都有所作为。看起来简简单单的饭牛，含义却是深刻而饱满的，陆游想有所作为的雄心，一直没有熄灭。

是呀，活下去，努力活得好一些，生计问题才是最重要的。九月六日午间，诗人喝了一点小酒，倒头大睡，感觉天气开始凉了，醒来后，他看着这屋子，躺着想了一会儿，立即起身写诗八句：

短剑悲秦侠，高歌忆楚狂。
酒醒愁衮衮，香冷梦伥伥。
屋老垣衣茂，池深石发长。
地炉须早计，衰病怯新霜。

（《剑南诗稿》卷十三《九月六日小饮醒后作》）

照例感叹，但现实问题必须面对，已经进入九月了，秋凉一日胜一日，作为一家之长，眼前需要解决一些重要的生活问题，这屋子，虽冬暖夏凉，但湿气也重，日渐衰弱的身子，不抗冻，地炉要赶紧重修一下，尽快。

只要细细琢磨，这山水皆佳的山阴，一定不会让他全家饿肚子的，仅那漫山遍野都长着的“荠菜”，就足以让人胃口大开：

舍东种早韭，生计似庾郎。
舍西种小果，戏学蚕丛乡。
惟荠天所赐，青青被陵冈。
珍美屏盐酪，耿介凌雪霜。
采撷无阙日，烹饪有秘方。
候火地炉暖，加糁沙钵香。
尚嫌杂笋蕨，而况污膏粱。
炊粳及煮饼，得此生辉光。
吾馋实易足，扪腹喜欲狂。
一扫万钱食，终老稽山旁。

（《剑南诗稿》卷十三《食荠十韵》）

拜天所赐，春秋两季，缓坡丘陵，田地角落，荠菜们欢欢喜喜茁壮生长，它们丰盈的“羽毛”，仿佛随时可以飞翔到人们的餐桌上。而人们吃荠菜，地域不同，方法也多种多样，凉拌，做馅，做羹，做团子，还可以搭配其他许多菜。而诗人家的吃法，似乎更别具一格：砂锅中放入少量米粒，在地炉上用小火煮，成浓汤状，再加进适量荠菜，羹的香味塞满屋子；用荠菜做成各种饼子，比如粳米饼，鲜甜可口。诗人一口气已经吃三个了，还想接着吃，嗯，太好吃了，再吃一个，最后一个。吃完粳米荠菜饼，诗人摸着肚子，高兴地和老妻商量：明天，先将饼子蒸熟，凉透，然后，用油煎，会更好吃！

荠麦青青，鲜甘如饴，懂医的诗人还知道，荠菜全身都可以入药，药食同源，它可以抵过世上最珍贵的食物，有了它，我们还怕什么？稽山和鉴水，真是一个理想的养老之地！

五、与花草相视而笑

行走，依然是诗人的主题。日日行走在乡间，他的诗中，鲜活的场景越来越多，几乎都带着浓浓的乡味，这种味道，没有亲历，书屋里是想象不出来的。

秋日里一个早晨，天气渐冷，拄一根木拐杖，有时会拿根藤杖，陆游又出门了，他去湖塘西边的那个小村，虽只有几户人家，他还是去不厌，常常一家一家坐，一家一家聊，酒呢，也是一家一家喝。甚至，他会拎着一壶酒，在山园草间，菊花数枝开的地方，席地独酌，或者，一个孤孤的山亭间，他也会坐下来喝，花花草草陪着他，蓝天青山陪着他，日斜大醉而归。

路上那些日常，在诗人看来，都是极佳的风景。“村童上牛踏牛鼻，吹笛声长入云际”（《剑南诗稿》卷十三《十月旦日至近村》），诗人极度羡慕村童，那是天与地之间的无忧无虑。“山童亦睡熟，汲水自煎茗”“归来月满廊，惜踏疏梅影”（《剑南诗稿》卷十四《夜汲井水煮茶》），这里就是他的家，酒和茶，走到哪，喝到哪，喝酒的菜也没什么讲究，有啥吃啥，哪怕“村居酒熟偶无肉食煮菜羹饮酒”，也照样“午醉径睡比觉已甲夜矣”，这样的日子，他喜欢：“我愿一日一百二十刻，我愿一生一千二百岁，四海诸公常在座，绿酒金尊终日醉”（《剑南诗稿》卷十三《日出入行》）；“浊酒一樽聊永日，小园三亩亦新春”“门外烟波三百里，此心惟与白鸥亲”（《剑南诗稿》卷十四《壬寅新春》）。

淳熙十一年（1184）秋，陆游在山阴到处跑，那些与他相视而笑的植物，不少被他收入诗囊中。比如《剑南诗稿》卷十六的《山园草木四绝句》，紫薇（钟鼓楼前官样花，谁令流落到天涯），黄蜀葵（开时闲淡敛时愁），拒霜（木芙蓉，何事独蒙青女力，墙头催放数苞红），蓼花

（数枝红蓼醉清秋）。一路行，一路观，借植物既抒感情，也言志向，信手拈来。

淳熙十二年（1185）初夏，江南的杨梅正上市，陆游去了六峰山与项里山，那里有溪，有树，居民居住密集，他一连数日都在山中逗留：

绿荫翳翳连山市，丹实累累照路隅。
未爱满盘堆火齐，先惊探颔得骊珠。
斜簪宝髻看游舫，细织筠笼入上都。
醉里自矜豪气在，欲乘风露摘千株。

（《剑南诗稿》卷十七
《六峰项里看采杨梅连日留山中》）

江南特有的佳果，季节短，如果遇上雨天，许多都会烂在树下，若是连晴数日，杨梅产地便是盛大的节日。想来，陆游是被这种场景感染了，绿叶下的红果，好像是龙王的骊珠，丰收与喜悦写满果农的脸。从诗句看，这里的杨梅质量好，有许多都直接卖到了京城，山阴至临安，如果加急，也就一日路程，精致的竹篮，上面盖着几张鲜蕨叶，京城的吃客，打开竹篮，口水会瞬间淌下。杨梅还可以浸酒，陆游想来也爱喝，炎热的暑季，人身上要是哪里有点不舒服，十有八九与闷热的天气有关，打开杨梅酒坛，拣出几颗杨梅吃下，顿时神清气爽。

淳熙十三年（1186）春，陆游闲游到山阴县东六十里的天华寺前，突然发现县令吴祖义（《康熙会稽县志》卷一八《职官志·令》：吴祖义，淳熙中任）就在前面，看着不少陪同点头哈腰的样子，陆游厌烦地躲进了寺庙。哈，禅房里寂静无声，他看到了有趣的场景，两个和尚仰天躺着，呼呼大睡呢（《剑南诗稿》卷十七《天华寺前遇县令过避之入寺僧皆昼睡》）。

不想见就不见，不管你是县令还是别的什么人；想见的，一定要快点见，不管你是人还是花。淳熙十三年春的一天中午，陆游刚喝足了酒，听说附近一个村庄的紫笑花开得极好，就如约见情人般匆匆赶去：

日长无奈清愁处，醉里来寻紫笑香。
漫道闲人无一事，逢春也似蜜蜂忙。

（《剑南诗稿》卷十七
《闻傅氏庄紫笑花开急棹小舟观之》）

紫笑，就是含笑，有紫白两种，四季都开，尤以三至六月为盛，其花常半开半合，仿佛人含笑貌。紫含笑的花边有紫晕，花极香，闻之，有苹果、香蕉或酒的味道。紫笑花中还有一种很特别的墨紫色，百花丛中，独显风姿。世间的花太多，陆游要追的花也有好多种，追梅花（放翁颇具寻梅眼，可爱南枝爱北枝。《剑南诗稿》卷十五《探梅》），追荷花，追梨花，除了梅花和杏花，就数这紫笑追得有趣味了，别看我闲着无事，百花盛开的春天，我也会如蜜蜂采蜜般地追花的。哈，这不，诗人急急忙忙跑到船坞，船工解开船的缆绳，操起桨，诗人一个劲儿地催：快划，快划，去傅庄看紫笑！

六、梦回南郑

尽管如此，陆游一刻也没有忘记自己的责任。这一时期的诗中，仍大量涉及抗金收复，许多诗，都以回忆南郑军旅生涯为主线，爱国报国，陆游心心念念。

忆昨骑驴入蜀关，旗亭邂逅一开颜。
气钟太华中条秀，文在先秦两汉间。
宝剑凭谁占斗气？名驹竟失养天闲。
身今老病投空谷，回首东风涕自潸。

（《剑南诗稿》卷十四《独孤生策字景略河中
人工文善射喜击剑一世奇士也有自峡中来者
言其死于忠涪间感涕赋诗》）

独孤生，没有具体的生平，但一定是陆游的好朋友，《剑南诗稿》中写到这位奇士涉及五首诗，每想起他，陆游总是感慨万千。淳熙九年（1182）正月，有朋友告诉他，独孤生死了，死在忠州和涪州三峡那一带。陆游闻此消息，不禁泪流满面，他哭独孤生，也哭自己，工文善射能击剑，又有什么用呢？陆游在心里哭道：独孤生呀，想起我们第一次在剑门关的旗亭见面，真是一见如故，酒喝得开心极了。兄的文才如此好，剑术如此高，但你却不为人所用，就如那养在深栏的名马，不让你发挥才能。现如今，我也老了，国家的事也无能为力，想起那些往事，只能暗自泪伤而已。

淳熙九年的八九月间，秋高气爽的日子，陆游拄着杖，又一次去附近闲走，这一次，他坐船，沿镜湖边的村落去，晚上，索性就住在水边的村庄：

腰间羽箭久凋零，太息燕然未勒铭。
老子犹堪绝大漠，诸君何至泣新亭。
一身报国有万死，双鬓向人无再青。
记取江湖泊船处，卧闻新雁落寒汀。

（《剑南诗稿》卷十四《夜泊水村》）

我的羽箭已经长久不用，然而，虏敌未灭，大功未成；可是，那些高居庙堂之上的位高权重者，却一味割地求和，俯首称臣，面对强敌，只能束手垂泪，让人无语。尽管我的生命是短暂而弱小的，但为了国家，我愿意死一万次，只是，岁月不饶人呀，我的年纪也越来越大了。哎呀呀，我还是记牢我来时泊船的地方吧，晚上睡在船舱中，静听那新雁，栖息在冷冷的沙洲上。

陆游那颗滚烫的报国心，不分时间，不分场合，只要有一点点小火星的触动，随时就会迸发，《夜闻秋风感怀》《夜观秦蜀地图》《哀北》《悲秋》《军中杂歌》《秋风曲》《明河篇》《感愤》《春夜读书感怀》《题海首座侠客像》《书愤》《醉歌》，或悲或感，或抒或叹，皆激情满怀。

陆游虽乡居偏野，但他时刻关注北方，关注金朝的动向。每当他听到关于金人不利的消息，都会欢喜写下心情，尽管有不少只是误传的小道消息，他也对朝廷寄予极大的希望："煌煌九霄揭日月，浩浩万里行风雷。虢山多兽可游猎，汝不请命何归哉"（《剑南诗稿》卷十六《闻虏酋遁归漠北》）。虏敌朝政已经出现乱局，正是我们围猎的好时机，赶紧动手吧！

第十二卷　严州记

一、山水之胜地

淳熙十三年（1186）春三月，江南的山阴，春草萌动，大地上的一切，都显得生动英气。山阴道上，京城方向过来的一匹快马，马蹄嘚嘚疾驰，不久，驿马停在了陆游的三山别业前，京城送来的快讯，是陆游一份新的任职命令，任朝请大夫知严州事，命令上还写有具体到任时间——七月三日。

六十二岁的陆游，已经没有欣喜的感觉，不过，他眼前立即浮现出六年前，由抚州过严州时的那个情景，也许是冥冥之中的注定，他要踏着高祖陆轸的足迹去那个山水佳处。宋仁宗皇祐元年（1049），陆轸知睦州。陆轸在明州、湖州、越州任上都留有良好的政绩，任睦州知州结束回京，升任吏部尚书。陆轸七十七岁去世，朝廷赠太傅、谏议大夫。

按惯例，他要先去京城，向皇帝表示感谢。比陆游小两岁的宋孝宗，亲切接见了陆游，岁月的雕刀无情，陆游已经满头银丝了，皇帝一时感慨良多：务观爱卿呀，这一下又八年过去了，我们都老了。严州那地方，山水风光不错，爱卿公务之余，可以多写写诗文！陆游一再谢恩。除了感谢，他也说不出更多的话来，此时非彼时，想当年，他们正年轻，他被赐同进士出身，意气风发，那是何等的荣光呀！而这些年来的经历，和当初的理想比，差别太大。蜀地归来，孝宗曾召见他，那时，陆游还有幻想，他虽理解孝宗的苦衷，但就是不甘心。一晃过去多年，这次安排他去严州，他心里清楚得很，只是一种安慰罢了。

严州还是很有些历史的。

建德建县于三国东吴时期的黄武四年（225），县城就在梅城。隋文帝仁寿三年（603），设睦州，下辖建德、寿昌、淳安、遂安、桐庐、分水六县。睦州府最初建在崇山峻岭中的雉山，那里山有多高？河有多急？史载有三位桐庐知县在去往睦州汇报工作的途中遭水而溺。唉，县令如此密集非正常死亡，可见睦州的山高滩急地僻。唐武则天神功元年（697），睦州府从雉山迁往梅城。睦州下属的淳安，出了著名的农民起义领袖方腊，这方腊燃起的战火，差一点就将大宋王朝葬送，宋徽宗一气之下，将睦州改为严州，严加看管的意思！

而南宋的严州，离京城也就百来里地，新安江、富春江、钱塘江，水运发达，经过多年的发展，已成京畿重地，严州的刻书出版业，尤为发达，对一个爱书之人，诱惑力实在不小，想到此，陆游竟然有点小小的向往。

二、临安春雨初霁

又离别京城八年，看市容风貌，越来越繁荣，这回，趁赴任前，得好好会会朋友，喝几顿快活的酒，作几首称心的诗。

陆游的学生和诗友张镃出场。

按照大宋对官员子孙的优待条例，作为张浚嫡长曾孙的张镃，五岁时便荫补直秘阁，淳熙年间做了临安的通判。张镃“有吏才”，应该是个会做官的人，但他的兴趣在文学，为此结交了很多文坛名家，陆游、朱熹、陈亮、叶适、辛弃疾、姜夔、杨万里、范成大、尤袤、周必大、洪迈等等，都是他的朋友，富二代，官二代，诗也写得非常不错，又爱交文友，热心文学活动，这就注定要在南宋文坛上留下很多的轶闻轶事了。

在临安皇城艮山门内的白洋湖畔，张镃营造了一个超级豪华的花园王国——南湖园，南宋时人们就赞其为“赛西湖”。南宋耐得翁的笔记《都城纪胜》，大致描绘了南湖的规模：

> 城中北关水门内，有水数十里，曰白洋湖。其富家于水次起迭塌坊十数所，每所为屋千余间，小者亦数百间，以寄藏都城店铺及客旅物货。四维皆水，亦可防避风烛，又免盗贼，甚为都城富室之便。其他州郡无此。

简单说来，张镃费心打造的南湖基本格局是：东寺，西宅，南湖，北园，各方位重点相当明确。有资料佐证，淳熙十四年（1187）秋，张镃已经舍所居为寺，绍熙元年（1190），皇上赐额广寿慧云禅院，俗称张家寺。

陆游长张镃二十八岁，老师辈，陆老师也确实如老师那样对待小张。陆游八十几年的工作生活经历，在京城的日子，其实不算多，但就是这样短的日子里，他仍然结交了不少朋友，张镃就是其中的一位：

> 举世何人念此翁，敢期相问寂寥中。
> 回思旧社惊年往，细读来书恨纸穷。
> 我用荷锄为事业，君将高枕示神通。
> 叮宁一语宜深听，信笔题诗勿太工。
>
> （《剑南诗稿》卷二十四《和张功父见寄》其一）

小张虽年轻，但陆大诗人，还是很看重小张友情的，他读张的来信，都嫌他写得短，读了又读。他又谆谆教导小张写诗，写诗不要太拘泥呀，要放得开，这句话你尤其要听进去！

四月，海棠花盛开的季节，初三这一天，张镃宴请了陆游，杨万里、尤袤等著名诗人作陪，地点就在张镃南湖园的北园。

我们从杨万里的诗题中，可以一窥这次雅集的盛况：《上巳日予与沈虞卿尤延之莫仲谦招陆务观沈子寿小集张氏北园赏海棠务观持酒酹花予走笔赋长句》，在对海棠花一阵盛赞后，诗人直抒对陆游的友谊：“伟哉诗人桑苎翁，持杯酹酒浇艳丛。坐看玉颊添醉晕，为渠一醉何须问。”桑苎翁，是陆游用过的别号，陆游也喜饮茶，陆游敬陆羽，并视陆羽为祖先，又说自己是陆羽后身。陆游酒量大，真性情，又是好朋友请客，自然尽兴得很，将酒浇在海棠上，肯定是喝高了，不过，一位六十多岁老人的酒醉状态，和辛弃疾的“松边醉倒”有的一比，“问松”“疑松动要来扶”“以手推松”，陆游自然也是醉卧海棠花下了。见此情景，满是醉意的杨万里，又写了一首《醉卧海棠图歌赠陆务观》：

蓬莱仙人约老翁，寄笺招唤陆龟蒙。
为花一醉也不惜，就中一事最奇特。
海棠两岸绣帷裳，是间横著双胡床。
龟蒙踞床忽倒卧，乌纱自落非风堕。
落花满面雪霏霏，起来索笔手如飞。
卧来起来都是韵，是醉是醒君莫问。
好个海棠花下醉卧图，如今画手谁姓吴？

（杨万里《诚斋集》卷十九）

杨万里称陆游为陆龟蒙，是因为陆游有号“笠泽渔隐”，陆龟蒙有《笠泽丛书》，又是著名隐士，陆游也视陆龟蒙为祖上贤人，极为崇敬，诗文中反复出现，杨万里和陆游的关系不一般，从称呼就可以看出一二。陆游虽然喝得帽子跌落，脸上沾满海棠花，但他也不是真醉，在胡床上躺了一会儿，诗意迅速涌上，立即起身，要来笔，大笔一挥，诗就成了！

这一段去严州上任前的日子，陆游暂时居住在西湖边的客舍里，访友踏景，作诗喝酒，每天忙忙碌碌，或许是梅雨季节的前奏，杭州的春雨淅淅沥沥一直下个不停，一个细雨绵绵的深夜，酒后的陆游，辗转反侧，听着滴滴答答的雨声，著名的《临安春雨初霁》于是出现在了南宋诗歌的排行榜顶端：

世味年来薄似纱，谁令骑马客京华。
小楼一夜听春雨，深巷明朝卖杏花。
矮纸斜行闲作草，晴窗细乳戏分茶。
素衣莫起风尘叹，犹及清明可到家。

（《剑南诗稿》卷十七）

深巷在哪里呢？就在今天杭州的孩儿巷。

孩儿巷九十八号，陆游纪念馆，时常有游人摸进巷子深处的古建筑里，看着陆游的塑像，吟着陆游的诗句，听雨，看花，陆游永远不知道，他的小楼春雨诗，会成为八百年来人们吟春的经典。

三、春山半是茶

朋友会够了，酒也喝足了，天气马上进入了炎热的暑月，去严州吧，那里有一片新的天地等着他。

在陆游的脑子里，历史上的严州（睦州）主要领导人，除了他的高祖，有两位印象非常深刻。

一位是唐代大诗人杜牧。

唐武宗会昌六年（846）秋天，江南丘陵连绵，翠绿的山道两旁，秋果硕硕，枫叶红了，四十四岁的杜牧，从池州刺史任上调任睦州刺史。睦州是偏僻小郡，“万山环合，才千余家。夜有哭鸟，昼有毒雾。

病无与医，饥不兼食”（杜牧《祭周相公文》），如此条件，且离长安越来越远，杜刺史的心情可想而知。

然而，杜大诗人到了睦州后发现，这地方的山水和百姓其实都挺不错，“水声侵笑语，岚翠扑衣裳”（《除官归京睦州雨霁》），谢灵运的“潺湲”用得太好了，杜牧继续用！于是，著名的《睦州四韵》，将唐代睦州山水活画了出来，成为了唐诗中的经典：

州在钓台边，溪山实可怜。
有家皆掩映，无处不潺湲。
好树鸣幽鸟，晴楼入野烟。
残春杜陵客，中酒落花前。

几乎所有的文人学士，都对严光崇拜之至，杜刺史也不例外。公务之余，他一定会去梅城下游三十里的严子陵钓台，除膜拜之外，更有对富春山水的流连。在杜诗人眼里，这两岸的山水，实在太可爱了，有白墙黑瓦，有茅屋人家，忽隐忽现，溪水潺潺，流过山石，漫过山涧，小鸟在茂林中幽幽地啼叫，日近正午，农户人家的炊烟袅袅升起，家家都住在风景里，而客居于此的诗人，真被眼前的美景陶醉了，他像一个醉酒者，倒在了落花前。

据《严州图经》标注，梅城曾建有“潺湲阁”。

陆游幻想着走进潺湲阁。阁中，谢灵运、杜牧的塑像一定大大地醒目，是他们的诗，成就了这个阁。自然，沈约、吴均、刘长卿、王维、李白、孟浩然、白居易、苏轼等等，这些历朝历代著名文人墨客抒写睦州山水的诗画，也都要一一展示。看那些诗，诗意画面感顿生，看那些画，画意却如诗般凝练，睦州的美丽山水，都如精灵般生生活化了。想象不尽，陆游一时竟有点恍惚。淳熙十五年（1188）春的一天，陆游去潺湲阁，“饱食何曾补县官，潺湲阁上倚阑干”，冷风扑面，看着远处的孤山，想起自己一生奔波，除却抱负和理想，生计问题也是一大原因，不禁感慨万千。

另一位自然是本朝的知名人物，范仲淹。

睦州也因范仲淹而画面定格，范的任期虽只有八个多月，却翻开了睦州文化史上灿烂的一页，这让陆游佩服得五体投地，范仲淹就是他的榜样。

景祐元年（1034）春，右司谏范仲淹，因为提了不该提的意见，反对宋仁宗废郭后，被贬为睦州知州。范仲淹到睦州，做的最重要的一件事，就是建严先生祠并写记。古往今来，因仰慕严子陵高风而到钓台拜访的文人骚客，据记载的就有一千多位，他们留下了两千余篇称赞严光高尚气节的诗文。等范仲淹到严子陵钓台时，严光祠已经破败不堪，范立即组织人员，全力修缮。并且，写下了著名的《严先生祠堂记》，结尾名句为：

仲淹来守是邦，始构堂而奠焉，乃复为其后者四家以奉祠事。又从而歌曰：云山苍苍，江水泱泱。先生之风，山高水长。

范仲淹不仅大修严祠，还为严祠的长久保护建立了制度，免除严先生四家后裔的徭役，让他们专门负责祭祀的事情。严先生的高风亮节，又一次被大大拔亮，先生之风，永世流传。

范仲淹在睦州的八个多月时间，诗情才情皆大爆发，他创作了占一生诗作六分之一的诗歌，比如《江上渔者》，活画出新安江富春江的日常形态：

江上往来人，但爱鲈鱼美。
君看一叶舟，出没风波里。

比如《潇洒桐庐郡十绝》，陆游最喜欢的四句：

潇洒桐庐郡，春山半是茶。
新雷还好事，惊起雨前芽。

清明前后，正是茶叶采摘季，范知州行走在他辖下的各个县乡，群山青翠，而春山的一半是茶，那春雷呀，你不要叫醒那些睡着的萌芽。

一想起这些，陆游就浑身激情喷发，对即将到达的严州，有些心驰神往了。船沿着富春江艰难逆行，舱外的翠绿山色，眼前快速流动的清波，一切似乎都很熟悉，他知道，严州就在眼前了。

四、劝农

梅城旧有“世美祠”，供奉着陆游高祖陆轸的遗像，陆游的《先太傅遗像》这样写:“以公自赞道帽羽服像，刻之坚珉，慰邦人无穷之思。”从陆游的描写上看，他上任严州，于公于私，第一件事，就是去祭拜陆轸（也有人说，是陆游主持修建了陆轸祠）。他应该仔细观察过高祖的遗像，这像刻在坚硬的玉石上，道帽羽服，肃穆庄严，州人常常进祠膜拜缅怀。

陆游迅速投入工作。

不过，公务繁忙，迎来送往不断，年逾花甲的陆游，深感体力有些不支，他从心底里羡慕范仲淹，范是那么潇洒，还写十绝，而他却是“桐庐朝暮苦匆匆，潇洒宁能与昔同。堆案文书生眼黑，入京车马涨红尘”（《读范文正潇洒桐庐郡诗戏书》《剑南诗稿》卷十九），“庭下讼诉如堵墙，案上文书海茫茫。酒酸肴冷不得尝，椎床大叫欲发狂”（《剑南诗稿》卷十八《比得朋旧书多索近诗戏作长句》），颇有如现代公务员说的那种忙，朝廷文件纷纷而来，堆桌成山，让人看得眼发黑，案件一个接一个审，喝酒吃肉的工夫都没有了，读书写诗只有到深夜，星期六一定不休息，星期日休息不一定。

虽如此，年老的陆市长依旧勤勉，他体察民情，极重视农事农耕，严州的各县乡，田间地头，经常有他的身影出现。严州这一片大地，处处都是怡人的景色，生机勃勃，有江有山，江是大江秀江，山是峻山俊山，他的身心随之松弛下来。

我们依然从陆游的诗文中，进入他严州的世界。

陆游踩着朝廷规定的时间到达严州，正赶上严州秋旱，田地歉收，饥荒有些严重。陆游对农村农民，一直都饱含深情，见此情景，立即向朝廷报告，赈济和免税同时进行，并根据实际情况，号召农民补种冬季农作物，最大限度弥补损失。是年瑞雪，陆游和百姓一样开心，并对来年的丰收作了无限欢乐的畅想：

苦寒勿怨天雨雪，雪来遗我明年麦。
三月翠浪舞东风，四月黄云暗南陌。
……
寒醅发剂炊饼裂，新麻压油寒具香。
大妇下机废晨织，小姑佐庖忘晚妆。
老翁饱食笑扪腹，林下击壤歌时康。

（《剑南诗稿》卷十九《屡雪二麦可望喜而作歌》）

自然，陆游也是懂农时的，他知道什么时候该做什么。第二年春天，陆游就早早发布了劝农文：

盖闻农为四民之本，食居八政之先。丰歉无常，当有储蓄。吾民生逢圣世，百谷顺成；仰事俯育，各遂其性。太守幸得以礼逊相与，从事于此。故延见高年，劳问劝课，致诚意以感众心，非特应法令，为具文而已。

今兹土膏方动，东作维时，汝其语子若孙，无事末作，无好终讼，深畎广耒，力耕疾耘，安丰年而忧歉岁。太守亦当宽期会，简追胥；戒兴作，节燕游，与吾民共享无事之乐，而为后日之备，岂不美哉！

（《渭南文集》卷二十五《丁未严州劝农文》）

陆游的散文,《入蜀记》《老学庵笔记》是顶峰之作,而他的一些公文,也都极有风格,简洁明快,表义准确,且具较浓厚的文学意味。这个劝农文,从储蓄的重要意义出发,着重要求各位农人,全心全力,经营好自己的一亩三分地,田地增产增收,歉收之年才不会饿肚子。更有说服力的是,陆游也自身带头,政府部门也要禁止一般的楼馆堂所建设,各种宴会游乐都要有所节制,这样的自律,百姓看了真心佩服。

这一年,百姓辛勤耕耘,天公又作美,严州迎来了丰收之年,“麦饭家家香”,陆游自然很高兴,下一年,他又颁布了鼓励农桑的第二道劝农文:

> 盖闻为政之术,务农为先,使衣食之粗充,则刑辟之自省。当职自蒙朝命,来剖郡符,虽诚心未格于丰穰,然拙政每存于抚字。觞酒豆肉,曷尝妄蠹于邦财;铢漆寸丝,不敢辄营于私利。所冀追胥弗扰,垦辟以时;春耕夏耘,仰事俯育。服劳南亩,各终藨蓘之功;无犯有司,共乐舒长之日。
>
> 今者土膏既动,穑事将兴,敢延见于耆年,用布宣于圣泽。清心省事,固守令之当为;旷土游民,亦父兄之可耻。归相告戒,恪务遵承,上以宽当宁之深忧,下以成提封之美俗。
>
> (《渭南文集》卷二十五《戊申严州劝农文》)

我估摸着,严州(睦州)一千多年的建州历史上,历任主要长官总有数百人,有作为的太守、知州也不少,却独独留下了陆游的两篇劝农文,令人深思。中国是个传统的农业国,陆游饱读经书,再加上他长期身处农村,和农民打交道多,深知农的重要性,无农不稳,无粮不稳,当他直接面对广大的农村农民时,“农”就作为他工作之重中之重了。

除了这两篇劝农文,陆游还写有数十篇祈雨文,《严州祈雨祝文》(三篇),《严州祈雨疏》(三篇),《严州马目山祈雨祝文》(二篇),《严州施大斛疏》,《严州谢雨疏》,《严州祈晴祝文》,《严州谢雪祝文》,《严州谢雪疏》,《严州久雪祈晴祝文》,《严州久雪祈晴疏》,《严州广济庙祈雨祝文》,《严州谢雨祝文》，旱了，求雨，雨来了，要谢；雨多了，雪大了，求晴，晴来了，也要谢，陆游是多么地忙碌呀，不过，为了百姓，他真的可以很拼。

陆游在严州的时间，首尾算上三年，满打满算却只有两年，他的足迹，不仅仅限于州府所在地梅城，下属的一些县，都留有他不少的诗文，他的创作一时达到顶峰状态，严州七百日，作诗三百首,《渭南文集》收文七百六十六篇，其中严州所作达九十一篇。真如宋孝宗所说，严州，山水之胜地（范仲淹在睦州八个多月时间，也留下了他一生创作诗歌中的六分之一强）。而其中，以抗金报国、收复失土为主题的诗，多达五十五首，它依然是陆游创作的主流，无论在何处，几回回梦里，常常壮怀激烈，跃马边关。

即便陆游退休回家，也一直关心着桐庐严子陵祠堂祭祀的事情，他总觉得，对于这样一个名人，无论如何都要将其高风亮节的精神传承下去，而严陵祠的祭祀，必须弄好。以至于开禧元年（1205），时任严州知州孙叔豹来请已经八十一高龄的前任写一篇《严州钓台买田记》，他也欣然而为：

> 嘉泰四年（1204），诏以严州久不治，命朝散郎直秘阁浙西路安抚司参议孙公叔豹为知州事。公至数月，州以大治闻。——严，名城也。自大驾巡幸临安，以朝士出守者，与夫入对行殿，被临遣而来者，大抵多取道于富春，入谒祠下，有高山仰止之叹。而恨祠屋弊坏，椒桂不以时荐，往往咨嗟踌躕，久而后去，及其下车，则日困于薄书米盐将迎燕劳之事，忽焉忘前日之言。寒暑再更，复上车去，则又过祠下，负初心戴愧面而去者，袂相属也。闻孙公之举，得无少自咎哉。予二十年前，盖尝来为此邦，亦自咎者之一也。故喜道孙公之举。
>
> （《渭南文集》卷二十）

拜谒严子陵的人来往不断，严子陵是严州的一面重要文化旗帜，而偌大的严州，却一直让严陵祠处于破败的状态（范仲淹曾大修），陆游一直也想修，可是时间太短，还是留下了遗憾，现在，孙叔豹在任职期间解决了陆游的心病，他是既惭愧又高兴。

五、琴高鱼

陆游严州任上，为避免家庭矛盾，只带了从蜀地娶的小妾杨氏及幼子子遹，小妾在严州生了女儿，周岁就夭折了（详见《情爱记》有关章节）。子遹刚十岁，异常聪明，陆游常有诗记之。

喜见吾家玉雪儿，今朝竹马绕廊嬉。
也知笠泽家风在，十岁能吟《病起诗》。

（《剑南诗稿》卷十九《喜小儿病愈》）

子遹也作子聿，子绛，亦称十五郎，以父致仕恩补官，历新喻丞、汉阳令、溧阳令、司农丞、知平江军、吏部侍郎、中奉大夫等，巧的是，三十九年后，宝庆二年（1226）十一月，四十九岁的陆子遹也做了严州的知州，陆轸、陆游、陆子遹，陆游家族的历史上，出了三位睦州、严州的主要长官，实在有意思。陆子遹再次到严州时，他一定会想起上面他父亲作的这首诗，他十岁时作的《病起诗》，被父亲记了下来，哈，作诗嘛，陆家的传统，耳濡目染。

我老畏作病，杯酒久不持。
读书寒雨中，比夕颇思之。
呼童欲洗酌，顾以病自疑。
清坐叹寂寞，痛饮愁淋漓。
三爵醒醉间，此理当徐思。

一掬琴高鱼，且复伴吾儿。

（《剑南诗稿》卷十九

《寒夜思饮酒不果与聿同啖药渣鱼戏作》）

药渣鱼，又叫琴高鱼，子遹又会想起寒夜和父亲一起吃鱼的情景。寒夜苦读，父子做伴，读久了，父亲想要喝点酒，驱驱寒，可是，年纪大了，身体又有病，不敢喝，干坐着总不行，父亲一个转身，去厨房找出一盘干煎鱼，琴高鱼呀，你吃一条，我吃一条，父子两人嚼得有滋有味。

药渣鱼，名字怪异，相传琴高跨鲤飞升，药鼎倾渣入波变鱼。这鱼和琴高有关，琴高又是谁？《水经注》卷二十三有记："赵人有琴高者，以善鼓琴，为康王舍人，行彭、涓之术，浮游砀郡间二百余年，后辞入砀水中取龙子，与弟子期曰：明日皆洁斋候于水旁，设祠屋。果乘赤鲤鱼出，入坐祠中，砀中有可万人观之，留一月，乃复入水去。"

一般人将琴高鱼借代鲤鱼，但宋赵与时的笔记《宾退录》卷五却是另外一种鱼："今宁国府泾县东北，有琴溪，俗传琴高隐处，有小鱼，他处所无，号琴高鱼。岁三月，数十万一日来集，网取盐曝，州县苞苴，索为土宜。旧亦入贡，乾道间始罢。"

很有名的一个神仙故事。琴高乘鲤鱼升天，这是求道求仙人的梦想，陆游自然羡慕，半夜吃琴高鱼，其实蕴有含义，但陆游父子晚上吃的琴高鱼，就是鲤鱼吗？新安江富春江中，好鱼多的是，有一种叫子陵鱼的，很特别，细小美味，它的形状符合赵与时笔记的描写。于是，我宁愿将琴高鱼设想成子陵鱼，夜吃子陵鱼，用严子陵不事王侯的隐逸来比喻自己的退隐思想，寓意也深刻。

六、《剑南诗稿》初版

北宋时的杭州、四川的成都、汴京（今河南开封）、福建建阳，并称为全国四大刻书中心，宋人叶梦得有文记载如下：

> 今天下印书，以杭州为上，蜀本次之，福建最下。京师比岁印版，殆不减杭州，但纸不佳；蜀与福建多以柔木刻之，取其易成而速售，故不能工。福建本几遍天下，正以其易成故也。
>
> （叶梦得《石林燕语》卷八）

毕昇活字印刷的发明，将中国古代雕版印刷发展推向了鼎盛，南宋的杭州，许多官家和私营的刻书机构、书肆、知名刻工，使杭州的雕版印刷进一步走向了辉煌时期，北宋东京的沦陷，国藏图书或毁于战火，或被大肆劫掠，所以，南宋政府一建立，立即搜罗天下图书，陆游家就捐出了一万三千多册古籍，官方机构也迅速组织刻印，国子监及皇家内府、修内司、太医局、太史局等中央机关都刻印过不少书。

而京畿之地的严州，也是南宋时期善本书的重要出版地之一，宋版严州本，墨黑如漆，字大如钱，校雠精良，刻印精细，是宋刻本中的上品。据资料，现存世的八十余种宋版严州本，多藏于国家图书馆、上海图书馆，皆为国宝级珍品，如《艺文类聚》严州本，为唯一传世刻本，弥足珍贵。

陆游自然十分重视出版业，刻印书也是政府的重要工作。八十卷的《南史》，十卷本的《世说新语》，三十卷本的《刘宾客（禹锡）集》等，都是陆游亲自主持刻印完成的。陆游父子，在严州共刻印了二十三种陆游的作品，总数达三百四十一卷。《剑南诗稿》《剑南诗稿续稿》《老学庵笔记》的初刻本，均在严州问世。

在严州，陆游业余时间还有一个重头戏，就是指导编选自己以往的诗作。自从学诗作诗到现在，每有诗意上涌，随兴即兴遣兴，一直写写写，到底写了多少诗了？还真没有好好坐下来统计过，以前编过几次，现在，是真正编辑的时候了，连孝宗皇帝都要他在严州的山水间好好享受，那么，回望也是一种重要的工作，选出最满意的作品，不满意的，统统删掉！虽然，《诗稿》前集的实际编定者是苏林，当时的建德县令，陆游的粉丝兼下属，而同是陆游下属的税务官、迪功郎郑师尹写了序，郑的序言中对编选出版工作的来龙去脉写得十分明白，但陆游在《渭南文集》卷二十七《跋诗稿》中也明确记载：“此予丙戌（乾道二年）以前诗二十之一也。及在严州，再编，又去十之九。然此残稿，终亦惜之，乃以付子聿。绍熙改元立夏日书。”乾道二年（1166），陆游只有四十二岁，当时，他删定为九百四十首，按二十之一推算看，足有一万八千多首，而在严州，又删除了十分之九，现在，我们能看到的，四十二岁以前的陆游，留下的诗为九十四首。如此大量删节，或者，选出自己满意的作品，只有陆游可以决定。删除自己的文章，不写文章的人或许没有什么特别的感受，写文章的人，都会有不同程度的体会，心如刀割地痛，有些夸张，但惋惜之情一定深，无论写得如何，那毕竟是自己岁月和心情的真实吐露。不过，严州的陆游，已过花甲之年，思想非常成熟，他对于青少年时期追求“文辞”的作品，有着太多的不满意：“文辞组绣耳，初不系贤愚。负恃已可笑，憎嫉真区区”（《剑南诗稿》卷《古风》之三），文章要讲实用，也正是如此，他果断地否定了自己早年的“藻绘”之作。

为什么叫《剑南诗稿》，不叫“越州”或者“山阴”或者别的什么诗稿？陆游的长子陆子虡，在诗稿的跋中说得很清楚：

> 先君太史，晚自号曰放翁。……五为州别驾，西溯僰道，乐其风土，有终焉之志。蜀之名卿巨儒，皆倾心下之，争先挽留。晁公子止侍郎，欲捐其别墅以舍之，先君诺焉，而未之决也。尝为子虡等言：蜀风俗厚，古今屡多名人，苟居之，后世子孙宜有兴者。宿留殆十载。戊戌春正月，孝宗念其久外，趣召东下，然心未尝一日忘蜀也，其形于歌诗，盖可考矣。是以题其平生所为诗卷曰《剑南诗稿》，以见其志焉，盖不独谓蜀道所赋诗也。后守新定，门人请以锓梓，遂行于世。其戊申、己酉后诗，先君自大蓬谢事归山阴故庐，命子虡编

次为四十卷，复题其签曰《剑南诗续稿》，而亲加校定，朱黄涂擿，手泽存焉。自此至捐馆舍，通前稿，凡为诗八十五卷。子虡假守九江，刊之郡斋，遂名曰《剑南诗稿》，所以述先志也。其他杂文论著，季弟子遹亦已刊之溧阳。会子虡上乞骸之请，旦暮且去，故有所未暇。初，先君在新定时，所编前稿，于旧诗多所去取。故其遗诗，存者尚七卷。念先君之遗之也，意或有在，且前稿行已久，不敢复杂之卷首，故别其名曰《遗稿》云。

嘉定十三年十二月既望，男朝请大夫知江州军州事陆子虡谨书。

起先不是很愉快地入蜀，最后居然想定居于彼，及至离开蜀地，思念的火花依然不断闪现在他的诗文中，那就以蜀地名来命名诗稿吧，永远留传下去。严州本只有二十卷，后来又编为四十卷，陆游都亲自审定。嘉定十三年（1220）的十二月，陆子虡在江州任上，完成了他父亲这部大著，全书八十五卷。

或许是兄弟间早就商量好了，《剑南诗稿》刊刻发行这一年的前一个月，陆游的幼子，承事郎知建康府溧阳县主管劝农事陆子遹，也同时完成了陆游五十卷的《渭南文集》的刊刻。渭南者，陆游晚年封渭南伯，乃自号“陆渭南”，陆游晚年曾交代过小儿子：“剑南乃诗家事，不可施于文，故别名《渭南》，如《入蜀记》《牡丹谱》《乐府词》，本当别行，而异时或至散失，宜用庐陵所刊《欧阳公集》例，附于集后”（见陆子遹《渭南文集》跋）。很显然，陆游对他身后诗文的刊刻发行，早有明确的打算。

严州版的《剑南诗稿》二十卷，收录两千五百余首诗。著名诗人的诗集一出版，立刻轰动了整个南宋诗坛，一时好评如潮，洛阳纸贵。

陆游的好朋友杨万里，热情作诗赞扬，《朝天集·跋陆务观剑南诗稿二首》：

其一

今代诗人后陆云，天将诗本借诗人。
重寻子美行程旧，尽拾灵均怨句新。
鬼啸狨啼巴峡雨，花红玉白剑南春。
锦囊翻罢清风起，吹仄西窗月半轮。

其二

剑外归乘使者车，浙东新得左鱼符。
可怜霜鬓何人问，焉用诗名绝世无。
雕得心肝百杂碎，依前涂辙九盘纡。
少陵生在穷如虱，千载诗人拜蹇驴。

（以上均见杨万里《诚斋集》卷二十）

杨万里，以空前的热情，对陆游的诗大赞，这部诗稿，巧夺天工，是神来之作，陆游的诗，继承了屈原和杜甫的风格，具有浓郁的家国情怀，他踏着杜甫在夔州的足迹，对杜甫的诗有着深刻的领悟，写出了自己独特的篇章，诗的意境，诗集的名字，都别出心裁，陆游为诗，费尽脑子，用尽心血，正因如此，这才有了如椽大作。

七、回乡

淳熙十五年（1188）年春天，当严州的春山，再次绽放出春天别样的风采时，六十四岁的陆游，已无心风景了，他向朝廷上书，乞请祠禄还乡。他知道，任期即将结束，这样的年纪，还是不给朝廷添麻烦了，能够有一份薪水可领，足够。

不过，在陆游结束任期前，他都没有得到答复，那行吧，卷起铺盖，回家！这一年的七月十日，炎热的山阴，依旧以十二分的热情迎接这位游子回乡：

镜湖清绝胜吴松，家占湖山第一峰。
瓜冷霜刀开碧玉，茶香铜碾破苍龙。
壮心自笑老犹在，狂态极知人不容。
击壤穷阎歌帝力，未妨尧舜亦亲逢。

（《剑南诗稿》卷二十
《七月十日到故山削瓜瀹茗翛然自适》）

不愧是鱼米之乡，站在三山别业前，陆游心情大为舒畅，这次做官，三年时间，不长，家里一切都料理得很好，家主回乡，凉水缸中捞起一只瓜，瓜刀轻轻剖下，红瓤中星布着一些黑粒，嗯，好瓜，暑日里吃凉瓜，透心舒服。仆人都知道主人爱喝茶，铜钵早已准备好，好茶赶紧煮上。作为一州之主，无论公堂上还是去别的地方公务，官员必须有的仪式还是需要的，想来，陆游已经厌烦繁琐的礼节，回到家，这里就是自己的天地，可躺可坐可卧，随时随地，哈，我在乡下自食其力，过着帝王一般的生活。呵，只要有好的心态，哪里都是心灵之乡，何况生他养他的山阴，真是一片好湖山呀！

饭白茶甘，自由的闲居生活，似乎又要开始了：

旋炊香稻鬻新菰，饭饱逍遥乐有余。
茶味森森留齿颊，香烟郁郁著图书。
毛皮尚在宁知我，鳞甲深藏莫问渠。
赖有邻翁差耐久，雨畦频唤共携锄。

（《剑南诗稿》卷二十《饭罢忽邻父来过戏作》）

诗人回乡的消息，如长了脚一样，周围邻居迅速知晓。一些老朋友，自然要过来坐坐，这不，新米饭，新鲜的茭白，还有湖鲜，一大家子人，吃得不亦乐乎，饭后照例是茶，一切都满足了，然后去书房。这个时候，邻居老朋友来了，经常来陆家的老朋友们，一定知根知底，双方都有话说，不知道聊了多久，风物八卦应有尽有，陆游也会细致地问一问乡间这几年的情况，而这些，都是邻居高兴回答的，谈到最后，邻居老头和陆游约定：天已经旱了好多天了，看天气，近几天就要下雨，等雨落下，我们一起去种菜吧，反正，重活我也干不了。陆游自然连声快答：好的好的，下雨种菜！

第十三卷 乡居记（三）

一、京官一年

陆游在老家的日子过得舒畅，他也在等朝廷的安排。

年底，终于等来了朝廷的通知，不是他希望的奉祠，而是一个他几乎想不到的职务：军器少监。

其实，陆游应该想到，在讨论他的任职时，极有可能有人这么认为：他不是一直想复国抗金吗？眼下军器监正缺人手，就让陆游去弄那些兵器。而《宋史·陆游传》这样说："再召入见，上曰：'卿笔力回斡甚善，非他人可及。'除军器少监。"皇帝真是霸道，这样的理由，让陆游哭笑不得，笔力和军器有什么关系呢？匪夷所思。

看着这个新职通知，陆游又想起了沈括。他的初官就是主簿，沈括也是，现在，军器少监，北宋熙宁七年（1074）九月，沈括就被委任为兼判军器监。

军器监是北宋王安石变法时设的一个新机关，主要为了加强生产军器，实行军事改革而设。宋神宗的原意，是要王安石自己兼任这个职务，但王觉得自己事情太多，没时间兼顾，就推荐沈括担任。由此见，沈括已在王安石变法运动中，扮演了非常重要的角色。

富国强兵不能空谈，必须落实在具体的事情上，比如打仗，也必须懂得战法。沈括基本上就是个全才，没有他不精通的。沈括懂作战，可能就是受苏州的大舅舅许洞的影响，许舅舅文武全才，肯定影响了这个好学的外甥。

沈括在军器监的一年多时间里，除了日常性的事务外，他根据实际重新制定了《九军阵法》，还编纂有《修城法式条约》。

《九军阵法》，宋朝军队作战的基本手册，宋神宗曾经命令六宅使郭固等讨论研究细则，郭固以李靖的《教旗法》为主，加上自己的理解，将研究结果写成篇，颁发给各部队使用。但郭固编辑的这个版本，错误很多，宋神宗极不满意，要求沈括重新编辑。郭本《九军阵法》，在沈括看来，致命伤就是纸上谈兵：九军共为一个营阵，它的外面以一个驻队环绕，十万人的阵地，共占地方十里多。沈括说，天下哪有这么多方圆十里的平地，没有山丘、溪涧、树木，谁给你专门摆阵？这样的阵法，就像九个人包着一层皮，一点儿也分不开，又如何能展开战斗呢？沈括的九军阵法是这样的：九军各自为政，分列前后左右，各占地利，以驻队外向自绕，即使有山林溪涧，都可以轻松越过，各自成营。战斗时，擂鼓一响，舒卷散合，有条不紊：九军合则为了摆大阵，当中分出四条通路，形成“井”字形状，背背相承，面面相向，四头八尾，触处为首。

宋神宗认为沈括说得很对，立即下令将这种阵法向全军颁布。

《修城法式条约》，全书共有两卷，内容记载当时城防用的敌楼、马面（古代沿城墙上女墙修建的作战棚，探出城墙外，长数丈，上有小楼，便于观察城下情况）、团敌（圆形马面）法式、申明条约、修城女墙法式等等，《梦溪笔谈》卷十一就谈到了具体的做法：延州（今陕西延安）旧的丰林县城，城墙不厚，但马面极长而且密集，所以人力很难攻下，作战时，一定不能使敌人攻到城下，这才是良法。所以，这种建造模式，就很值得作为法式。

军器监自然要造武器，沈括依据《周礼·考工记》《诗·小戎》等文献中的有关资料，结合当时的作战实际，制定了兵车的法式，军器监再根据这个法式，制成了新的兵车。然后，挑选了部分士兵，演练新的兵车，熙宁八年（1075）秋八月，北宋政府举行了盛大的检阅典礼，皇帝到延和殿亲自检查。神宗看着士兵神气地驾着那些新颖的战车后也很兴奋，对付辽军，这个应该有用！

沈括在军器监的成绩也获得了公认，有一个该机构成立前后的统计数字是这样的：比之旧额军器多数十倍，少的也要多一两倍。

陆游不是不想有作为，他也知道沈括在军器监做了太多的事，如果他大张旗鼓地干，他断定，又有人会给他小鞋穿的，你这么干，是不是想挑起战争？而陆游此时的心情和环境，都不能和沈括那时比，沈括是得到皇帝信任，也是一把手，而少监，只是副手，配合工作而已。

陆游在砖街巷（今杭州孩儿巷）南边的小宅南楼居住，去附近的修文坊上班。

乾道年间的军器监，设在修文坊。南宋时的街巷命名，修文坊，修义坊，德化坊，积善坊，孝仁坊，清风坊，里仁坊，大多和儒家文化有关，修文的意思是，加强文治，提倡礼乐教化，修文坊就在现今杭州官巷口的北边。说是修文，却要军器，军器监的官员们都在干些什么呢？不打仗，军器似乎没什么用处，真的无事可干，天南地北，神仙鬼怪，他们在围炉谈八卦：

> 五客围一炉，夜语穷幻怪。
> 或夸雷可斫，或笑鬼可卖。
> 或陈混沌初，或及世界坏。
> 或言修罗战，百万起睚眦。

（《剑南诗稿》卷二十
《致斋监中夜与同官纵谈鬼神效宛陵先生体》）

一百来天后，淳熙十六年（1189）初春，或许，孝宗也觉得这个职务不太适合已经六十五岁的陆游，在他禅位给光宗前，又特地任命陆游为礼部郎中，这是孝宗在位二十七年来任命的最后一位官员。

> 上怜其才，旋即复用。未内禅，一日上手批以出，陆游除礼部郎。上之除目，自公而止，其得上眷如此。
>
> （南宋叶绍翁《四朝闻见录》乙集）

叶绍翁的笔记，表面上至少可以佐证一点，孝宗确实是关心陆游的，从赐同进士出身开始，直到最后一位任命的官员。然而，从陆游的为官经历看，孝宗的这种关心只是停留在对陆游文学才能的肯定，他太知道陆游的心思了，陆游一心要抗金复国，那颗蓬勃而炽热的心，按都按不住，随时可能蹦出来，对于一心苟且的朝廷，陆游似乎生错了时代。

和陆游以往的任职相比，礼部郎中总算是个比较体面的京官了。六部中，礼部管理的属于精神思想方面的事，教育，文化，科举，礼仪，祭祀，都是礼部管辖，尚书、侍郎是一个部的主官和次官，郎中则是得力骨干，协助长官，为整个部的事情出谋划策。除了日常工作外，陆游还有一项重要任务，就是编撰《高宗实录》。

宋高宗赵构卒于淳熙十四年（1187）十月初八。次年五月二十二日，孝宗下令诏修《高宗实录》。皇帝的实录，自南北朝就开始有了，皇帝死后，要将其统治时期的大事，按年代分类别编辑起来。自然，这样的工作，文字好的史官才能胜任。

一个国家大部，日常工作繁杂而多样，一天事情处理下来，回到家时，常常是半夜，夜深人静，大部分人都已熟睡，只有娱乐歌厅中还有歌声传出。不过，他这个年纪的人，已经无心欣赏，回到空空的房子中，寒风凄厉，唯有孤灯，映射出一个瘦骨伶仃的老人身影。睡不着，幸好，还有《周易》和《汉书》陪伴他。

然而，淳熙十六年初春的好时光并没有持续到年底，十一月底，新上任的皇帝光宗，依据谏议大夫何澹的弹劾，罢了陆游的官。何澹的弹劾理由是：陆游曾经屡次遭到弹劾。他的推理很简单：有错才会遭人弹劾，而经常遭弹劾的人，一定有不少错！这是逻辑悖论，也是怪圈，何澹才不管陆游为什么遭弹劾，纵观对陆游的弹劾，几乎都是主和派对他的不实诬陷，包括何澹这次。

处州人何澹，是乾道二年（1166）的进士。起先，何澹被周必大看好，推荐为学官，何两年没有升迁，是右丞相留正帮他升了右谏议大夫，如此，何就有点怪上周必大了。而当上了谏官的何澹，像一只疯狗一样开始咬人，这一年五月份的时候，何澹就弹劾左丞相周必大，结果，周被罢官。而陆游和周必大，关系向来就好，何澹就又盯上了陆游。

据何澹观察，陆游进入京城的这一年时间里，依旧不断写抗金复国的诗，而且，诗意表达越来越强烈，看看，他在京城只待了百余日，就这样写：

我梦入烟海，初日如金熔。
赤手骑怒鲸，横身当渴龙。
百日京尘中，诗料颇阙供。
此夕复何夕，老狂洗衰慵。
梦觉坐叹息，杳杳三茆钟。
车马动晓陌，不竟睡味浓。
平生击虏意，裂眦发上冲。
尚可乘一障，凭堞观传烽。

（《剑南诗稿》卷二十《我梦》）

这是一个什么样的梦呀，从头到尾，都在表达他的上阵、杀敌，虽志向难达，年纪也不断老去，但他依然激情满怀，寻找一切报国抗金的机会。而这一切，都让投降派吃不下饭睡不着觉，这样的好战分子，一定要将他赶出朝廷！

或许就是光宗装糊涂，本来他就与老爹孝宗积怨日深，加上何澹的弹劾，正好，就罢了陆游呗。陆游的好友朱熹，这样说陆游此次罢官的原因：恐只是不合作此好诗，罚令不得做好官也（《朱文公文集》卷四三《答徐载叔书》）。谁让陆游写了那么多好诗呢？但对陆游来说，不写诗，毋宁死！

二、风月轩

淳熙十六年（1189）底，陆游丢下了没有完成的《高宗实录》，又回到了山阴，虽然一肚子的气，但也极度无奈，当他看到熟悉的三山别业，那一湖平静的水波，岸边还有厚厚的积雪，他的心又一下子平静了下来，年纪大了，过自己的日子吧。

繁忙的公务，好久没有痛饮了，有酒万事足：

黄昏云齐雪意熟，二更雪急声簌簌。
地炉对火得奇温，兔醢鱼鱐穷旨蓄。
引杯且作槁面红，脱帽不管衰鬓秃。
浩歌三终徐自和，藏书万卷方尽读。
从来本不择死生，况复区区论祸福。
雪晴著屐可登山，与子一放千里目。

（《剑南诗稿》卷二十一《雪夜小酌》）

天空阴沉，阴湿寒冷，老天自傍晚开始就在酝酿着如何下一场漂亮的大雪。果然，半夜的雪子雪花紧密倾泻而来，而对诗人来说，晚来天欲雪，正好是饮一杯的大好时机，家里的地炉火热，屋里温暖如春，山珍湖味，土货而已，一喝就止不住了，一杯接一杯，脸色开始红润，身上开始发热，帽子脱了吧，在自己家里，不怕白发和衰鬓。继续喝，越喝越开心，喉咙禁不住放歌了，时而低沉，时而高亢，此时，所有的愤懑都随酒而散，看着那满墙满柜的书，诗人更开心，不就是罢个官吗？区区小事，他对陪着一起喝酒的儿子说：明天雪晴，我们去登山，一定要爬上山顶，一览众山小！

有时，陆游还醉中作书法，而那种时候，心中满满的复国抗金情怀，又随着酒意迅速冒上来：“丈夫本意陋千古，残虏何足膏碪斧；驿书驰报儿单于，直用毛锥惊杀汝”（《剑南诗稿》卷二十一《醉中作行草数纸》）。那种天生的豪气，岂是罢官罢得了的吗？！

不过，静下心来，陆游也会认真思索自己近年来的作为，为什么屡遭非议：

扁舟又向镜中行，小草清诗取次成。
放逐尚非余子比，清风明月入台评！

（《剑南诗稿》卷二十一《予十年间两坐斥罪虽擢发莫数而诗为首谓之嘲咏风月既还山遂以风月名小轩且作绝句》）

淳熙三年（1176）九月，陆游正要被任命为嘉州知州，后来被罢，理由是有人言其燕饮颓放；淳熙八年三月，陆游正要去提举淮南东路常平茶盐公事，结果有人论其不自检饬，所为多越于规矩；而刚到礼部郎中任上，又被何澹弹劾为经常遭罢，所致有污秽之迹。

这首诗写于绍熙元年（1190）秋，光宗继位的次年，改淳熙为绍熙。陆游的自我感觉，和别人的分析，其实原因都一样，表面上是陆游喜欢写清风明月，实质上是政治和路线斗争，所以，陆游索性与上次取“放翁”号一样，将自己的小书房命名为“风月轩”，我自己的房子，取个名字总可以吧！

三、处处诗材

清初著名诗人王士祯的一段诗论，将苏轼和陆游放在一起评价，颇为中肯和形象，也比较准确地概括了陆游晚年的乡居生活和诗风：

宋人之诗多者莫如子瞻、务观。……务观闲适，写村林，茅舍，农田，耕渔，花石，琴酒事，每逐月日记寒暑，读其诗如读其年谱也。然中间勃勃有生气，中原未定，梦寐思建功业，其真朴处多，雕琢处少，取其多者为佳。

坡公之诗纵横天下之胜，皆通达务实，有感而发。务观则所处时代不同，其诗闲适可观，不忘民族复兴，少雕琢。

（王士祯《带经堂诗话》卷一《品藻》）

《剑南诗稿》中的九千三百多首诗，三分之二以上是写于这个时期直至他生命的终结。这十三年，他留有三十卷诗，共三千多首。陆游的诗，就是一本清晰的年谱，逐年逐月，闲适中不忘那颗一直滚烫的报国心。

沙路时晴雨，渔舟日往来。村村皆画本，处处有诗材。

炊黍孤烟晚，呼牛一笛哀。终身看不厌，岸帻兴悠哉！

（《剑南诗稿》卷四十一《舟中作》）

船是水乡的主要交通工具之一，陆游至少写过十七首《舟中作》，“村村皆画本，处处有诗材”。山阴的农村，陆游久看不厌，树丛隐着村，村树相间，十树一村，五树一坞，门扉隔竹，茅篱竹舍，人面半绿，常见的镜头是，船慢慢靠岸，陆游从船上跳上岸来，伸一伸懒腰，整一整帽子，再迈步走向三山别业回家的路上。

时时和百姓打交道，关注衣食住行，就成了陆游的日常。绍熙五年（1194）的四月，陆游到田间看插秧，记下了这样的场景：

浸种二月初，插秧四月中。小舟载秧把，往来疾于鸿。

吴盐雪花白，村酒粥面浓。长歌相赠答，宛转含《豳风》。

日暮飞桨归，小市鼓冬冬。起居问尊老，勤俭教儿童。

何人采此谣，为我告相公。不必赐民租，但愿常年丰。

（《剑南诗稿》卷二九

《夏四月渴雨恐害布种代乡邻作插秧歌》）

陆游笔下，仅镜湖的一年四季，就足够让他写了，柳树，桑树，梅树，枫树，乌桕，那时还有荔枝；粳稻，红蓼，菰蒲，姜，菱，藕；水鸭，野鸭，鲫鱼，鲈鱼，鳜鱼，蟹，虾；塔，桥，楼，阁，庙，在诗人眼里，整个镜湖就是“花为四壁船为家”（《剑南诗稿》卷五《同何元立赏荷花追忆镜湖旧游》），真是一幅大画好画呀！

四、可爱的邻居老头

会稽城南，有一位爱喝酒的老头，此老头姓陈，卖花为业，他将卖花所得的钱，全部买酒喝，根本不管老婆孩子的死活。这陈老头喝酒，还有一个怪脾气，不喜欢独酌，不管别人愿不愿意，强拉人共醉：

君不见会稽城南卖花翁，以花为粮如蜜蜂。

朝卖一株紫，暮卖一枝红。

屋破见青天，盎中米常空。

卖花得钱送酒家，取酒尽时还卖花。

春春花开岂有极，日日我醉终无涯。

亦不知天子殿前宣白麻，亦不知相公门前筑堤沙。

客来与语不能答，但见醉发覆面垂。

（《剑南诗稿》卷二十三《城南上原陈翁以卖花为业

得钱悉供酒资又不能独饮逢人辄强与共醉

辛亥九月十二日偶过其门访之败屋一间

妻子饥寒而此翁已大醉矣殆隐者也为赋一诗》）

这确实是个怪老头，名声弄得很大，陆游自然也知道了。绍熙二年（1191）九月十二，陆游偶过其门，就跑进陈老头家里去会一会他，没想到，一间破房，逼仄阴暗，陈老头的老婆孩子衣着单薄，正饿着肚子，而陈老头，已经喝得酩酊大醉倒在屋角。这个陈老头，真是有个性，今朝有酒今朝醉，哪管死后洪水滔天，他不知道官场，估计也不想知道，陆游小心地叫着：喂，老弟，你怎么样啊？要不要紧？陈老头发髻都散了，长长的白发盖住了他的脸，嘴角上还流着哈喇子，呼噜打得震天响。此诗有言外之意吗？应该有，有了酒，皇帝、官场，复杂的人际关系算什么？根本就不要当他们存在！

陆游和邻居的关系，其实相当融洽，看他栩栩如生的描写：

韩翁生不识官府，半醉长歌老烟浦。
因师老乃学长斋，白饭青蔬自炊煮。
二君要是可喜人，未尝一语欺其邻。
有过无过姑置之，后生孰能如此真？

（《剑南诗稿》卷六十九
《思北邻韩二翁西邻因庵主南邻章老秀才》）

这三位邻居，北邻韩老头，乐观至极，在他眼里，没有什么官府，自食其力，打鱼种田，有肉就吃，有酒就醉，醉了长歌。西邻因庵主，读书修身，自有一套，吃的清淡简单，蔬菜白饭，自炊自煮，悠然自得。南邻章老秀才，仕途止于秀才，这么多年，学问也没什么长进，生活潦倒，不过心态却不错，陆游很尊重这位老秀才，秀才也时不时过来喝个小酒，发发牢骚。这章老秀才，还热心村社活动，陆游也有诗纪念他：“乡闾耆宿非复前，老章病死今三年”（同上）。他们都活得很真实，他们对陆游一家都极好，陆游看看这些可爱的邻居大哥，他似乎一时很满足。

庆元五年（1199）冬十二月二十三，小年夜，陆游一家隆重祭灶，按习俗，祭祀完毕后，要请邻居们到家里喝酒吃肉，这一夜，三山别业热闹非凡，次日酒醒后，陆游记下了前一晚的情景：

卜日家祭灶，牲肥酒香清。
分胙虽薄少，要是邻里情。
众起寿主人，一觞潋滟倾。
气衰易成醉，睡觉窗已明。

（《剑南诗稿》卷四十一《冬日读白集，爱其“贫坚志士节，病长高人情”之句作古风》之十）

中国人情社会，无论古今，无论何时何地，乡邻都很重要，尤其如陆游这样的诗人，亦官亦农，他对百姓的生活有深切的了解，因此极看重这种“邻里情”。

乡民讲人情，但鸡毛蒜皮的事也斤斤计较，这时，就需要有威望的长者出面调解，自然，退休在家的陆游，经常充当这样的角色：“邻曲有米当共舂，何至一旦不相容”“相攻本出忿与疑，能不终讼固已奇”“忿争得直义愈非，不如一醉怀牒归”（《剑南诗稿》卷六十二《谕邻人》三首）。对于邻里小事的纷争处理，陆游太有经验了，他为官的时候，也处理过不少诉讼，只是，都没有详细的案情记录，在他的诗中，也不见踪影，或许，对陆游来说，这些和他心中的抗金复国相比，都不是什么大事，只是一般的公务而已。

五、秋意无限

对一个奔向古稀之年的诗人来说，季节的变换与心情紧密相连，春季万物勃发生长，夏季火热，冬季寒冷，然而大雪下孕育着来年的生机，唯有秋，虽是丰收的季节，却也令人感伤，特别是敏感的诗人。

这十来年的乡居，写秋涉秋的诗竟达百余首，也就是说，每当秋季来临，陆游都要发一通感慨，年纪越大，感慨越多。

拒霜惨淡数枝红，石竹凋零不满丛。
小蝶一双来又去，与人都在寂寥中。

（《剑南诗稿》卷五十四《秋兴》）

当整个山野的植物开始发黄发红时，虽然有一种意境之美，然而，看着那些凋零得极厉害的芙蓉花、石竹，诗人依然伤感，蝴蝶爱花，不管春夏，它们在凋零稀少的花丛中飞进飞出，更显寂寞，大地的美好就要结束，大地就要迎来严酷的寒冬，老诗人能不伤感吗？

岸帻萧然病体轻，雨余郊馆已生凉。
微风掠面酒无力，明月满窗眠不成。
叶底涓涓秋露滴，草根咽咽暗蛩鸣。
屏居未免伤孤寂，赖有邻翁约耦耕。

（《剑南诗稿》卷七十七《秋夜》）

秋拂面，人空瘦，平日里那般美味的酒，今天喝来，味觉严重迟钝，这个秋日的夜晚，似乎注定要失眠。明月慢慢爬上来，再爬上来，越爬越高，惨白的月光洒满窗，树叶上的露水，似乎听得见它们的滴答声，秋虫在草丛中低声地啾啾，这只是一个普通的秋夜吗？应该是，不知道还有多少个这样的秋夜等着他呢，诗人翻来覆去，如沙滩上的鱼。当东方的天空开始发白时，诗人突然想起，呀，昨天和那韩老头约好的，要去收割完的稻田中整理一下呢，重体力活肯定不行，握个锄头铲几下，还是可以的，就当活动活动筋骨吧。睡不着，索性起来！

孤村风雨连三日，秋暑如焚一洗空。
睡觉房栊灯渐暗，却寻残梦雨声中。

（《剑南诗稿》卷八十三《雨中》）

还是秋夜之雨，不过，这回是初秋，连续三天大雨，暑热一扫而空。诗人的用词，其实相当考究，为了营造略微伤感的环境，用了“孤村”这个词，要是平时心情好，这孤村又算什么，前后都有邻居紧挨着，不远处就是村庄，且村庄连着村庄，但今晚不行，秋雨扫暑的同时，也带来了凉意，凉寒相连，对一个老人来说，最怕的就是孤和冷。听着秋雨声睡去，他要在秋雨中寻梦，诗人的梦太频繁太复杂了，他的梦诗，多棱多角，变化无穷，既大气磅礴，也缠绵伤感，不过，可以想见的场景是，如此秋雨后的清晨，诗人从梦中醒来，十有八九会泪眼迷糊，孤村的秋雨，愁。

僵卧孤村不自哀，尚思为国戍轮台。
夜阑卧听风吹雨，铁马冰河入梦来。
（《剑南诗稿》卷二十六《十一月四日风雨大作》）

又是孤村，不过，这不是秋，这是冬雨，卧室虽寒，他却没感到伤感，一想到爱国抗金，全身就热血沸腾，窗外的大风大雨，是象征，也是征战沙场的极好伴奏，他要入睡了，梦中有他的铁马冰河！

六、夷狄亦吾人

出生在一个传统的士大夫之家，陆游抗金复国的爱国种子，从少年时就深深埋下了，他曲折的仕途也与他的爱国志向紧密联系在一起，一遇细微机会，那颗种子似乎随时都会迸出胸膛。

陆游诗的一大主题就是抗金复国，然而，研究者邱鸣皋先生发现，陆游这一时期有几首诗的主题却显得很特别，比如《斯道》：

斯道有显晦，所忧非贱贫。

乾坤均一气，夷狄亦吾人。
朋党消廷论，锄耰洗战尘。
清时更何事，处处是尧民。

（《剑南诗稿》卷二十八）

这首作于绍熙四年（1193）冬的诗，是陆游心中描绘的理想国：国家完整统一，人民和平相处，朝廷上无朋党，田野中无战尘，普天之下，华夏子民，其乐融融。“夷狄亦吾人”，夷与狄，皆指华夏大地上的各少数民族，自然也包括金国的女真族，金国人，亦是我们的同胞，这种宽容的理念，对女真的新认识，明显是一种思想上的大升华，也就是说，陆游谋求的，是国家的统一，抗金收复，也是为了国家统一，在国家统一的基础上，多民族和平共处！

四年后，庆元三年春，陆游对心中的理想国，继续作了构想：

不羡骑鹤上青天，不羡峨冠明主前，但愿少赊死，得见平胡年。
一朝胡运衰，送死桑干川，胡星淡无光，龙庭为飞烟。
西琛过葱岭，东戍逾朝鲜。巍巍天王都，九鼎奠涧瀍。
万国朝未央，玉帛来联翩。黄头汝小丑，污我《王会篇》。
尽诛非无名，不足烦戈铤。还汝以旧职，牧羊辽海边。

（《剑南诗稿》卷三十五《长歌行》）

得道成仙，做大官，发大财，皇帝得宠，我什么都不羡慕，只希望有生之年能“平胡”。从规律上说，金国不可能永远兴盛，一定会有衰败的时候，那个时候，国家统一就有希望了。等到我大宋成为万邦之主的那一天，东西南北，甚至海外，都要来朝。那个时候，女真人都投降了，老百姓就不要杀了，应当让他们返回故乡，重操旧业，在广阔的海边草场牧羊。这个梦，极美好，富有诗意，再次表达了对女真的宽宥，大汉，盛唐。只是，强宋，永远只是蓝图而已。

又三年后，庆元六年（1200）春，诗人在观看一张运粮图时，浮想联翩，又继续了这个美好的梦想：

王师北伐如宣王，风驰电击复土疆。
中军歌舞入洛阳，前军已渡河流黄。
马声萧萧阵堂堂，直跨井陉登太行。
壶浆箪食满道傍，刍粟岂复烦车箱？
不须绝漠追败亡，亦勿分兵取河湟；
但令中夏歌时康，千年万年无馈粮！

（《剑南诗稿》卷四十三《观运粮图》）

等啊等，朝廷终于出师北伐了。这一次北伐，异乎寻常地顺利，军队连连收复金人统治的州县，大军已经渡过黄河了，中军已经进入了洛阳，马蹄嗒嗒，军容威武，百姓载歌载舞欢迎我们的军队，道路两旁，站满了欢迎及慰问的人群，按这样的速度及阵势，不用多少时日，金国就要完全被我们拿下。有一点要告诫大家的是，他们向北逃去，跑就跑了，不要追穷寇，不要斩尽杀绝，给他们留出生存的地盘，给他们以生路，我希望，华夏大地，祥和，安康，永远不再出现运送军粮的场景。虽是极度之美梦，但梦中对女真的宽厚胸怀依然诚挚。

止兵戈，睦相邻，天下太平为大，陆游宽宏思想所体现出的爱国境界，远远超出同时代的一般爱国者，与投降派的苟且生存，更是不可同日而语。

七、越地茶

越地茶自古有名，陆羽在《茶经》中，将越地茶列为浙东之首。而诗酒茶皆在行的陆游，对家乡茶的印象也是颇深。他脑中常出现唐朝那个著名和尚释皎然写给朋友的一首诗，就是关于他家乡茶的。彼时，释皎然正在湖州的妙喜寺隐居，而他的好朋友崔石，正在湖州做刺史：

越人遗我剡溪茗，采得金牙爨金鼎。
素瓷雪色缥沫香，何似诸仙琼蕊浆。
一饮涤昏寐，情来朗爽满天地。
再饮清我神，忽如飞雨洒轻尘。
三饮便得道，何须苦心破烦恼。
此物清高世莫知，世人饮酒多自欺。
愁看毕卓瓮间夜，笑向陶潜篱下时。
崔侯啜之意不已，狂歌一曲惊人耳。
孰知茶道全尔真，唯有丹丘得如此。

（唐释皎然《饮茶歌诮崔石使君》）

这剡溪名茶，煮出来后，白瓷碗里漂着青色泛着泡沫的茶汤，犹如长生不老琼树之蕊的浆液从天而降，色香味俱全。关键在后面，饮了剡溪茶的效果有三：一饮情思爽朗，二饮清智益神，三饮烦恼全抛。哈，世人都不知道还有这样的好茶，而都沉溺在混浊的酒里面，那晋朝的酒徒毕卓，偷别人家的酒喝而醉倒在瓮边，陶渊明在东篱下也写有多首饮酒诗，崔使君也是，酒喝多了狂歌非常吓人，唉，谁能知道茶的妙处呢？恐怕只有传说中的仙人丹丘子才知道了。

《建安抚州记》中，陆游自蜀中归来，曾任福建常平茶盐公事，管理过贡茶监造，亲自试茶，写下不少关于茶的诗篇。而在《剑南诗稿》中，涉及茶的就有三百多首，行到哪，茶就喝到哪，蜀地的蒙山、雪芽，福建的北苑茶、建溪官茶，阳羡、长兴的紫笋茶，台州的桃花茶、叶家白、橄榄茶等，诗中都有呈现。家乡剡溪茶的妙处，陆游自然知道，它在唐代就被列为贡品。到了宋代，越地茶更是闻名遐迩。而陆游因自小接触，更是深为喜爱。

越地茶，首推“日铸茶”。日铸是一个地名，在会稽县东南五十五里的日铸岭，岭下有座叫资寿的僧寺，寺南坡叫油车，太阳从早晨一直晒到傍晚。这里产的茶，品质独特，人们称它为日铸茶。欧阳修的笔记《归田录》这样称赞：“草茶盛于两浙，两浙之品，日铸第一。”吴处厚的笔记《青箱杂记》则详细描绘了日铸茶的品相及饮用效果：“越州日铸茶，为江南第一。日铸茶芽纤白而长，味甘软而永，多啜宜人，无停滞酸噎之患。”

苔径芒鞋滑不妨，潭边聊得据胡床。
岩空倒看峰峦影，涧远中含药草香。
汲取满瓶牛乳白，分流触石佩声长。
囊中日铸传天下，不是名泉不合尝。

（《剑南诗稿》卷二
《三游洞前岩下小潭水甚奇取以煎茶》）

陆游对家乡的日铸茶爱到什么程度？随身携带，就地取水而煎。这一天，在四川的峡州，走呀走，来到一个石洞前，岩下有小潭，一阵微风吹过，潭上溪涧草药发出清香味，潭水澄澈，此地甚好，岩石平坦，可以随便躺下，躺在天地的怀抱中，抬眼望蓝天，白云如苍狗，俯首看潭，绿波中山峰的倒影清晰可见。诗人高兴极了，吩咐仆人，赶紧取水，煮茶，名泉配名茶，咱们家乡的好茶喝起来！完全可以这样推测，陆游随身带着家乡茶，但一般场合舍不得喝，只有碰到名泉好泉，才会拿出来品尝。

陌上行歌日正长，吴蚕捉绩麦登场。
兰亭酒美逢人醉，花坞茶新满市香。

（《剑南诗稿》卷八十三《兰亭道上》之三）

谷雨前的一天，诗人在赶往兰亭的路上，到处洋溢着茶的清香，他要去兰亭之北那个著名的地方（“兰亭之北是茶市，柯桥以西多橹声”。

《剑南诗稿》卷《湖上作》）选购一些新茶。但行到半路，他被刚出锅的花坞新茶迷住了，必须停下来，好好地品尝一番才行。就在路边，煮茶，品茶，陶醉，参与喝茶的人越来越多，欢声笑语喧天，场面一时热闹之至。

“丁坑白雪茶”（“名泉不负吾儿意，一掬丁坑手自煎”。《剑南诗稿》卷五十七《北窗》)、“金墺茶”、“瑞龙茶”，这些越地茶，陆游都亲自品尝过，并都留下了诗篇。茶与酒，皆是陆游须臾不离的杯中物，它们使陆游的闲居生活，总是那么热气蒸腾，并催生出无数的诗篇。

八、晚年的麻烦

陆游这一时期的乡居，拖家带口，七个儿子，儿子又娶妻生子，再加上仆从，全家人口总数应该在四十人以上，除了少量祖产，仅靠奉祠生活，日子只能精打细算。

按当时宋朝的规定，奉祠每次两年，不能连续两次，但陆游提举建宁府武夷山冲祐观，却从宋光宗继位时的绍熙元年（1190）冬起，直到庆元四年（1198）十月，长达八年，四个任期，这个情况，实在特殊，但都有原因，第三次是因为孝宗庆寿，推恩继续，第四次，不是他自请，是因为韩侂胄的拉拢。

话题继续展开。时光倒回绍熙五年。

这一年，宋孝宗去世，宋光宗因病不能主持葬礼，枢密院知事赵汝愚等人就发动了一场宫廷政变，他们拥立光宗的儿子赵扩（宁宗）继位，尊光宗为太上皇，史称“绍熙内禅”。外戚韩侂胄也在拥戴之列，他希望得到节度使的封赏，不想，赵汝愚坚决反对，赵与韩这就结下了仇恨。此时大权在握的右丞相赵汝愚，将道学首领朱熹从湖南召回京城，任焕章阁侍制兼侍讲，让其做了宁宗皇帝的老师。庆元元年二月，韩侂胄指使谏官弹劾赵汝愚：宗室赵汝愚位高权重，不利于社稷，赵汝愚于是被贬湖南永州，朱熹等人为赵辩护，也遭贬，韩侂胄开始当政。

韩当政后，将与其意见不合者统统称为“道学”之人，又将“道学”斥为“伪学”，焚毁道学经典，甚至将“六经”、朱熹编的“四书”都列为禁书。科举考试中，凡是涉及义理之学，一律不录取。没多久，宁宗下诏，公布了赵汝愚、朱熹、周必大等五十九人的伪学逆党名录，凡是名录上的人，都受到了不同程度的处罚，这就是“庆元党禁”，长达六年之久。其实，受害者远不止名单上那些人，和五十九人有关系的，许多都受到了牵连，这是数千年来扳倒政治对手的常用手段。

简单地说，南宋的庆元党禁，是因学术上的派别之争引发的政治斗争，这其实也是排斥异己的权力之争，五十九人与北宋“元祐党籍碑”上的三百零九人相比，人数虽然少了许多，但影响一样恶劣，都是打击对手的政治斗争。

韩侂胄上台后，自然要拉拢有名望的人，奉祠只是小小试探一下，如果陆游愿意成为其党，则后面加以重用。而此时的陆游，早已洞察一切，韩侂胄青云直上，他的党羽也都得到了重用，弹劾陆游的谏官何澹升为枢密院知事兼参知政事，如果不是因为温饱问题，这祠也不要了。第四次奉祠结束，七十五岁的陆游果断申请退休。过自己的农耕生活，割断与朝廷的联系，彻底清净！

按理说，陆游也应该是韩侂胄的打击对象，他和朱熹关系极好，又是矢志不改的主战派，但韩侂胄还是想拉拢名人陆游，他利用韩陆两家的“通家之谊”，也就是说，他们两家从祖辈起就同朝为官，陆游祖父陆佃与韩侂胄的从祖韩忠彦不仅同朝为官，还一同被刻在“元祐党籍碑”上。宋室南渡，韩家也迁到了绍兴居住，绍兴十年（1140）二月，韩侂胄的从兄韩肖胄，还做了绍兴府的知州，而十六岁的陆游，就曾以通家之谊上门拜访过，所以，对韩侂胄的拉拢，陆游一开始就有所警惕，清醒得很，他认为清者自清。

陆游一生写过九首《自警》诗，其中一首，就是这个时候写的：

少年不自量，妄意慕管葛。

晚节虽知难，犹觊终一豁。
悲哉老病马，解纵谁复秣？
既辞棰辔劳，始爱原野阔。
饮涧啮霜菅，亦可数年活。
勿复思长途，嘶鸣望天末。

（《剑南诗稿》卷四十三《自警》）

诗里行间，有足够的自警。一定要保持晚节啊，我这样的老马，还要去哪里吃草呢？我已经不习惯笼套了，我爱的是广阔的大自然，如果我在天地间自由生活，还可以多活几年。千万要牢记，老马已经跑不动长途了，即使天边有好看的云彩，那也不属于自己，对着它，嘶鸣几声得了！

庆元六年（1200）春，韩侂胄继续向陆游抛来橄榄枝，请陆游给他的新花园写记。对陆游来说，写记不是问题，问题是给谁写。

《南园记》《阅古泉记》，给陆游的晚节惹下了大麻烦。

《宋史·陆游传》这样评价："晚年再出，为韩侂胄撰《南园记》《阅古泉记》，见讥清议。朱熹尝言其能太高，迹太近，恐为有力者所牵挽，不得全其晚节。盖有先见之明焉。"

《宋史》的依据有两个，一是杨万里曾经拒绝韩侂胄的约请：官可弃，记不可作也。也就是说，韩先是想找杨万里写而被拒。二是朱熹的话。朱熹什么时候说过老朋友这样的话呢？

先说一。杨万里和陆游交往颇多，从诗的成就上说，陆游要高于杨万里，但从仕途上看，杨却比陆顺得多，特授进封就达九次，这样一个多次享受朝廷好处的老官员，在韩侂胄当政时，会公开得罪他吗？不太可能，杨万里只能称病不赴而已。

再说二。陆游接受了第四次的奉祠，好朋友朱熹在《答巩仲至》（《朱文公文集》卷六十四）中多次谈到陆游，那几句话就是信中所说，但朱熹后面还有两句："计今决可免矣，此亦非细事也。"原因就是陆游奉祠结束，并没有入韩侂胄的圈子，那就不用担什么心了。

以下五则笔记，从几个角度写了陆游这件事，一般的读者应该不难分辨真假。

南宋刘壎《隐居通议》卷二十一：韩侂胄造了新园，请陆游写记，陆游起初不肯。一日，他的小妾抱着孩子来劝，您难道不为小官人的前途考虑一下吗？陆游于是答应，由此失节。

陆游最小的儿子陆子遹，淳熙五年出生，陆游写《南园记》时，子遹已经二十三岁。有二十三岁还抱在手里的吗？！

南宋叶绍翁《四朝闻见录》乙集有《陆放翁》一文，这样评价陆游的行为：

慈福皇后把南园赏赐给韩侂胄，韩向陆游索求一篇记。陆游写道：天下的人知道您的功劳却不了解您的志向，知道圣上倚重您却不了解您的志向。您自己的志向和与圣上对您的倚重，原本不相等。这其实暗含了隐晦的批评。陆游又接着说：我老了，已经谢绝一切事务，隐居在山阴的湖边。您亲自写信来，请我写《南园记》，难道是想索要那些没有谄媚的语言，没有过分赞美的文章，用来启发您的志向吗？！陆游一直将恢复中原作为自己的期盼，到他临终时，还留下这样的诗："王师北定中原日，家祭无忘告乃翁。"那么陆游的理想，在他临死的时候还有显露和表白。

南宋周密的笔记《齐东野语》这样说："昔陆务观作《南园记》于平原极盛之时，当时勉之以仰畏退休。"

南宋罗大经的笔记《鹤林玉露》云："《南园记》唯勉以忠献（韩侂胄曾祖韩琦谥忠献公）之事业，无谀辞。"

近人丁传靖辑的《宋人轶事汇编》云："韩平原南园成，遂以记属之陆务观，辞不获，遂以其'归耕''退休'二亭名，以警其满溢勇退之意。韩不能用其语，遂败。"

接下来，应该回到《南园记》整个文本上来，看陆游究竟是如何写的：

庆元三年二月丙午，慈福有旨，以别园赐今少师平原郡王韩公。其地实武林之东麓，而西湖之水汇于其下，天造地设，极湖山之美。公既受命，乃以禄赐之余，葺为南园，因其自然，辅以雅趣。方公之始至也，前瞻却视，左顾右盼，而规模定。因高就下，通窒去蔽，而物象列。奇葩美木，争效于前。清泉秀石，若拱若揖。飞观杰阁，虚堂广厦，上足以陈俎豆，下足以奏金石者，莫不毕备。升而高明显敞，如蜕尘垢；入而窈窕邃深，疑于无穷。既成，乃悉取先侍中魏忠献王之诗句而名之。堂最大者曰“许闲”，上为亲御翰墨，以榜其额。其射厅曰“和容”，其台曰“寒碧”，其门曰“藏春”，其阁曰“凌风”。其积石为山，曰“西湖洞天”。其潴水艺稻为“囷场”，为牧羊牛、畜雁鹜之地，曰“归耕之庄”。其他因其实而命之名。堂之名则曰“采芳”，曰“豁望”，曰“鲜霞”，曰“矜春”，曰“岁寒”，曰“忘机”，曰“眠香”，曰“堆锦”，曰“清芬”，曰“红香”。亭之名则曰“远尘”，曰“幽翠”，曰“多稼”。自绍兴以来，王公将相之园林相望，皆莫能及南园之仿佛者。然公之志岂在于登临游观之美哉？始曰“许闲”，终曰“归耕”，是公之志也。公之为此名，皆取于忠献王之诗，则公之志，忠献之志也。与忠献同时，功名富贵略相埒者岂无其人？今百四十五年，其后往往寂寥无闻。而韩氏子孙，功足以铭彝鼎、被弦歌者，独相踵也。迄至于公，勤劳王家，勋在社稷，复如忠献之盛。而又谦恭抑畏，拳拳于忠献之志不忘如此。公之子孙又将嗣公之志而不敢忘，则韩氏之昌将与宋无极，虽周之齐、鲁，尚何加哉！或曰：“上方倚公若济大川之舟，公虽欲遂其志，其可得哉？”是不然。上之倚公，与公之自处，本自不侔。惟有此志，然后足以当上之倚，而齐忠献之功名。天下知上之倚公，而不知公之自处；知公之勋业，而不知公之志，此南园之所以不可无述。游老病谢事，居山阴泽中，公以手书来示曰：“子为我作南园记。”

游窃伏思：公之门，才杰所聚也，而顾以属游者，岂谓其愚且老，又已挂冠而去，则庶几其无谀词，无侈言，而足以道公之志欤？此游所以承公之命而不辞也。

中大夫直文华阁致仕，赐紫金鱼袋陆游谨记。

细读全文，实际是一篇劝退文，只是陆游的笔法高妙，暗藏其意。大致可分四层意思，第一层面是自然景物的描写，随即将重点转向第二层面，这是文章的重点，借韩侂胄的曾祖韩琦劝韩，南园的所有楼台亭阁，都取之于韩琦的诗句，韩侂胄呀，你曾祖是一个了不得的人物，镇守边疆，恢复故疆，还三朝为相，是个贤能的宰相，你要继承祖先功业，勿忘抗金中兴，还要及时“归耕”。第三层意思是说你的所作所为，将会影响到你曾祖的声誉，请好自为之。最后一层表明心志，你请年老多病的我来写这个记，我只能写一篇没有过分吹捧和赞美的记了，我以为，这才是你的真正志向。

而接下来的韩侂胄，并没有让陆游失望，散家财为军饷，追封岳飞为鄂王，追削秦桧官爵，扛起“开禧北伐”的大旗。对陆游来说，谁主张抗金复国，他就支持谁（辛弃疾、叶适等也大力支持韩）。还有一层关系，让陆游不能如杨万里那样一推了之，韩陆两家本来就有通家之好，而正好可以借此机会规劝一下韩，使其学习曾祖，对自己跋扈的行为有所收敛。

开禧二年（1206），韩侂胄在准备不足的前提下贸然北伐，注定要失利，然后他又开始求和，但金人却要他的头颅。次年，在金国的示意下，礼部侍郎史弥远勾结杨皇后等，设了一个计，五十五岁的韩侂胄被诱至玉津园砍下了头颅。他们还将韩的首级送往金国，宋金于是达成和议。

因此，对陆游所谓的失晚节，其实是一个智慧老诗人的正确应对。包括他最后一次复出修史，为韩侂胄写的另一篇《阅古泉记》与那首《韩太傅生日》诗，皆只是基本礼制，韩侂胄生日，宰执侍从至四方牧守，皆上礼为寿，诸多官员所献礼品都价值昂贵，而陆游只是例行一首诗，这有什么可非议的呢？陆游的文采，陆游的机智，陆游的求退，都在字里行间坦坦荡荡。

对后来少数人经年不断的罗织、构陷和讥刺，陆游若地下有知，他也会哈哈哈哈冷笑四声。

第十四卷 修史记

陆游喜欢读史书，以《读史》或者读某某为题的诗比比皆是。《读史》《读史有感》《读老子》《读老子有感》《读华佗传》《读阮籍传》《读陈蕃传》《读隐逸传》《读晋书》《读后汉书》《跋吴越备史》《书通鉴后》《书贾充传后》，他一直在《左传》《史记》《汉书》《后汉书》《晋书》《唐书》《资治通鉴》里畅游，他从史书中汲取营养，视野宽阔，观世事，察人生，他的史学功底就此打下，修史，水到渠成。

一、初修圣政

绍兴三十二年（1162）六月十一日晨，临安皇城德寿宫内，五十六岁的赵构自深梦中醒来，感觉通体舒畅，晨曦初露，晨风送爽，这一夜睡得很沉，自决定要退位后，他那颗慌慌的心，终于有些安定下来。六岁就进宫的赵昚，今年已经三十六岁了，应该要负担起国家的重任，自己在位三十五年，这个皇帝，做得太窝囊，他受够了，他要过几天不再担惊受怕的日子。

这三十五年的日子，如山一样在他眼前迅速倒叠过来。他喜欢读书，记忆力超强，要不是靖康之乱，他这个老九，康王，怎么能够坐上皇位呢？从南京应天府（今河南商丘）继位后，一路被金人追赶到扬州，再狼狈渡江，又逃到杭州，金兵紧接而至，再逃往越州，明州，定海，从海上漂泊到温州，流亡末路，风雨飘摇，恐惧和惊吓，成了他那时的生活常态。他的许多毛病，都是那时落下的。无论后人怎么评价，他自觉“绍兴和议”如同前朝之“澶渊之盟”，用少量的钱物换取和平，应该合算，否则，金人贪得无厌，为了满足金人而使得百姓造反，那朝廷就会朝不保夕。金人如狼似虎样凶狠，主战与主和，他宁愿主和，主战随时亡国，主和还有苟活下来的可能，人人都骂秦桧，赵构当然知道，他脱不了干系。

《宋史》这样评价赵构：“高宗恭俭仁厚，以之继体守文则有余，以之拨乱反正则非其才也。”虽为君王讳，却也准确，做个和平时代的君王，他应该不会比他老子宋徽宗差，但在金人泰山压顶下重建王朝甚至中兴，实在难为他了。

赵昚是宋太祖赵匡胤的七世孙，绍兴二年（1132）被赵构选中为养子，一直到二十八年后才被立为皇子，两年后被立为皇太子。

赵构原来是有一个儿子的，嫡子元懿，苗刘兵变中受到惊吓而夭折，尔后的众多妃子，却再没能为他诞下儿子。有人说赵构也是逃难途中受到惊吓，失去了生育能力。但皇位继承人是国家的大事，赵构就决定选一位太祖的后裔做太子。有一种民间舆论场认为，北宋之所以有靖康之变，是因为太宗以不光彩的手段害死哥哥，抢了哥哥太祖的皇位，这是报应。现在，既然没有亲生儿子，而太宗系的子孙都被金人掳走，那不如还位给太祖的子孙，也好保他辛苦创立起来的南宋王朝。不过，这个选拔的工作量真是浩大，因为太祖的传孙有一千六百多个，经过层层筛选，只留下一胖一瘦两个孩子。瘦小的叫伯琮，赵构怕难养，想再淘汰。这个时候，一只猫偶然从两个孩子身旁走过，伯琮一动不动，而胖孩子却伸脚踢了一下猫。赵构于是将胖孩子打发走了，但这时他并没有册封伯琮为太子，他还要继续考察。几年后，赵构又选了一位太子候选人，名叫伯玖，两人都封了王。这时，赵构在立谁为太子的问题上还是举棋不定。苦想之后，他又想出了一个测试的办法。一天，他给伯琮、伯玖各赐十名宫女，过了几天，高宗又突然将宫女全部召回，验身，结果，赐给伯琮的十名宫女仍然是处女，赐给伯玖的都已不是了。赵构最终立伯琮为太子，他便是后来的宋孝宗赵昚。

上面赵构试太子的情节，来自宋代的笔记，虽有点八卦，不过依然能看出赵构的心计，要将王朝交到放心的人手上才行。事实证明了赵构的眼光，他的继承人赵昚，宋孝宗，隆兴北伐，隆兴和议，乾淳之治，成为南宋最出色的皇帝。

禅位仪式顺利进行，各方都喜气洋洋，赵构的内心，仿佛卸下了万斤重担，从今往后，德寿宫，就是他这个太上皇修身养性的主要场所。而此时的赵昚，神色略显凝重，他知道自己肩上担子的重量。

皇帝驾崩或退位后，继任者要委任史官修史，死去者的史称“实录”，健在者的史称“圣政”。赵昚继位三个月后，就启动了这项修史工作，他下诏将敕令所改为编类圣政所，再将尚书左仆射陈康伯、参知政事史浩，都安排进圣政所，陈史两人，都欣赏陆游的才能，他们向新皇帝建议，调陆游一起来编纂高宗“圣政”。隆兴元年（1163）三月十六日，新皇帝下诏，正式启动“修太上皇圣政”工程，陆游与史馆的同伴们于是开始了忙碌的编修工作。

据《渭南文集》卷二十六《高宗圣政草》及陆子虡为《剑南诗稿》江州刊本作的跋看，陆游的编辑工作十分繁忙，他“草创凡例，网罗放逸，虽寝食间未尝置也”，发凡起例、资料搜集等工作，忙得吃饭睡觉都在考虑如何修史。

此时的陆游，第一次为朝廷修史，虽然出仕时间短，年纪也偏大些，但赵昚对他信任有加，赐同进士出身，虽然说了不该说的话，被赵昚赶出了朝廷，做了镇江通判，虽然此后的仕途起起落落，但陆游对赵昚的感激与期待，一直持续到终生。

缺少了陆游的圣政编辑工作，进行得并不顺利，一直到四年后，仅三十卷的《光尧圣政录》才得以编辑完成。

淳熙十四年（1187）十月初八，过了二十五年舒心日子的赵构崩于德寿宫，享年八十一岁。赵昚闻此消息，失声痛哭，两天不能进食，表示要服丧三年。次年五月二十二日，赵昚下诏，编辑《高宗实录》，这回人去世了，是实录。淳熙十六年初春，赵昚最后任命的一位官员，礼部郎中陆游，除了礼部的日常工作外，还有一项重要任务，就是编辑《高宗实录》，而此前，他个人修撰的《南唐书》已经完成。

或许是身心俱疲，任命完陆游，赵昚也学赵构，淳熙十六年的二月初二，禅位于他的三子赵惇，宋光宗，赵昚自称太上皇，闲居在慈福宫，一边为赵构服丧，一边修身养性。

不过，《高宗实录》还没修完，淳熙十六年的年底，陆游就被人弹劾，结束了第二次为朝廷修史的经历，回到了山阴老家，开始了长长的闲居生涯。

二、自修《南唐书》

其实，综观陆游个人写作的历史，成书于淳熙年间的《南唐书》，与他的诗和文一样，也非常值得一说。或者也可以这样说，这部断代史，不仅在史学界为他带来一定的声誉，也为后两次朝廷聘任他做史官，打下了重要的基础。

陆游为什么要修《南唐书》？大约有三个原因是显而易见的。

其一，博览群书后的积累。虽然幼年动荡，但阅读不会停止，陆家数世积聚的大量书籍，使得子孙们都养成了读书的习惯，而陆游更是如饥似渴，那些良好的阅读，日后都变成了喷薄而出的诗文。写一部断代史，对于大体量写作的陆游来说，是水到渠成的事。

其二，不满已有南唐史对南唐主的处理。除了诗文，在陆游的日常阅读中，各类史籍一定是重头戏，而在他之前，能看到的南唐史，有胡恢和马令著的《南唐书》，但从陆游的写作参考看，胡著可能不全，且胡氏贬南唐三主昪、璟、煜为“载记”，马氏贱称之“书”，陆游却视南唐为正统王朝，称南唐三主为“纪”，颇有司马迁史法。

其三，为南宋统治者提供借鉴。陆游写《南唐书》，除了弥补其他南唐史著的不足，还有一个重要的意图，希望通过南唐短短三十九年的历史，为南宋敲一敲警钟，这种告诫很明显，南唐由盛到衰的历史离我们并不远，仿佛就在昨天，读史明鉴，要避免与南唐一样的亡国命运。

从《南唐书》入手，看陆游写作的史料来源，主要有两个渠道。

第一，参考以前史学家对南唐史事的相关记载。陆游自己这样说：“（高）远自保大中预史事，始撰《烈祖实录》二十卷，叙事详密。后主嗣位，远犹在史馆，与徐铉、乔匡舜、潘佑共成《吴录》二十卷，远又自撰《烈祖实录》十卷。”南唐统治者注重修史，留下的资料翔实完备。而且，北宋也出现了《江南录》《江南别录》《新五代史》《旧五代史》《资治通鉴》等一大批史书，这些史书也是撰写《南唐书》的重要参考资料。

第二，实地调查、搜集民间有关南唐的传说。比如卷十七《耿先生传》这样写：“金陵好家事，至今犹有耿先生写真云。”显然，这是陆游在实地走访调查时的亲眼所见。

下面，我们进入《南唐书》，看一看陆游的良苦用心。

《本纪卷第一》，南唐开国皇帝李昪的帝王史栩栩如生。李昪是唐宪宗第八子建王恪之玄孙，徐州人，六岁而孤，遇乱，随伯父及母避地淮泗，至濠州。淮南节度使杨行密见而奇之，收李昪为养子，但杨之长子与李昪不友好，杨遂将李昪托付给大将徐温，改名为徐知诰。李昪事徐如父，后以军功升州刺史，大元帅，封齐王，逐渐掌握了南吴朝政，称帝时，国号为齐，后恢复李姓，改国号为唐，史称南唐。李昪管理有方，褒廉吏，课农桑，求遗书，招延四方士大夫，倾身下之，虽以节俭自励，而轻财好施，无所爱吝。这样的李昪，无论什么岗位，都使得上下悦服，称帝后，勤于政事，保境安民，与民休息。

陆游以赞赏的口吻写李昪：“帝生长兵间，知民厌乱，在位七年，兵不妄动，境内赖以休息。性节俭，常蹑蒲履，用铁盆盎，暑月寝殿施青葛帷，左右宫婢裁数人，服饰朴陋。”这真是一个好皇帝，不打仗，穿草鞋，用铁盆，麻蚊帐，宫婢少，仆从精，简单生活。

《本纪卷第二》，南唐第二代有个性的国主李璟也活灵活现。这位李太子，父亲去世十多天，依然不肯继位，他要让位给弟弟们。继位后，大赦天下，并给百官进位二等，将士皆有赐，减除百姓的赋税，赐鳏寡孤独粟帛。

李璟在位二十几年，大规模对外用兵，灭了楚、闽两国，南唐的疆土达到最大，过的日子还算舒心，但和他爹爹比起来，显然有点窝囊，强大的后周时刻让他有撑不下去的感觉，索性削去帝号，改称国主，史称南唐中主。李璟多才艺，词写得一级棒，仅“小楼吹彻玉笙寒”一句，便足以流芳千古。

《本纪卷第三》，南唐第三代极有个性的国主李煜更是跃然纸上。此小李是李璟的第六子，生下来时，一只眼睛有双瞳。历史上，有双瞳的人不多，要么大好，如舜，要么大坏，如李煜。李煜其实是个仁爱的主儿，就是生错了时代，即便国将灭亡之时，他依然举行科考，录取了三十八位进士。

不过，对于这样的末代主，陆游依然以怜惜的口吻写到了灭亡的原因：“然酷好浮屠，崇塔庙，度僧尼，不可胜算。罢朝，辄造佛屋，易服膜拜，以故颇废政事。”故陆游感叹：“虽仁爱足以感其遗民，但终不能保社稷！”

精通书法，工绘画，通音律，诗文造诣深，李煜亡国后的词作，不亚于其父，更在五代词中别具一格，“问君能有几多愁，恰似一江春水向东流”的《虞美人》词，如果与宋词一起排行，它也应该在前几位！

李后主和宋徽宗，是不是像极了？陆游的意思，想必有许多人已经看明白了。

一共十八卷的《南唐书》，本纪三卷，另外十五卷为列传，南唐著名人物，南唐帝王和国主之皇后、国后、诸子，杂艺方士，节义之士，还写到了浮屠、契丹和高丽，记人叙事，均用笔节制而简约，特别是文后的“论曰”，仿司马迁的“太史公曰”，持论鲜明。如列传第九的“论曰”：

> 亡国之君，必先坏其纪纲，而后其国从焉。方是时，疆场之臣，非皆不才也，败于敌，未必诛，一有成功，谗先杀之，故强者玩寇，弱者降敌，自故非一世也。南唐如陈觉、冯延鲁、查文徽、边镐辈，丧败涂地，未尝少正典刑。朱元取两州于周兵将遁之时，固未为隽功，而陈觉已不能容。此元之所以降也。元降，诸将束手无策，相与为俘虏以去，而唐遂失淮南，臣事于周。虽未即亡，而亡形成矣。欲知南唐之亡者，当于是观之。

南唐灭亡的原因，仅制度就可以看出端倪，大将带兵打仗，失败了不追究，胜利了反而受嫉妒，不被所容，以至于良将投奔他国，国土沦丧。

在陆游看来，南唐灭亡有诸多原因，《列传第十五》讲“浮屠”时，开篇就阐明观点：南唐褊国短世，无大淫虐，要其最可为后世监者，酷好浮屠也。

那么，南唐帝王好佛到什么程度呢？

三代帝王，好佛一代胜过一代，宫中造佛寺十余座，政府出钱招募百姓及道士为僧，都城的僧人一下子增加到上万，而且都由政府供养。李后主退朝后，与他的王后一起戴上僧帽，穿起袈裟，念诵佛经，右膝着地，竖左膝危坐，不断地跪，不断地叩头，脚和头上都长出了瘤节，他们还手指常屈作佛印。金陵被围，李后主召来小长老求助，小长老胸脯一拍保证：北兵虽强，岂能挡我佛力？我们只要登城一挥旗帜，围城之师就会退去！李后主完全相信了，厚赏小长老，下令军民，皆诵救苦菩萨，发出的声音如江涛一样。然而，正当南唐军民沉浸在诵经声中，敌人射来的乱箭如大雨一样纷纷而下，紧接着就是云梯攻城。

诵经，叩头，手指作佛印，这些细节真是太生动了，不过让人笑不出来。

陆游为写《南唐书》，除不断阅读积累外，亦长时间搜集考察相关人事。《列传第十》写到的刘仁赡，就较为详细记录了这期间的过程：

> 政和中，先君会稽公为淮西常平使者，实请于朝，列仁赡于典祀，且名其庙曰忠显。后又尝寓家寿春。方世宗攻下寿州，废为寿春县，而徙寿州于下蔡，故寿春父老，喜言仁赡死时事，言其夫人不食五日亦死，盖传记所不载。庙在邑中，岁时奉祀甚盛。乾道、淳熙之间，予游蜀，在成都，见梓潼令金军所藏周世宗除仁赡天平军节度使告身，白纸书，墨色、印文皆如新。金君言：仁赡独一裔孙，卖药新安市，客死无后，故得之。其词与王溥所修《周世宗实录》皆合。若欧阳氏《五代史》所称“尽忠所事，抗节无亏，前代名臣，几人可比？予之南伐，得汝为多”，盖摘取一制中语载之，本不相联属，又颇有润色也。以仁赡之忠，天报之宜如何？而其后于今遂绝。天理之难知如此，可悲也夫！

鉴于刘仁赡的功德，陆游的父亲陆宰，在任淮西常平使的时候，就向朝廷打了报告，为刘仁赡建庙并祭祀。后来，陆宰一家曾在寿春居住，刘仁赡庙的香火依旧旺盛。陆游在四川的时候，从梓潼县令那里看到过周世宗给刘仁赡的任命书，县令还告诉他刘仁赡唯一裔孙客死无后的情况。然后感叹，上天也不眷顾忠臣，为什么要让刘仁赡这样的好人绝后呢？

《南唐书》的题材，其实是全方位的，兹举《列传第十四》两则可略见一斑：

其一，滑稽演员申渐高给李昪提意见。有一年大旱，但政府征税未尝减轻，某日皇帝在北苑举行宴会，李昪对侍臣说：近来郊区下了几场大雨，只有京城里没有下，不知道是什么原因，难道是有冤情？皇家演艺团团长申渐高闻此，立即上前答道：皇帝您不要奇怪，这雨是怕缴税，才不敢入京城的。李昪听完，拊掌大笑。第二日就下诏减免赋税，这一天晚上，京城果真下了大雨。

其二，罕见的十世同居大家庭。陈褒，江州德安人，唐元和年间给事中陈京之后。十世同居，长幼七百人，不置奴婢，日会食堂上，男女异席，未冠笄者，别又为一席。畜犬百余，共以一船贮食饲之，一犬不至，则群犬皆不食。筑书楼，延四方学者。乡邻化其德，狱讼为之衰息。昇元初，州以闻，诏复徭役，表门闾。同时见旌者尚数家，皆五世同居云。

李昪善于听取意见，陈家的狗都遵守规则，一百狗共槽，一只狗没到，其他狗就不动嘴。这些闪光的细节，都带着深深的笔记风格，这也算是沉重的阅读后带来的轻松吧。

无论如何，南唐都是五代十国一个重要的国家，一个绕不过去的重要符号。陆游写完《南唐书》的最后一个字，脑子依然沉浸在南唐的零零碎碎中，国主懦弱，岁贡求息兵，大崇佛道误国，谗臣当道，纲纪败坏，不间断的内耗，唉，他越想越心痛，只能无奈地叹息。

三、再修国史

在朝廷眼里，陆游修史的才、学、识，数一数二。

嘉泰二年（1202）五月，自淳熙十六年冬就罢官的陆游，已经七十八岁了，闲居了十三年，竟然再次被起用，任务就是修国史。暖阳虽然劲照，陆游却依然着了厚厚的布衫，他看了看那黄色而艳丽的任职书，一点也激动不起来。

不过，估量着眼前的情景，他觉得还是应该前往京城。朝廷给他的任务是修《孝宗实录》，孝宗对他有恩，必须知恩图报。另外，“庆元党禁”似乎已经解除，政治形势逐渐宽松起来，徐谊、刘光祖、陈傅良、章颖、薛叔似、叶适、曾三聘、项安世、范仲黼、黄灏、詹体仁、游仲鸿等被打入庆元党籍的官员均先后复官。况且，他已经闲居了十三年，报国之志依然时时撞击着他的心，此次去京城，虽是修史的冷官，说不定还有机会报国。

想是这样想，陆游依然将此次任职作短暂打算：

葵苋登盘酒可赊，岂知扶病又离家。朝行打岸涛头恶，夜宿垂天斗柄斜。

不恨山林淹岁月，但悲道路困风沙。邻翁好为看耕陇，行矣东归一笑哗。

（《剑南诗稿》卷五十一《入都》）

生活虽不富裕，他的闲日子过得还算舒畅，不想，又要带着一身的病去京城修史，老年人出门，一切都视作畏途，实在是老大的不情愿，老朋友呀，委托您帮我照看好田地，我很快就会回来和你们一起玩的。

到了京城，正是大热季节，陆游却不顾年老体弱，在官宅安顿好生活后，立即与傅景仁一起，忘我投入工作，忙碌的程度，他的诗中有许多呈现：

重重汗简拥衰翁，百里家山梦不通。病眼可令常寂寞，烦君为致数枝红。

（《剑南诗稿》卷五十一《求月桂》）

秋天的京城，飘香的丹桂沁入鼻腔，但忙碌的史官，却没有那份闲心欣赏，书柜上、桌前、地上的各种资料，让人喘不过气来，白发老人整日里在资料中翻检，眼睛常常看得疼痛，厌烦透顶了，抬起头来，忽然发现，那些桂花早谢了，它们寂静无声无香，诗人于是祈求，月亮君呀，劳您再给我开几树桂花吧，黄色带红的桂花，它的清香，或许可以减轻我的劳累。

京城的重阳节，相当热闹，可是，陆游似乎也提不起精神来，年轻官员，中年官员，大多志得意满，意气风发，而和他同年纪的官员，几乎没有了，同龄人差不多都已经逝去：

镜里萧萧白发新，默思旧事似前身。
齿残对客豁可耻，臂弱学书肥失真。
渐觉文辞乖律吕，岂惟议论少精神。
平生师友凋零尽，鼻垩挥斤未有人。

（《剑南诗稿》卷五十二《叹老》）

陆游写过数首叹老诗，均是有感而发，唉，看看周边人，自己真是活得太久了。这一首京城叹老，也是由情而生，一切都回不到从前，平生师友差不多都死光，再也没有人给自己指出错误了。

重阳节后的一天晚上，他一夜沉睡，公鸡打破了拂晓的黎明，凌晨时分，他突然做了个奇怪的梦，此梦让他感慨良久：

白首归修汗简书，每因囊粟叹侏儒。
不知月给千壶酒，得似莲华博士无？

（《剑南诗稿》卷五十一《九月十四日夜鸡初鸣梦一故人相语曰我为莲华博士盖镜湖新置官也我且去矣君能暂为之乎月得酒千壶亦不恶也既觉惘然作绝句记之》）

长长的诗题中，此梦的情节十分完整：梦中来了一位老朋友，老朋友说他叫莲华博士，是管理镜湖的官员，他要离开一段时间，他想请陆游在他离开的时间里帮他管理一下，报酬是每月一千壶酒。陆游想着，这报酬挺不错的，但不知道有没有答应，梦就醒了，醒来后，一想起莲华博士请他托管湖的事，感觉有点奇怪，随即怅然，自己是不是要死了呀？

陆游的梦千奇百怪，他居住在镜湖边，他喜欢喝酒，此莲华博士，应该是个花官。陆游这个年纪，早已看透了生死，所以花官托梦，也就没什么奇怪，陆游是在借这个梦，表达他此次入京的心态，早点干好工作，回家待着吧。此次修史，前后差不多一年时间，其间他写下了约一百九十首诗，而直接涉及思归故乡的就占了三分之一。也就是说，陆游这一次复出，思乡程度超过以往任何一次任职。

嘉泰三年（1203）四月，《孝宗实录》五百卷、《光宗实录》一百卷正式编辑完成，四月十七日，朝廷举行了向宁宗皇帝进书的隆重仪式。修史，并非陆游一人之功，不过，陆游在其间发挥了重要作用是确定无疑的。

史修完，立即打包回家，一天都不想停留，无论环境和现实，都和他当初的幻想不一样。有一件刚刚发生的事，他想起来都恶心：京城发生大火，一千余户被烧，韩侂胄的同党、右丞相陈自强，家也被烧，但以慰问的名义往他家送钱的官员络绎不绝，短短几日，竟达六十万缗。

> 予居镜湖北渚，每见村童牧牛于风林烟草之间，便觉身在图画。自奉诏紬史，逾年不复见此，寝饭皆无味。今行且奏书矣，奏后三日，不力求去，求不听辄止者，有如日！嘉泰癸亥四月一日，笠泽陆某务观书。
>
> （《渭南文集》卷二十九《跋韩晋公牛》）

我的镜湖我的家，那里有我日日看不厌的画卷，这一年修史，我看不见那些画卷，觉也睡不好，饭也吃不香。如今终于可以回家看画卷了，我必须要退休回家，我向老天爷保证，必须回去！

> 门巷如秋爽，轩窗抵海宽。
> 初还绶若若，已觉面团团。
> 引睡拈书卷，偷闲把钓竿。

人生快意事，五月出长安。

（《剑南诗稿》卷五十三

《乍自京尘中得归故山作五字识喜》）

远离尘嚣，回家的日子，恰如陆游预想的那样，一切都好，空气好，环境好，休息，读书，垂钓，镜湖边，天地间，想干什么就干什么，人生快意事，五月出长安！

嘉泰四年（1204）春，八十岁的陆游，终于得到朝廷的批准，再次退休了。

修史时，陆游的职务为同修国史、实录院同修撰，十一月，升他为秘书监，四品，这应该是陆游做官的最高职级了；次年正月，升陆游为宝谟阁待制；离开京城前，职务为虚职——提举江州太平兴国宫。而本次退休，他的头衔为：太中大夫充宝谟阁待制致仕山阴县开国子食邑五百户赐紫金鱼袋。

其实都是虚名，要是真有五百户食邑，那日子就太好过了。

接下来，陆游要在山阴老家度过寂寞悲愤的最后七个年头了。

第十五卷 老学庵记

一、老学庵中

“老学庵”这个书斋名，注定要为陆游添色。

绍熙二年（1191）六月九日，炎热的午后，外甥桑泽卿顶着烈日跑进三山别业，他拿来一块砖砚给舅舅看，此砚虽是他偶然所得，但宝贝得不得了。陆游刚刚午睡醒来，轻揉双眼，看了几眼，眼睛也一亮：确实不错，是件好物。随后，他还替这方砚写了几句铭，末尾自署“老学庵书”。此时，历史上最著名的书斋之一诞生了。

四年后，庆元元年冬，虽万物萧条肃杀，但七十一岁的陆游并不感觉老已至，他又特地重提斋名，并写下诗为记：

穷冬短景苦匆忙，老学庵中日自长。
名誉不如心自肯，文辞终与道相妨。
吾心本自同天地，俗学何知溺秕糠？
已与儿曹相约定，勿为无益费年光。

（《剑南诗稿》卷三十三《老学庵》）

诗人在诗题下有自注：予取师旷“老而学，如秉烛夜行”之语名庵。年少时能有时间学习固然好，但也有不少人年少时根本没有条件学习，与年老一并到来的是，学习时间的宽裕，所以，人要是想学习，不用找借口，老来学习，犹如秉烛夜行。对陆游来说，“老学庵”只是更加表明自己学习的心志，活到老学到老，这是一个读书修心的好地方，心如天地宽，老学庵中日自长。

或许，陆游太看重这个书斋名了，他特地给老朋友朱熹去信，请好友替“老学庵”作铭，朱熹碍于面子答应了，但始终没写。大约在庆元三年（1197）年底以后，朱熹在《答巩仲至书》第四封信上这样说：“向已许为放翁作老斋铭，后亦不复敢着语”（朱熹《朱文公集》卷六十四）。

老学庵的北边，有一口井，此井六月寒如冰，陆游喜欢得紧：

老学庵北井，六月寒如冰，大旱不涸雨不增，凛如人以常德称。

日济千人不骄矜，置而不汲渠自澄。辘轳三丈青丝绳，对之已足凉肺膺。

使我终日卧曲肱，顾谓此井真良朋。荡除炎歊却尘垢，宜有鬼神来护守。

呜呼！泾水一石泥数斗，正使逢时亦何有！

（《剑南诗稿》卷三十九《老学庵井》）

不知道此井是不是在陆游的三山别业内，但它日供千人饮用。陆游将此井比喻成一个德高望重的人，帮助了太多的人，但从不将功德挂在嘴上，依然默默无闻地做事。这井是陆游的好朋友，让他充分感受到夏日里的清凉，看着夏日里来来往往汲水的乡亲，他必须为此井写一首赞歌：你替我们去除尘垢，荡却炎夏，我们一定要保护好你！与那泾水相比，老学庵北井呀，你真是太伟大了！

除了清凉的井，他还必须再为“老学庵”做点什么。

嘉泰二年（1202）夏，山阴一直干旱，陆游又在老学庵北边筑了一座假山，不想，小小的假山刚筑成，就连续下雨，这雨足足下了一个月。陆游高兴啊，因为有雨，干旱不再，阳光不烈，草木葱茏，鸟雀欢聚，河溪水满，龟鱼出没，粮食丰收（详见《剑南诗稿》卷五十一《老学庵北作假山既成即雨弥月不止》）。

这些，都只是老学庵的外部环境，而陆游的目的，老学庵是用来读书写作和自省的，坐拥此庵，天地间只剩下他自己，他告诫自己，要勤于修身，不要惰偷，直到生命的结束（卷五十《老学庵自规》）。自然，写作之余，他也要在此品佳茗，读道书，甚至望着窗外的天空发呆。

残香缕缕，伴着幽独，陆游寂然凝虑，思接千载，忽然悄焉动容，视通万里，那些阅读积累的精华、曾经的往事，皆一个个跳将出来，看似皆为散碎之轶闻趣事，实则带有强烈的陆氏印记，万千滋味，映照人心，他的才学和见识，生生然跃然纸间。

十卷本《老学庵笔记》，我选出一些细读之，边读边思，与读者诸君共飨。

（一）秦桧归来

秦桧在山东，想逃回南宋，船都已经准备好了，但又怕被人知道后告发，一时决定不下来。正好碰到与他关系较好的某金人，遂将计划都告诉了那人。那人答：你为什么不告诉监军呢？秦桧说不敢。那人说：没事的，我国一向重承诺，既然答应你的事，一定会为你办好，但你如果不辞而别，一旦被发现，即便想不追究你，都很难。秦桧觉得那人说得对，于是告诉了监军。

监军原来是个辽国人，他也是被金国俘虏过来的，他问秦桧：秦中丞真想回南宋吗？我们辽国人也有逃回本国的，但大多被怀疑，你回南宋，他们怀疑你不忠怎么办？你如果真想走，只管自己走吧，不要考虑我。秦桧拱手感谢：您如果答应我，不用管我回去后是祸还是福的。监军于是答应放回秦桧。

秦桧起初也是抗金的，金人攻占开封，欲立张邦昌为帝，秦桧上书另立宋朝宗室为帝，反对张邦昌的伪楚政权，遂被金人抓走，开始过起了苦日子。一年后，他因帮助宋徽宗润色乞和书而大受金将完颜宗翰的赏识，并将其推荐给了金太宗，金太宗又将其赏赐给了他的弟弟金国大将完颜昌（挞懒），秦桧于是成了完颜昌的得力助手，私交甚好。完颜昌南下侵宋，秦桧担任参谋军事和随军转运使。

秦桧归来，说法多种多样，除陆游上述说法外，还有以下几种：

秦桧随完颜昌大军南下，他与船上艄公孙静的关系搞得不错，于是和孙静秘密约定，船到淮河岸边，乘乱之机，以去淮阳军海洲催钱粮为名，与他的妻子王氏、小奴砚童与婢兴儿、御史街司翁顺、亲信高益恭坐船逃跑。

秦桧自述，他跟随金军，在进攻楚州（今江苏淮安）时，将监督他的人杀死，抢了一只船逃回，行至涟水境内，被涟水军将领丁禩的手下军士抓获，后秦桧自证身份，才被丁派人护送到京城。

金人怕宋朝再度兴盛，从内部破坏南宋抗金战争，故意将秦桧作为内奸放回。

众多说法，归纳起来，其实只有两个：秦桧自己逃回，被金人作为内奸放回。

秦桧回来后，自然要起大波澜，当时朝廷只有范宗尹、李回与秦桧关系不错，他们极力为秦开辩，向高宗力荐其忠。拿不定主意的赵构召见秦桧，秦桧给出的大政方针是：如欲天下无事，须是南自南，北自北。言外之意很明白，金宋两国，各归各，金国的实力摆在那儿，我们不要想着去收复统一人家。

陆游深受秦桧之苦之害，他在老学庵里写秦桧的章节多达十八条，此时，秦已经死去四十年了，但陆游很理智，他并没有满腔愤怒写秦桧归来，而是客观描述，秦桧与金国监军的一场对话，读者可以悟出自己的观点，他们如此默契，难道就没有事先达成某种意向吗？！

秦桧晚年，专权尤重，陆游有形象描绘。

秦桧家门口，常年有穿黑衣的持棒卫兵守卫着，路人经过，稍微回头张望一下，士兵就会骂人。有一段时间，秦桧身体欠佳，告病没有上朝。另一执政大臣独自在朝堂上应对皇帝，但他什么话都不敢说，只是在皇帝面前一味吹捧秦桧。

秦桧病愈后又上朝了，他碰到那个大臣，突然发问：听说你昨天在皇上面前说了很久啊。彼大臣非常害怕：我没说什么啊，我只是说太师您如何如何功劳大，说完就退朝了。秦桧笑笑说：太感谢你了。

原来，官员在朝堂上说什么，他的亲信都会向秦桧报告的，而秦的亲信，布满整个朝廷。难怪，那大臣刚回到家里，内阁弹奏他的副本已经送到秦的家中了。

上面简单的情节，简短的对话，都极具戏剧性，至少有三个栩栩如生的画面可以还原：

一个是外表悠闲、内心焦躁的秦大人，人虽在家里养病，心却惦记朝廷的大堂，那是他的权力场，没有权力，一切皆空；另一个是唯唯诺诺的大臣，皇帝问他，什么事都不敢决定，顾左右而言他，眼前老是出现秦桧的身影；再一个是宋高宗，皇帝意志严重消退，有秦桧帮他撑着，能不管就不管，这不，秦桧生了几天病，他就六神无主。

专权者也有软肋，那就是特别害怕失去权势。因此，他们会千方百计培养亲信，维护自已的独权。那位和秦桧搭档的大臣还算识时务，他深知秦的位高权重，一时扳不倒他，只能言不由衷了。假如，他说了对秦不利的话，不说皇帝未必相信他，秦的那些党羽充满朝堂，肯定不会放过他。

秦的狠毒如此。宋高宗的软弱如此。

（《老学庵笔记》卷一、卷八）

（二）不肯说话的上官道人

青城山的上官道人，九十岁了，他是北方人，他曾在古松顶上结巢居住十余年，平时常吃松花粉。人们去拜访他，他只是笑一笑，问他事情，他就打着手势说生病，喉咙不好，不肯说一句话。

我曾经在青城山的丈人观见过上官道人，他突然自言自语说：为国家致太平，与长生不死，都不是常人所能达到的，因此，必须守住国家并确保不乱，保护好身体并确保好好活着，以等待异人出现。而不乱不夭，并不需要异人异术，只要勤奋就可以了。听到这些话，我太高兴了，想再继续请教他一下，他又不肯说一句话了。

青城山是有名的道教胜地，陆游在成都的日子里，经常往那边跑，他与上官道人也多有交往，《剑南诗稿》中有数首写到这位神奇人物，比如《蜀使归寄青城上官道人》（卷十九）、《予顷游青城数从上官道翁游暑中忽思其人》（卷七十二）。

结庐古松顶，吃着松花粉，不是一般人能做到的，承天接地，上官自由生活在天地之间，眼界和胸怀都足够阔大。而陆游家族中，自高祖陆轸起，就信奉道教，陆游从小也深受这种环境的影响，无论信仰还是行动，陆游对道都有着十二分的尊重和向往，而现实越不如意，向往的意念就越强烈。

不肯说话的上官，给世人营造了无穷的神秘感，上官不是不会说，而是不想说，不屑说，这样的社会，有什么好说的！当陆游突然听到上官关于国家和养生的自言自语时，大喜，陆游喜的是，上官终于肯说话了，而且，他说的几句话，虽简短，却不简单，颇具哲理。既然达不到那种境界，那么应该以“不乱不夭”为最高目标，而这个目标，常人都可以实现，惟“勤”而已，勤努力，勤劳动，勤思考，勤自省。

九百年过去，上官道人说的勤，依然实用。

陆游在《卷三》中还记录了一位居住在会稽舜山的老叶道人，老道人年已八十七八岁，平生没生过什么病，不食甜酸苦辣咸五味，冬天一定要修补瓦屋和墙壁，使房子牢固，门窗都装上帘子，屋里备足薪炭，整天将自己关在屋子里，一直到春天才外出。老叶道人对客人恭敬有礼，他与上官道人一样，也是不肯多说一句话。快乐不需要语言表达，内心充实也可以的。

（《老学庵笔记》卷一）

（三）陆游抽签

南昌府的西山，号称道家十二洞天，那里供奉着许逊真人及十一个弟子，这十二人各有劝诫诗十首留世，后人用来作签，以占吉凶，极灵验。射洪白崖山陆使君庙（梁天监年间泸州刺史陆弼），用杜甫的诗作签，也灵验。

我在蜀，淳熙戊戌春被召，临行前，请僧人朋友则华去求签，得《遣兴》诗曰："昔者庞德公，未曾入州府。襄阳耆旧间，处士节独苦。岂无济时策，终竟畏罗罟。林茂鸟有归，水深鱼知聚。举家依鹿门，刘表焉得取？"看完签后，一时感到惶恐得很。回想自己因贫入仕的经历，这一下就是十二年。

杜甫的《遣兴》共有五首，陆游这回抽中的是第二首。杜甫的诗意不难懂，主要表达如果不能像孔明一样救时，则如庞德公一样高隐。襄阳名士庞德公，隐住在沔水中的鱼梁洲上，城中从来不踏进一步，平日里耕作，闲时弹琴、读书自乐。他难道没有济时策？不是，只是担心那险恶的官场。唉，这是让我回家如庞德公一样隐居呢，陆游看着杜诗，想着自己的经历，长叹一声。

这一次抽签的记忆是如此深刻，陆游在诗文中一再记述，《剑南诗稿》卷三十八《庵中晨起书触目》之五这样自注：予自成都召还，祷射洪白崖陆使君祠，使君以杜诗为签，予得全家隐鹿门之篇；《剑南诗稿》卷四十七《予出蜀日尝遣僧则华乞签于射洪陆使君祠使君以老杜诗为签予得〈遣兴〉诗五首中第二首其言教戒甚至退休暇日因用韵赋》。

用诗意表达的各类签，都暗含着某些劝诫或者哲理，虽时过境迁，抽签者依然有一种心理负担，最好的办法，不抽。

（《老学庵笔记》卷二）

（四）左撇子赵广

合肥人赵广，原来是著名画家李伯时家的书童。每次伯时作画，赵广就在边上陪伴着。时间长了，赵广也画得很好，尤其是马，几乎画得和李伯时一样，一般人看不出来。

建炎动乱，赵广被金兵抓住，金兵听说赵广会画画，就要求赵广画一幅被抢来的女子的画，赵推托说不会画，金兵将刀架在他的脖子上，赵广也不肯画，金兵愤怒异常，一刀将赵的右手拇指砍断才放了他。

而赵广，其实是个左撇子，平时画画都用左手。动乱结束后，赵广不画其他的画，只画观音大师像，若干年后去世。现今市面上，那些士大夫家所藏的所谓李伯时的观音画，大多是赵广画的。

北宋著名画家李伯时，和陆游的祖父陆佃有关系，陆游自然关注。李伯时，号龙眠居士，宋神宗熙宁三年（1070）进士，因为陆佃的推荐，做了中书门下省的删定官，官职上做到御史检法。李伯时好古博学，善丹青，超俗绝世。苏轼这样赞他的画："龙眠胸中有千驷，不惟画肉兼画骨"（《次韵吴传正枯木歌》）。胸中有千匹马，随时可以跑出不一样的马，这一匹马，不仅有血有肉，还活灵活现，形神兼具。

大画家的书童，也不是什么人都可以做的，而这个赵广，悟性特别高，在李伯时身边时作画就几可乱真，更值得一说的是赵广的气节，文弱书生，刀刃威逼，然且不从，不画就是不画，金兵凶狠，剁他手指，赵广一定痛不欲生，这种血淋淋的场景，想起来都让人胆寒。

金兵砍赵广右手拇指，是常规思维，一般人都使用右手，没想到赵广是个例外，从某种程度上说，赵广在遭受痛苦的同时，也得到了上苍的护佑。

除了陆游的记载，查不到赵广的其他资料，但赵广这个左撇子的画技、气节和不屈，在陆游笔下已经栩栩如生了。

（《老学庵笔记》卷二）

（五）吕宰相的一个巴掌

吕元直做宰相时，管理官员，一向以严厉著称。

有天，某官员行为失当，惹得吕宰相不高兴，吕一巴掌打过去，官员脸色极难堪。此官的年纪和职位都比较高，认为自己受了侮辱，就跪着叩头申诉说：按照法律，我们这些做下属的犯了错，应该送大理寺依法处理，而今我却像低级工作人员一样受辱。我自己受辱也就算了，大人您应该考虑下朝廷的面子。

吕宰相听到这里，大怒：你知道你错在哪里吗？今天皇上检查海防，许多领导都穿着草鞋走在泥泞的道路上，而你呢（却在岸上观望）？这是什么时候呀，你还要面子？待皇帝回京后，我再给你面子！

众官员听此，皆相顾称善，都说宰相打得好，骂得好。

吕宰相确实厉害。没有多少官员敢打下属巴掌，除非那些暴戾之徒。但吕宰相打得有理有据，也给别的官员一个相当响亮的教训。

这个挨巴掌的官员，平时一定是官僚主义，做什么事都只动嘴不动手，不肯做表率，当太平官糊涂官。你看，连皇帝都亲自下到一线了，那些高级别的官员都不管身份，还保持勤劳的本色，他们都知道，如果江海河流不治理好，很容易出问题的。

深入基层，这应该算最实际的群众路线了。

朝廷的面子应该体现在具体的工作细节中，而不应在表面上。但关键时刻，朝廷不少所谓的面子，就是让少数官员活生生给弄没了。

那些陪着皇帝视察的官员，穿着草鞋走泥泞路，高一脚，低一脚，让人敬佩，要是不装样子就太好了。

不过，从另一角度看，那个被打官员挺诚实，平时表现和皇帝来的时候一个样，要知道，能做到这一点也非常不容易，许多官员往往会急于在皇帝面前表现，将最好的状态显现出来，而平时却懒政怠政，甚至专横跋扈。

（《老学庵笔记》卷二）

（六）李和家的炒栗

开封城中，李和家的炒栗子，闻名四方。其他的炒货摊，千方百计地学，但都炒不出李家的那种味道。

绍兴年间，陈康伯以权吏部尚书的名衔，钱乐道以右武大夫、嘉州防御使的名衔，作为主副使出使金国。行至燕山时，突然有两个人，各拿着十来包炒栗子来送给他们，出使的一行人每人都分得一包。那两人大声说：这是李和家的炒栗！说完就哭着离开了。

这是宋朝名牌的故事，不过，却连着浓浓的家国情愁。作者在同卷，还说到滑州的冰堂酒为天下第一。

宋代袁褧的笔记《枫窗小牍》卷上列举了北宋京城各类名牌：

> 王楼梅花包子，曹婆婆肉饼，梅家鹅鸭，曹家从食，徐家瓠羹，郑家油饼，王家乳酪，段家鹿食，石逢巴子肉之类，这些都是当时的名牌。

南迁后，西湖边上就有鱼羹宋五嫂，羊肉李七儿，奶房王家，血肚羹宋小巴之类。那个宋五嫂，是作者家老管家的嫂子，我每次去游西湖，都要好好地喝几碗。

南宋吴自牧的《梦粱录》说："大抵都下买物，多趋名家驰誉者"。所谓"名家驰誉者"，就是现在的名牌商品了，看来，宋代的百姓已生活在品牌的世界里。

在南宋，杭州城里这些品牌都很有名：中瓦前皂儿水，杂卖场前甘豆汤，如戈家蜜枣儿，官巷口光家羹，大瓦子水果子，寿慈宫前熟肉，涌金门灌肺，中瓦前职家羊饭，彭家油靴，南瓦宣家台衣，张家圆子，候潮门顾四笛，大瓦子丘家筚篥。有各类小吃，也有日用品，生生构成一幅灵动的《清明上河图》。

除了吃，当然还有各类药铺，这也算南宋杭州的一大景观了。

潘节干熟药铺，张家生药铺，陈直翁药铺，梁道实药铺，杨将领药铺，仁爱堂熟药铺，三不欺药铺，金药臼楼太丞药铺，陈妈妈泥面具风药铺，金马杓小儿药铺，保和大师乌梅药铺，双葫芦眼药铺，郭医产药铺，李官人双行解毒丸，等等，也都是"有名相传者"。

李和家的炒栗，自然也是上述名牌之一。两位使者在异国吃到北宋名牌，陆游写这个细节，闲笔不闲，吃故都的名牌，也是对故国的另一种纪念，难怪送栗人也泪流满面，送炒栗者，其实希望让使者怀念以外，更升腾起内心的报国之心。

香喷喷的炒栗，人见人爱，实在是一种好食品。

（《老学庵笔记》卷二）

（七）黄金钗

法一和宗杲，两人关系非常好，他们两个都跟克勤禅师学佛。中原战乱，他们一起避乱坐船渡江南下。宗杲的斗笠中，藏有一支黄金钗，他经常偷偷关注，某天，被法一知道了。次日晨，趁宗杲上厕所，法一急忙将宗杲斗笠中的黄金钗取出，迅速丢进了江中。宗杲回来后，发现黄金钗没了，不敢声张，但脸色很难看。法一随即大声呵斥宗杲：我与你共同学习解决生死的大问题，你竟然还留恋这样的东西，刚刚我已经将黄金钗丢到江里去了！宗杲听了法一的训斥，立即盘腿坐定，以佛教徒的礼节向法一表示感谢。

法一和宗杲是两位颇有名的高僧。

法一，字贯道，号雪巢，开封祥符人，《五灯会元》卷十八、《续传灯录》卷二十三等均有法一的记载。法一晚年居住在浙江天台山万年观音院，绍兴二十八年卒，年七十五。

宗杲，赐号佛日大师，自称妙喜庵主，宣州宁国人，《五灯会元》卷十九、《咸淳临安志》卷七十等均有宗杲的记载。观宗杲一生，十七岁出家，绍兴十一年，因与张九成游，议及朝政，被秦桧所恶，编管衡州，秦桧死后，特恩放还，住明州阿育王山广利禅寺，后又住径山能仁禅院，七十五岁卒于径山明月堂。

法一要年长于宗杲，他将宗杲留恋的黄金钗果断地丢进江中，行动和言语都表明，他已经进入较高的境界，不再为外物所惑。在宗杲的学佛悟道过程中，相信这一次的经历，一定会刻骨铭心。

陆游在《渭南文集》卷二十五《书浮屠事》，又详细记载了这件事，并在第二段发表了议论：人们经常说佛教徒的不好，但我们今天的官场中，有像法一那样规劝朋友的人吗？即便有，有能像宗杲那样虚心接受的吗？某人出事了，那些劝过的人则如马后炮一样说：假如你早退出，不至于落到现在这样的结果。而出事者则感叹：以前如果有一人劝我及早抽身退出，也不至于落到今天这样的结局。

议论归议论，感叹归感叹，道理简单，但古往今来，又有多少人能如法一和宗杲那样做得到呢？！

（《老学庵笔记》卷三）

（八）药材之药力

蜀人石藏用，是位名医，他说，现在的人，身体条件和古人不太一样，所以按古人传下来的方子用药，大多治不好。其实，不仅仅是人，即便是那些药材的药力，也比古时候弱多了，如果剂量不加倍，也不能见效。

石藏用喜欢用暖药，一些医生这样造谣骂他：藏用檐头三斗火。有些人就不找石医生看病，唯独晁以道很喜欢用石医生的药，而且，他每见亲朋好友家有丹丸，无论多少都吃掉，有时甚至不告诉主人，主人见后往往告诫晁：不能多吃，不能多吃！晁以道常常大笑不管，但没见他吃出什么毛病。可能每个人的身体条件不一样，其他人不可仿效。晁以道晚年，大寒天，趴在石头上写丹书，被石冷所逼，得阴毒伤寒而死。

古今人身体条件不一样。古是陆游以前的古，今是陆游那个时代的今。

古今药材的药力也不一样。古还是陆游以前的古，今依然是陆游那个时代的今。

古今之良医，必量人身体之虚实，察病之阴阳而后开方，或补或泻，各随其证。有石医生偏好用暖药，自然也有别的医生偏好用凉药，而晁以道适应暖药，别的患者就不能使用。

以前的方子，常常三服药，三服不见效，立即换药，而今的方子，七服起步，常常几个疗程，几个月，也不见效，人的身体不一样，药材药力也不一样。专家说，即便正宗药材，有许多也是在大棚里种出来的，和山野药材完全两回事。

陆游自己也懂医行医，他若有所思，以后给村民看病，更要注意病人和药材呀，人命关天，儿戏不得！

（《老学庵笔记》卷三）

（九）两个月夜看潮人

一个秋日的夜晚，皓月当空，正值钱塘江大潮期，慎东美去看潮，他选好一处沙滩，将带来的大酒器摆放好，又从怀中拿出一个杯子，对着月亮开始独饮。仰头看月，低头看潮，潮声哗哗，明月无语，几杯下去，慎东美对着大江高喊数声，喊完，又随口吟诵了诗词，再继续喝。

这个时候，顾临正好经过这里，也是来看潮的，他行到慎东美旁坐下，从怀里一掏，也拿出一个杯子，从慎东美带来的那个酒器中倒出酒，和慎对喝起来。

慎也不问顾是什么人，顾也不和慎说话，两人只顾喝酒，一杯接一杯，直到将酒喝完，两人各自散去。

慎东美，字伯筠，钱塘（今杭州）人，狂纵不就规矩，有文才，书法老劲。人甚高之，不仕以卒。顾临，字子敦，会稽（今绍兴）人，翰林学士，做过刑、兵、吏三部的侍郎。

两个月夜看潮人，皆狂放不羁，性格独特。钱塘江沙滩边相逢的慎和顾，不知道认不认识，按他们的性格，不认识也无妨，酒，明月，大潮，胜过一切语言。奇的是，顾子敦怀里的那只随时携带的酒杯，想必是专用杯，走到哪，带到哪，喝到哪。

陆游在同则笔记的后半部分，还写到了慎东美的书法，他的书法，王逢原赞为“铁索急缠蛟龙僵”，意思是笔法老劲。某次，苏东坡见其题壁，这样评价：此有何好，但似篾束枯骨耳。但慎东美听后只是笑笑说：苏学士这个意思，王逢原已经说过了。丹阳的《戴叔伦碑》，就是慎东美的遗迹。

苏轼不知道为什么不太喜欢慎东美书法的枯老，或许，除了二王、颜真卿、杨凝式、徐浩、李邕外，同时代没有哪一个书家能入他法眼了。

（《老学庵笔记》卷四）

（十）欧阳修受骗

欧阳修说，《易经》中的《系辞》，应当属于大传，其实，这个说法，古人早就有了。

事情的起因是这样的：某狡猾僧人，想投欧阳修所好，于是伪造了韩退之的《与大颠师书》，其中引了《系辞》，说是出自《易大传》，狡僧将伪造的韩文给欧阳修看。欧阳修认真看后，以为合情合理，于是替他写了跋：“此宜为退之之言”。我曾经得到过这篇文章的石刻，语言甚为粗俗，绝对不是韩退之写的。

《易经》中解释卦辞和爻辞的传，称大传，现今属于大传的有七种：《彖》《象》《文言》《系辞》《说卦》《序卦》《杂卦》。

欧阳修《集古录跋尾》卷八有如下文字：

右韩文公《与颠师书》，世所罕传，余以集录古文，其求之既勤且博，盖久而后获。其以《易系辞》为大传，谓“着山林与着城郭无异”等语，宜为退之之言。其后书“吏部侍郎、潮州刺史”，则非也。盖退之自刑部侍郎贬潮州，后移袁州，召为国子祭酒，迁兵部侍郎，久之始迁吏部，而流俗相传，但知为韩吏部尔。

欧阳修在判断狡僧送来的伪文时，还是挺仔细的，经过研究，他得出结论，确实是韩愈所写。他还对后面的署名，指出了其中的错误。但他恰恰忘记了，既然署名都错了，那是不是应该怀疑一下呢？韩愈本人，怎么会弄错署名？

韩愈这篇文章的真伪，宋人争议颇多。

僧颠大师，潮州人，韩愈虽排佛，但与颠大师的关系应该不错，多有往来。据传，唐元和十四年，韩愈的《与颠师书》，刻石在潮阳的灵山禅院。宋庆历丁亥，江西袁陟、世弼得到这篇文章，就怀疑它的真实性，他们一起到滁州去拜访欧阳修，欧阳修看过后说：这应该是韩愈写的，其他人写不出。

任何博学之人都不可能穷尽所学，欧阳修受骗也很正常，只是无论古今，许多智者往往被低级而浅陋的骗术所骗，这就需要引起世人的注意了。

（《老学庵笔记》卷六）

（十一）无忧洞

京城的沟渠极其深广，是许多亡命之徒藏匿的好去处，他们将此命名为“无忧洞”。亡命之徒甚至还将偷掳来的妇女藏在其中，叫它“鬼樊楼”。

“无忧洞”现象，自国初一直到战乱，一直存在，即便能力颇强的长官，也不能将此根绝。

据孟元老的《东京梦华录》卷一记载，北宋京城里的河道共有四条：南面的蔡河，在京城的河段上共有十三座桥；第二条汴河，这是洛阳洛口处分出的一条支流，此河穿过京城后转向东面，一路流往泗州后注入淮河；京城东北面的叫五丈河，这是一条重要的漕运河道；京城西北面的叫金水河，河上有三座桥。这些河道，引入京城的水道两边，都建有夹墙，用来保护水道里的水。

宋仁宗景祐三年（1036）七月，开封府报告：抓获逃兵张兴等人，他们常纠集同伙，躲在内城的前渠中，还将之称为“无忧洞”，请求有关部门，关闭京城里外的渠道口子。皇帝批准了这个报告。

这“无忧洞”，其实就是孟元老说的水道的夹墙。

“无忧洞”的存在，从另一个角度，至少表明，宋代当时的城市沟渠建设，已经达到了相当超前的标准，又宽又大又深，大雨倾盆，或者涝灾，城市积水可以迅速排出，各项设施先进，物资运送自然也方便，一旦哪一段出了问题，不用破膛开肚，立即迅速抢修。

这也是小说的好场景，“无忧洞”中，应该充满着各种神奇的故事，考验人的想象力，交给读者的思绪任意驰骋了。

（《老学庵笔记》卷六）

（十二）沙糖的历史

嘉兴人闻茂德说，本来中国不产沙糖。唐太宗时，外国使者进贡沙糖，唐人不认识，问使者：这是什么东西？使者答：这是用甘蔗汁煎出来的沙糖。唐人于是仿用他们的方法煎糖，煎出来的糖，和外国进贡的一样。自此，中国才有了沙糖。唐以前的书籍上，凡是糖类都写成糟耳，如糖蟹、糖姜都是。

检点一下某种食物的发展历史，真是一件很有意思的事，对人类来说，发现一种新食物，比发现一颗新星更实际。

古代所食蔗糖多为液态，起先为蔗浆，后为蔗饧（块），又为石蜜，《唐书》如此记载："太宗遣使至摩揭陀国，取熬糖法，即诏扬州上诸蔗，榨渖如其剂，色味愈西域远甚。"甘蔗有四种颜色，宋人王灼《糖霜谱》这样说："红蔗止堪生啖；芳蔗可作沙糖；西蔗可以作霜，色浅，土人不甚贵；杜蔗紫嫩，味极厚，专用作霜。"沙糖应该颗粒比较细，糖霜就是糖的结晶体，糖冰。

闻茂德虽然博学，他给陆游讲的沙糖历史，也不准确。陶弘景《名医别录》就有关于沙糖的记载了："蔗出江东为胜，卢陵亦有好者。广州一种数年生，皆大如竹，长丈余，取汁为沙糖，甚益人。"

结合《唐书》记载，或者可以这样说：沙糖早在南北朝时就有了，唐太宗派人去印度学习制糖法，是为了制造质量更好的沙糖。

（《老学庵笔记》卷六）

（十三）亳州轻纱

亳州出轻纱，将这种纱拿在手上，没有一点重量，用它做衣服，穿起来像烟雾一样没有分量。整个亳州城中，只有两家能织这种纱，这两家的先祖，自三百年前的唐代就相约定，世代通婚，他们怕祖传秘方被别人学去。

亳州的轻纱，和前面的傩面具、泥孩儿皆属同类的手工艺制作，只是，这轻纱更神秘，能织的只有两家，数量少，价格才会坚挺。反过来，两家通过缔结婚姻的方式，将轻纱制作技术彻底垄断，使亳州轻纱更加神秘。

中国的丝绸技术，源头可以追踪到传说中的黄帝夫人嫘祖。三十五年前，随着三星堆一、二号祭祀坑的发现，古蜀文明震惊天下，日前，三星堆考古又新发现了六座器物坑，已出土金面具残片，巨型青铜面具，青铜神树，还有丝绸朽化后的残留物，并在土壤检测中多次发现蚕丝蛋白，这一切都证明，三星堆文明中已开始使用丝绸。

春意生，百草动，阔大细嫩的桑树叶子迎风招展，蚕种在蚕房的团匾里蠢蠢蠕动，丝绸产业，汉代欣欣向荣，自张骞打通丝绸之路后，汉朝的丝织品就如丝一样绵绵不断流向西域各国，长沙马王堆汉墓出土的那两件不足一两重的“素纱禅衣”，震惊全世界，绨、绢、素、纨、纱、罗、绮、锦、绣，这些贵族们的豪华奢侈品，皆为高超技术的手工艺人匠心制造。

北宋名臣张咏，夏日某晚上参加夜宴，酒酣舞兴，他和官妓小英频频碰杯，宴后，他还即兴写下了长诗《席上赠官妓小英歌》，其中有这样两句：“维扬软縠如云英，亳郡轻纱似蝉翼。”小英正穿着亳州轻纱，迷离的灯光和迷离的眼神，让张咏不禁一时心旌摇曳。

（《老学庵笔记》卷六）

（十四）峨眉雪蛆

《嘉祐杂志》说：“峨眉雪蛆能治内热。”我到蜀地，才知此物实际上是出自茂州的雪山上。雪山四时常有积雪，遍布岭谷，蛆就生在其中。取雪时，和蛆一起挖出，刚开始的时候，蛆还能蠕动，时间长了，雪化了，蛆也消失殆尽。

雪蛆，就是雪虫。茂州，在今天四川的北川、汶川、茂县等地。

陆游先引北宋江休复《嘉祐杂志》卷下的第三条，再加上自己的考证。

东晋王嘉《拾遗记》中曾记载：“员峤之山有冰蚕。”员峤山在渤海之东，是传说中的五大仙山之一，冰蚕，应该就是江休复说的雪蛆。

南宋周密《癸辛杂识》续集下也有《冰蛆飞驼》条，看“冰蛆”：

西域雪山有万古不消之雪，冬夏皆然。中有虫如蚕，其味甘如蜜，其冷如冰，名曰“冰蛆”，能治内热。

写完这些，周密自己还有小注，多方证明，他引的是郭祐之的话：

冰蛆，今杭州路达鲁花赤乐连木尝为使臣，至其处，亲见之。又赛尚书尝宦于云南，亦有。毛曾带得数条来，亦尝见之，其大如指。

周密引注的信息，至少有三层：有雪山的地方，应该都有冰蛆，西域有，西南也有；冰蛆可以携带；冰蛆如蚕，指头般粗细。

明代叶子奇的《草木子》“观物”条这样记载：阴山以北，积雪历世不消，生蛆如瓠，谓之雪蛆，味极甘美。

专家说，冰蚕，雪蛆，冰蛆，其实就是生长在今天川滇藏边缘的冬虫夏草。

不过，看陆游和周密等的描写，雪蛆、冰蛆和冬虫夏草，依然有不同的地方，雪蛆雪化则消，冬虫夏草虽然也长在雪山上，但生长在土中，形如老蚕，有毛能动，至夏则毛出土上，连身俱化为草。

或许，陆游周密们也只是想象，并没有实地观察。

近日，我读清末民初湘西王陈渠珍（沈从文做过他的书记官）的《艽野尘梦》，一部传奇之书，他二十六岁驻军四川，调防西藏，后又带一百二十人返回，七个月途中历险，只剩六七个人回到西安，他书中有一段“雪山所产”如此记载：

> 三十九族在昌都西北，气候高寒，较类乌齐尤甚。重峦叠嶂，峻极于天，弥望白雪，灿若银堆，平地亦雪深尺许。尝询一喇嘛，此地何时降雪？喇嘛曰：“此间七八月高山凝雪，九十月半山铺雪，冬腊月平地雪深尺许矣。按时而至，不待降落。至山巅之雪，皆亘古不化者。”且多出产，如动物则有雪蛆、雪猪，植物则有雪蒿，矿物则有雪晶，皆稀有之珍品也。

这已经是极近距离的介绍了，看来，雪地真有雪蛆这样的动物。

（《老学庵笔记》卷六）

（十五）冻伤的耳朵

赵挺之出使辽国，正值大寒时节，天寒地冻，滴水成冰。他到大殿上觐见辽国皇帝，辽皇看赵的耳朵有异常，立即将仆从叫来说，赵大使的耳朵要掉了，赶紧拿药去。一会儿，仆从拿着一个小玉盒子来到赵的跟前，盒子里有药，颜色黄黄的，他将药在赵的两只耳朵周围涂了一圈，赵觉得耳朵一下子发热起来。

待赵走出殿门，辽方接待官员向赵作揖恭贺：赵大使的双耳，如果用药迟了，一定会冻得裂开并掉皮的，甚至有可能两只耳朵都会冻得掉下来，不流一滴血。赵挺之作揖表示感谢，并询问那小玉盒子中的药，接待官员不肯说，只说：这药，街市上也有卖，价格昂贵，一方寸匕，就值数千钱。我们早朝碰到极寒天气，就会涂上少许。一般的吏卒则涂别的药，那药用狐狸尿掺和涂，也有效果。

这是千年前的防冻特效膏。

辽皇帝凭经验观察，第一反应，在极寒天气里，一般人的耳朵都有可能冻坏，且没有什么反应，这大宋使者从南边相对温暖的地方来，冻坏耳朵可能性极大。

接待官员的答话，从另一个侧面反映，辽人对付冻伤，早已摸索出一套行之有效的膏药了，官员用什么，普通吏卒用什么，百姓用什么，他们自己清楚得很，无论贵贱，应该都有防冻效果。

古人在长期与寒冷抗争的实践中，寻找到许多的防冻方子。《庄子》中的《逍遥游》，有这样一个场景，虽是讲别的道理，却正好说到了独特的防冻药。

惠子对庄子抱怨：魏王送我大葫芦的种子，我种下后结出的葫芦大得可容纳五石。用它来盛水，它却因质地太脆无法提举。切开它当瓢，又大而平浅，无法容纳东西。我不是嫌它不大，只是因为它无用，我就把它砸了。

庄子一听，拈须大笑，似乎有点嘲笑惠子不善于使用大物件，紧接着就给惠子讲了一个防冻药的故事：

宋国某人，他家世代都以漂洗丝絮为业，于是就研究出了防止手冻裂的特效药。某客听说后，请求一百金买他的药方。宋国人就召集全家商量：我家世代靠这种药从事漂洗丝絮行当，一年所得不过数金；而卖药方可得百金，大家说要不要卖？自然，那个客人买到了药方。彼时，恰值大寒天气，越国正入侵吴国，此客立即拿着药方游说吴王。吴王命客为将，水战中，吴兵因为双手擦了防冻药，大败越人，吴王给那客封了侯作为奖赏。

庄子讲完这个防冻药的故事，看着惠子的反应，惠子似乎一下子明白过来了：使用方法不同，结果就会不同，同样是防手冻裂的药方，有人靠它得到封赏，有人却只会用来漂洗丝絮。我这可容五石东西的大葫芦，如果将它系在身上作为腰舟，就可浮游于江湖，而我现在却担忧它大而无处可容纳，可见我的心地是过于浅陋狭隘了！

现代防冻药一定五花八门，应有尽有，不过，即便是现代，零下四五十度的极寒地区，防冻药估计也派不上什么大用场。

（《老学庵笔记》卷七）

（十六）教授你错了！

宋神宗熙宁新政，太学也进行了改革，分为外舍、内舍、上舍。生员入学，起先在外舍，定额为七百人；外舍升内舍，二百人；内舍升上舍，一百人。

某天考试，某教授出了一道《易经》中的题目：乾为金，坤又为金，为什么呢？学生拿着国子监印的《易经》版本到教授的帘前请示：老师呀，我们对这道题有疑问，想请教一下。老师立即放下脸：经义岂有疑问的！学生分辩道：如果是一年一次的正规考试，肯定不可以问，今天是一月一次的课堂考试，应该可以。教授于是就向学生讲解了题目的大致意思。学生听完，拿出国子监本，再请示教授：先生恐怕是看了麻沙版本的《易经》吧，如果是国子监本，那应该是：坤为釜。教授一听，知道是自己错了，立即向学生道歉：是我弄错了，应该罚。立即将题改了过来。

这位太学教授，日后的仕途明亮得很，官也做得不错。

版本不一样，会有一些差别，但太学，用的一定是国子监的标准版本，这是国家教育部门权威制定的。麻沙版书，是宋时福建建阳麻沙镇书坊所刻之书，销行甚广，但错误不少。叶梦得《石林燕语》卷八说：“今天下刻书，以杭州为上，蜀本次之，福建最下。——蜀与福建多以柔木刻之，取其易成而速售，故不能工。”

太学教授，不是什么人都可以做的，他们一定会将各种经典的各种版本，弄通吃透，否则，极有可能误人子弟。此教授，还算有自知之明，能听得进学生的建议，并迅速改正了错误。

从另一层面说，人非圣贤，孰能无错？此教授虽然错得有点离谱，八卦和五行，乃基本常识，但差错就是这么奇怪，越简单越容易出差错，许多大差错，都是常识，因为太熟悉，于是麻痹了。

我很好奇，这位教授是谁呢？朱彧的笔记《萍洲可谈》卷一说是姚祐：

姚祐元符初为杭州学教授，堂试诸生，《易》题出《乾为金坤亦为金何也》。先是，福建书籍，刊板舛错，“坤为釜”遗二点，故姚误读作金。诸生疑之，因上请，姚复为臆说，而诸生或以诚告，姚取官本视之，果“釜”也，大惭，曰：“祐买着福建本。”升堂自罚一直，其不护短如此。

错了不要紧，及时认错就是好先生。朱彧从正面角度写的姚教授，简洁生动，姚教授后来一直做到了工部尚书。

（《老学庵笔记》卷七）

（十七）模仿

国初崇尚《文选》，当时的文人都很喜欢这书，谚语甚至这样说：

“《文选》烂，秀才半。”所以，草必称“王孙”，梅必称“驿使”，月必称“望舒”，山水必称“清晖”。庆历年间以后，大家又对这种现象痛恨起来，一概不用。建炎以来，文人们忽然又都崇尚起苏氏文章，蜀地尤盛，也有谚语流行：“苏文熟，吃羊肉；苏文生，吃菜羹。”

写作中，以一种公认的经典，作为临摹参照的标本，对起初的写作者来说，是一种不错的方法。萧统日夜苦读，在读了大量的作品后，选出一百多位作者的七百余篇文章，时间跨度大，文学体裁多，“事出于深思，义归乎翰藻”是他的选文标准，也就是说，有思想有文采的作品，才能入他的法眼。

然而，中国文章的博大精深，仅仅一部《文选》，几百年来的读书人都去模仿，显然也会造成千篇一律的现象，陆游在这里列举的，是宋朝初年文人们的修辞借代手法，多了烂了，就令人讨厌。

实事求是地说，起初的借代，它给读者的文学意象还是非常生动的。《楚辞·招隐士》有：“王孙游兮不归，春草生兮萋萋。”用“王孙”借代“春草”。陆凯《赠范晔》有：“折梅逢驿使，寄与陇头人。江南无所有，聊寄一枝春。”用“驿使”借代“梅”。《楚辞·离骚》有：“前望舒使先驱兮，后飞廉使奔属。”用“望舒”借代“明月”。谢灵运《石壁精舍还湖中作》有：“昏旦变气候，山水含清晖。”用“清晖”借代“山水”。

所以，到了建炎年间，读书人都讨厌《文选》中的那种借代了，而转向于向苏东坡学习。不过，一味跟风借鉴模仿，结果一定是一样的，苏氏文章也会令人生厌，不是苏氏文章不好，是大家都模仿坏了事。无论古今，谁的好文章，也经不起一味地模仿。

格式化，模仿，都是想象力缺乏的表现，古今同理。其实，众多的汉字，每一个都有独特的表意功能，场景不同，对象不同，表义自然不同。

（《老学庵笔记》卷八）

（十八）混日子的史官

近世官员大多混日子。有人问某官员，皇上如果询问学校的礼制，你怎么答？这个有刘士祥在，他知道的；有人问某官员，如果皇上询问一些典礼的规范，你怎么答？这个有齐闻韶在，他知道的。刘士祥、齐闻韶，都是国子监太常寺的老吏。

史院有人私下在议论一些史官：史官们写史都有一个定本，个个都一样。问他为什么？答曰：这些史官，只是参照前人所编，小做改动，比如，“臣僚上言”，将“上”字涂去，比如，将“奉圣旨依”涂去，从旁注上“从之”二字，如此，一天的工作就算完成了。

公家的事不用脑子，编辑史书涂抹而已，这都是典型的混日子。

南宋定都临安以后，等于是重新建了一个朝廷，各种重要资料都在战火中缺失，政府下令民间捐书建立国家图书馆，只能是杯水车薪，大量的日常工作中，需要依据的法令文件，只能凭一些老官吏的记忆，那个礼部老吏刘士祥，就利用这种个人记忆，勾结读书人造假牟利。

而史官们的所作所为，更是让人笑掉大牙。出现这样的情况，是新朝廷管理一时跟不上吗？不是，北宋就有了，更过分。

沈括《梦溪笔谈》卷十一《官政一》有如下记载：

旧校书官多不恤职事，但取旧书，以墨漫一字，复注旧字于其侧，以为日课。自置编校局，只得以朱围之，仍于卷末书校官姓名。

他们只将原来的字用墨涂去，再在边上注上同样的旧字。幸亏，编校局成立后，有了改革，不能用墨涂，只能用红笔圈，这样才制止了这种“撞钟”现象。

只有科学而合理的制度，才能堵住混日子的漏洞。陆游做过多年的史官，对这种现象深恶痛绝。

（《老学庵笔记》卷九）

（十九）省油灯

陆作家经常要熬夜写作，油灯自然少不了。

写着写着，他就会对眼前这种省油灯关注起来：这省油灯是有些历史的了。宋文安公集中就有《省油灯盏》诗，现在四川汉嘉一带使用普遍。再仔细研究一下，它的原理也很简单：灯中有夹层，边上开个小洞，将冷水注入。盏中注油，夹层中注水，当灯被点燃后，夹层内的冷水可以控制燃油的温度，减少蒸发，达到省油的目的。

无论从什么角度看，这都是一项很好的科学发明。

古人有很多发明，好多都从生活中而来，有时，也只是一个小小的窍门而已。

我曾感叹，古代读书人，眼睛近视老花怎么办？没有灯怎么办？近视老花是没有办法的，哪怕他是皇帝，眼镜的发明，至少要到明朝中期，那还是极少的人能用上，效果也一般；没有灯，则留下了很多关于无灯阅读的成语，如囊萤映雪、凿壁偷光，但也有人考证，这样的借光阅读，还是不太靠谱，基本上只是用来励志而已。有灯，油钱很贵，自然要省油了。

2015 年 11 月，我去温州，参观一家私人建设的塘河灯博物馆。进博物馆前，我就惦记着陆作家那盏省油灯，会有省油灯吗？进去一看，就是一个灯的世界，形状大大小小，年代长长短短，各类灯盏都有，一个个都忽略，很快，我就在一个显眼的展台，看到了省油灯，不大的灯盏，青瓷，精致而简洁，我特地问了老板灯的年份，他说是南宋的，他自然知道陆游写的省油灯了。嗯，我还是很惊奇，一直观察，忽然想，只要注上油，南宋的光亮还会一直燃下去。

能源问题越来越困扰着人类。

煤终有挖完的一天，油终有抽干的一日，替代，再替代，上月球，上火星。

省油，再省油！

（《老学庵笔记》卷十）

（二十）司马连累马

绍圣、元符年间，有个叫马从一的人，他是南京应天府（今河南商丘）排岸司的官员。有一天，正好漕使来检查工作，一群官员都去迎接。此漕使一见马从一，就大声呵斥：听说你工作不努力，我正要派人查处你呢，你不仅不跑，还胆敢来见我？马从一听此一顿训斥，没头没脑，也不知自己做错了什么，就乞求道：大人呀，我是湖湘人，我在排岸司是尽职尽心工作的，我也不知道自己错在哪里呢，请大人明示！

这漕使听了马从一的狡辩反思，哎，听他口音，怎么是个南方人呀，于是，他怒气开始消除：湖南也有姓司马的吗？马从一答：我姓马，是管理排岸司的官员。漕使闻此，脸上开始露出笑容：你只要尽职工作就可以了。当初，漕使误以为马从一是司马光的族人，所以想加害于他。

此后，马从一发名片，只称自己是排岸司官员，不称自己姓马。

这件事，大家都当作笑话传来传去。

王安石变法，新旧两党的纷争，最后演变成了个人的恩怨，司马光、文彦博、苏轼、黄庭坚、陆佃、秦观等三百零九人的“元祐党人”，受到的牵连有多大？洪迈《夷坚志》卷第四《优伶箴戏》中的一个镜头，让人在捧腹中深思：

崇宁初年（1102），元祐党人正遭受各方打击，连言论也被禁止，凡有人涉及被禁止的言论行为，不论大小，都要罢官，并受到监视。当时的伶人上演了这么一出戏，皇帝也坐在下面看：

一宰相坐在公案后，颂扬朝政之美好。一僧人上场。僧人请求宰相颁发印信，他要云游四方，宰相接过僧人度牒仔细看，发现度牒是元祐三年（1088）的，当即撕毁，并让僧人穿上常人衣服。一道人上场，他丢失了度牒，宰相问他什么时候做的道士，道人说元祐年间，宰相便脱了道士的道服，让他当百姓。一士人上场，他是在元祐五年被推荐参加省试的，按规定可以免去乡试，但礼部不予推荐，这士人便来宰相处投诉，宰相当场将士人押往原籍，并废去资格。此时，主管国库的官员上场请示工作，他附着宰相的耳朵说：我今天去左藏库为你要了一千贯料钱，这些钱都是元祐年间制造的，是不是应该按圣旨办？宰相低着头想了很久说：把钱从后门搬走！随后，配角用手中的梃拍着宰相的背调侃道：你做到宰相，原来也只是为了钱！此时，在台下看戏的皇帝也笑了。

这种打击无限扩大化，斩草除根式的残酷，对人不对己的自私，都被优伶表现得惟妙惟肖。

本则笔记中，姓马也受到了司马的牵连，真将普通官员马从一吓得不轻。

（《老学庵笔记》卷十）

第十六卷 乡居记（四）

一、琴棋书

琴、棋、书、画，除了画，前面三项，陆游自小就喜欢，他的书法，甚至在南宋的书坛也独树一帜。这些爱好，都变成了他闲居时破闲、排闷，提升生活品质的良好方式。

我爱湖山清绝地，抱琴携鹤住茆堂。
药苗自采盘蔬美，菰米新舂钵饭香。
南浦风烟无限好，北轩雷雨不胜凉。
旧交散落无消息，借问黄尘有底忙？

（《剑南诗稿》卷七十七《即事》其三）

此诗写于嘉定元年（1208）夏，清绝的湖山边，历经四十多年风雨的三山茅庐，菜园、药圃，夏日里静静地生长着陆游一家的日常必需，药食同源，陆游一家的菜蔬中，有不少就是药材，平常时间，这里很少有老朋友上门，那么，打发闲日子的方法之一，就是在清静中安放自己，“种药为生业，弹琴悦性灵”（《剑南诗稿》卷五十七《小雨》其一）。

常常是，上午或者是午后，睡足后的老人，在茅堂中央的琴桌前坐定，左手按住琴弦，右指稳稳地拨出第一个音，沉静而悠长，回声在茅屋四周漾开，他不会像范仲淹那样只弹一首《履霜操》，弹得尽兴时，《山居吟》《列子御风》《庄周梦蝶》，诸多曲子，他都会过一遍。“水际闲将鹤，林间独拥琴”（《剑南诗稿》卷六十一《初夏幽居杂赋》其三），“苏门隐去闻孤啸，栗里归来弄素琴”（《剑南诗稿》卷七十七《暑中自遣》），“睡起披衣弄素琴，房栊槐柳绿成阴”（《剑南诗稿》卷八十一《睡起》），琴声就是他的心声，那些钻出窗去的琴声，袅袅盘升，化作了天上的云彩，将他满腹的心思带走。

要是有聚会，那些琴声也会让他痴迷。陆游听琴，常常一听就是半天，“丹炉弄火经年熟，竹院听琴竟日留”（《剑南诗稿》卷六十五《道院杂兴》其二），呵，今天听琴尽兴，夜已深，不走了，不走了，就留宿在寺院吧。

溪上秋来风露清，萧然浴罢葛衣轻。
看云舒卷了穷达，见月亏盈知死生。
老去关心惟药裹，闲中消日付棋枰。
故人书札频相问，何日芒鞋上赤城？

（《剑南诗稿》卷六十七《溪上》）

此诗作于开禧二年（1206）秋。秋高气爽的傍晚，在清溪中洗个身，然后套上粗布衣服，格外轻松，看天上云卷云舒，富贵和贫穷是一瞬间的事；看月圆月缺，它的亏盈与人的生死道理都一样。我这样的年纪，什么都不关心了，只关心那我个药箱，它与我的病痛有关，闲余的日子，我都付与了那个棋盘。老朋友的书信一封接一封，我们什么时候一起去登赤城呢？

棋如人生。

布局和谋略，高手会着眼整体、长远，他只要最后的结局，即便中途短暂失利，只要在可控范围内，这种表面失利甚至可以迷惑对方；进攻与防守，高手并不会一开始就展开凌厉攻势，除非双方强弱完全不在同一层面，如果势均力敌，那攻与守就极有技巧，高手会设置陷阱，不到最后时刻，高手不会置对方于死地；失败与胜利，如果不是一局定胜负，那么，高手就会注意整盘计划，第一局试探，从试探中明了对方的实力，二三局就可以大打出手，直到对方无还手之力。如果是高手，即便第一盘真正输了，他也会吸取教训，输在何处，为什么输了，立即想出补救办法，力争下一局扳回。谋略至关重要，退或许就是为了进，失败与胜利瞬间可以转换。更重要的是，无论胜负，一局棋结束，此前的费尽心机，一切烟消云散。人生不可以重来，但棋可以重下，故人生不能执着于一时一地的得与失：

夜对遗编叹复惊，古来成败浩纵横。
功名多向穷中立，祸患常从巧处生。
万里关河归梦想，千年王霸等棋枰。
人间只有躬耕是，路过桑村最眼明。

（《剑南诗稿》卷四十九《读史》）

夜深人静，陆游常常读史，不断地阅读，连连地感叹，历史和现实怎么会如此惊人相似？怎么会一再重演？他看了看书桌边那副棋盘，又叹息：这千年的历史，成者王，败者寇，霸主们趾高气扬，轮番上场，可是——这不就是一盘棋吗？幸亏，他还有三山别业，还有这满湖的鉴水，哈，明天就喊上邻居章老头，去村头那棵老桑树下，痛快地下一天棋！

陆游自幼习棋，他的棋友，大致有三类：和尚道士，仕宦朋友，附近邻居与村民，对象不同，各有趣味。而且，他下棋常让人先，晚年有诗“才尽赋诗愁压倒，气衰对弈怯饶先”（《剑南诗稿》卷七十《幽事》），“饶先”就是让棋，晚年不敢让棋，那年轻时可是极生猛的，放在今天来说，段位还不低。

陆游从小就浸润在宋人书法浓浓的氛围中，酷爱书法，尤爱醉后草书。

胸中磊落藏五兵，欲试无路空峥嵘。
酒为旗鼓笔刀槊，势从天落银河倾。
端溪石池浓作墨，烛光相射飞纵横。
须臾收卷复把酒，如见万里烟尘清。
丈夫身在要有立，逆虏运尽行当平。
何时夜出五原塞，不闻人语闻鞭声。

（《剑南诗稿》卷七《题醉中所作草书卷后》）

淳熙三年（1176）三月，春暖花开的成都，范成大的幕府内，一次夜宴后，陆游草书一幅，酒醉写书法，实在是痛快淋漓。不愧是刚从南郑前线回来的诗人，他将书法与眼前的现实结合得天衣无缝：酒就是旗鼓，笔就是刀枪，写书法前喝下酒，犹如旗鼓壮声威，胸中有兵，眼下有敌，那么，书写就是排兵布阵，那一个个的字，它们就是杀敌的勇士，它们生龙活虎，跃然纸上，将敌人杀得落花流水，一幅字写完，再端来一碗酒，一口气饮下，就如打了一场胜仗，国难消除，太平恢复。金国统治者的气数已尽，应该尽快地平定他们。唉，什么时候再去讨伐金人出征呢，我已能想象出夜间骑马扬鞭催蹄的声音！

对书人来说，或许王羲之醉书《兰亭序》是最神往的状态，陆游好酒，醉后也常常写书法，《醉书山亭壁》《醉中草书因戏作此诗》《醉中作行草数纸》《醉书秦望山石壁》《醉后作小草因成长句》《醉中作》《醉中录近诗因题卷后》，醉后写书法，醉后作诗，唯此，陆游才可短暂放下心中那沉重之大业。年老多病睡眠少，索性起来写字：

放翁病过秋，忽起作醉墨。
正如久蛰龙，青天飞霹雳。

虽云堕怪奇，要胜常惘默。
一朝此翁死，千金求不得。

（《剑南诗稿》卷八十四《四日夜鸡未鸣起作》）

嘉定二年（1209）秋的一个凌晨，鸡都没叫呢，早醒的老人，辗转反侧，一身病痛，躺着反而难受。寂静无声，只有唰唰唰笔落纸上的声音，写完一张再接一张，笔一旦飞舞起来，病痛似乎就会忘记，哈，我的书法虽没什么大名气，不过呢，我死后，你们可是要花大价钱才能买得到的。

酣畅写完，窗外已经发白，老人将笔一丢，低头吹灭油灯，转身往门外走，他要去湖边迎接新一轮的朝阳。

陆游的书法到底什么水平？听听别人的评价吧。

朱熹评：放翁老笔尤健，在今当推为第一流；务观别纸，笔札精妙，意寄高远。（朱熹《朱子大全集》卷六十四、卷六十九）

陶宗仪评：才气超迈，尤长于诗；书迹飘逸。（陶宗仪《书史会要》卷六）

李日华评：陆放翁词稿，行草烂漫，如黄如米，细玩之，则颜鲁公、杨少师精髓皆在。（李日华《六研斋笔记》卷一）

赵翼评：放翁不以书名，而草书实横绝一时。……是放翁于草书，功力几于出神入化，惜今不传，且无有能知其善书者，盖为诗名所掩也。（赵翼《瓯北诗话》）

浙江绍兴沈园的《钗头凤》词碑，镇江焦山的《焦山题名》，金华的《重修智者广福禅寺记》碑（国家图书馆藏），《与明远老友书》《候问帖》《拜违道义帖》《长夏帖》《苦寒帖》《并拥寿祺帖》《契家帖》（均为故宫博物院藏），《秋清帖》《上间帖》《野处帖》《奏记帖》（均为台北故宫博物院藏），《怀成都十韵诗》《姑熟帖残石旧拓本》（故宫博物院藏），《自书诗帖》（辽宁博物馆藏），都足可见陆游行草结合的独特鲜明风格。

二、东篱及鸡及牛及羊

棋琴书画，不是陆游的全部，他还有琐碎的日常，对别人来说，或许不值一提，陆游却不，三山别业里的一草一木，他都倾注了十二分的热情。

他得将他的日子过好，《东篱记》中，看他是如何沉迷于自己田园的：

> 放翁告归三年，辟舍东茀地，南北七十五尺，东西或十有八尺而赢，或十有三尺而缩，插竹为篱，如其地之数。薶五石瓮，潴泉为池，植千叶白芙蕖，又杂植木之品若干，草之品若干，名之曰东篱。放翁日婆娑其间，掇其香以臭，擷其颖以玩，朝而灌，莫而锄。凡一甲坼，一敷荣，童子皆来报惟谨。放翁于是考《本草》以见其性质，探《离骚》以得其族类，本之《诗》《尔雅》及毛氏、郭氏之传，以观其比兴，穷其训诂。又下而博取汉魏晋唐以来，一篇一咏无遗者，反复研究古今体制之变革，间亦吟讽为长谣短章，楚调唐律，酬答风月烟雨之态度。盖非独娱身目，遣暇日而已。昔老子著书末章，自小国寡民，至甘其食，美其服，安其居，乐其俗，邻国相望，鸡犬之声相闻，民至老死不相往来，其意深矣。使老子而得一邑一聚，盖真足以至此。於乎！吾之东篱，又小国寡民之细者欤！开禧元年四月乙卯记。
>
> （《渭南文集》卷二十《东篱记》）

开禧元年（1205），退休回家三年后，八十一岁的陆游，依然精神矍铄，他闲不住，遂将别业东边的一块草地开垦出来，在地的边界上插上竹篱，称之为“东篱”。这块地并不规则，一百平方米不到，狭长形，但陆游将其布置得极精致，地中间，埋下五个石瓮，里面灌满泉水，种上荷花，种下药材，种下树木，又种上一些花和草。陆游对这个小园子，倾注了无限的热忱，每天都要到园里转悠，早上浇灌，傍晚锄地，花开了，闻一闻香，新叶长出，俯下身子细细观赏，种子发芽了，开花了，孩童都会来一一细报，显然，孩童也受老人的影响，对幼小生命的成长更好奇。

到底是读书人，喜欢穷根究底。作为一位医生，那些药材，他会对照《证类本草》，研究药材的性质。作为一位诗人，他会对照《离骚》，欣赏花草的描写，还有《诗经》《尔雅》以及对它们的注解，甚至汉魏晋唐以来的各种解释，了解每一种植物的出处、含义，可以用来比喻什么，形容的对象，对这种比兴的言外之意，陆游格外感兴趣。对一个写作者来说，什么事也不会白做，都会有收获，不过，陆游也坦承，他就是闲的，没别的什么目的，打发时间而已。

由东篱，陆游突然想到了老子“小国寡民”式的乌托邦社会：甘其食，美其服，安其居，乐其俗，邻国相望，鸡犬之声相闻，却老死不相往来。陆游理解，老子的这种理想，其实还有更深的意思，人人都将自己的生活过好，天下不就太平了吗？哈，我这小小东篱，就是老子理想国之微缩版呀！乐在其中！

嘉泰四年（1204）冬的某一天，晴阳温暖，陆游拄杖闲逛市场，走着走着，忽然发现一只长得半大的乌鸡，甚是漂亮，家里正缺一只报晓的公鸡呢，立即掏出三百文钱买下：

青铜三百买乌鸡，辟地墙东为择栖。
更聘一雌全物性，莫辞风雨五更啼。

（《剑南诗稿》卷五十九《赠鸡》）

这绝不是无聊，这是一个对生活充满情趣的老诗人的心灵寄托。陆游将鸡带回家，专门为鸡在东墙辟出一个鸡窝，这里避风雨，白天阳光也好，他对此鸡，给予了莫大的希望：你成年后，一定要负起自己报晓的职责，五更，无论风雨，都要叫醒老汉我！就看你的表现了，如果表现好，我会再为你寻一个伴来，就这么简单！

此鸡果然没有辜负陆游的期望，表现甚好，但正因为它的尽职，吵了陆家刚诞下的婴儿，接班人的问题是一个重要问题，陆游必须认真对待，婴儿睡不好，严重影响成长，无奈，只有将东墙根的鸡栅迁移，为此，诗人觉得对不起这只尽职的乌鸡，情不自禁为它写了一首长长的诗：

乌鸡买来逾岁年，庭中赤帻何昂然。
吾孙初生畏晨唱，家人共议欲汝捐。
鸟穷必啄奴岂惮，鸡卖将烹吾所怜。
贵人贱畜虽古训，物理宁不思两全。
旧栖况亦苦沮洳，新栅幸可图守坚。
东园稍去房奥远，挟雌将雏从此迁。
竹箪朝暮有余粒，瓦缶亦自盛清泉。
喈喈风雨守汝职，腷膊勿恤惊吾眠。

（《剑南诗稿》卷六十一《迁鸡栅歌》）

乌鸡在庭院中散步的情形，气定神闲，气宇轩昂，它一步一步，俨然如沉着的带兵大将，乌鸡呀，虽然你如此出众，但与人相比，人必须第一位，家人说要卖掉你杀掉你，我不同意，我为你另造一个新窝吧，你带着你的夫人和孩子，一并迁去新居，那里竹林掩映，吃的喝的，你都不要担心，你只管安心住着，依然尽你的职，无论风雨，只管报晓！

其实，陆游还写过不少鸡的诗，比如，下面两只老鸡也让他诗兴大发：

峨峨赤帻先群辈，喔喔长鸣盖四郊。
意气虽雄无处用，风霜从我老衡茆。

（《剑南诗稿》卷二十七《赠老鸡》）

鸡鸣平旦未为迟，恰是山房睡觉时。
著屐起寻溪上路，野梅犹有未残枝。

（《剑南诗稿》卷七十
《畜一鸡报晓声清圆而鸣每晚戏书绝句》）

仅仅是写鸡吗？是的，但是，字里行间，稍微体会一下，就会发觉，诗人的重点，均放在鸣叫报晓上，这是一只公鸡的责任，公鸡是如此地尽职，而放眼朝廷，看看那些投降派的所作所为，他们在干什么？只顾眼前苟且，只顾自己的利益，他们连鸡也不如！

不仅仅是关心鸡，对于家里的动物，陆游几乎都倾注了情感，比如那头黄牛：

卖刀买黄犊，用以事耕稼。
凄风山北秋，缺月溪西夜。
小童拾竹枝，相呼聊一跨。
秋来作栏成，参差出林罅。
青烟起草积，微火近茅舍。
未言东作功，此景已可画。

（《剑南诗稿》卷五十四《黄犊》）

八十多岁的老人，从市场上买来这头小黄牛，对它寄予了莫大的希望：小黄牛呀，你快快长大，家里的田地要靠你来耕作，我会为你搭一个又干净又通风的牛栏，我也会经常牵你去山林间吃草。看着这头健壮的小黄牛，陆游又想起了刚刚去世的那头老牛，想起和牛在一起的日子：

门外一溪清见底，老翁牵牛饮溪水。
溪清喜不污牛腹，岂畏践霜寒堕趾。

舍东土瘦多瓦砾，父子勤劳艺黍稷。
勿言牛老行苦迟，我今八十耕犹力。
牛能生犊我有孙，世世相从老故园。
人生得饱万事足，拾牛相齐何足言。

（《剑南诗稿》卷四十八《饮牛歌》）

从细节上看，陆游将牛照顾得不错，让它干干净净生活，虽然牛要承担繁重的耕作任务，但与一位八十多岁仍然要从事耕作的老人相比，牛就是本职工作了，不过，老人还是满足这样的生活的，养鸡，养牛，养羊（卷四十八有《牧羊歌》），他将自己的日子安排得满满的。

三、活人命的郎中

五月夕阳的余光，伴着舒适的湖风，披洒在白发老人身上，午后睡足的陆游，面朝镜湖，拄杖倚靠在三山别业前那棵大乌桕树下时，几只鹭鸟正从湖边草丛扑扑飞起，不远处有点点船帆，眼前此景，使无奈和慵懒顿时一扫而空。

广阔湛蓝的天空，一望无际的湖山，热情好客的乡邻，还有那满屋子的书，满堂的儿孙，这些足够将他的日常填得充盈。也真是上天眷顾，如此年纪，依然耳聪目明，“目光焰焰夜穿帐”，“细书如蚁眼常明”，“老夫垂八十，岩电尚烂烂。孤灯观细字，坚坐常夜半”，有一双好眼，就能不断地阅读，他的诗，他诗中的活力，源源不断而来。

前面闲居的三个章节中，游村、访友、观景、怀旧、读书，成了陆游大量的日常，这里重点从采药治病展开。

古代的读书人，许多都会看病，后人甚至将苏轼和沈括的药方合编成《苏沈良方》，陆游在抚州时也编过《陆氏续集验方》，那是在他先祖陆贽《陆氏集验方》之后搜集整理的验方集锦，对当时的疫情起到了重要的作用。缺医少药的乡村，突然来了一个大知识分子，深厚的家学渊源，以往的医学经验，都使陆游成了一位受乡邻欢迎的郎中。

偶策青驴出，还将白鹤随。
炼丹留日观，采药上天池。
送客清秋棹，留僧静夜棋。
从来闲姓字，不遣世人知。

（《剑南诗稿》卷五十五《自述》）

这应该是陆游晚年的另一种日常，炼丹和采药，送客到码头，与僧人下棋，一切都过得惬意，不过，显然有虚拟与夸张的成分，青驴可以有，白鹤不一定会顺从地跟着，除非训练而成，重点是炼丹和采药。陆家数代人都信奉道教，热心于道教书籍的阅读，醉心于长生仙方的搜集，高祖陆轸还“遇见”过施肩吾神仙，这在陆游的《家世旧闻》里都有详细记载。而采药制药，则是治病的前提，陆家人自己小病小痛，也离不开这些药，三山别业后来还专门开辟有药圃，一切细节都可以证明，晚年的陆游，已经将寻药治病，当成他的一项重要工作，“采药上天池”，“采药上稽山”，“涧毛春可求，山药秋可掘”，既利用自己的特长，又为乡邻解除了病痛，大大地积德行善。

蓍囊药笈每随身，问病求占日日新。
向道不能渠岂信，随宜酬答免违人。

药粗野老偏称效，诗浅山僧妄谓工。
怀饼裹茶来问讯，不妨一笑寂寥中。

（《剑南诗稿》卷五十八《甲子秋八月偶思出游往往累日不能归或远至傍县凡得绝句十有二首杂录入稿中亦不复诠次也》其五、其六）

背着药箱，骑着青驴，一直走呀走，附近的村庄都走遍了，再往远处走，走到哪，住到哪，病就看到哪。一拄杖老者，瘦骨伶仃，佝偻着背，手抚着肚子，称自己患了多年的胃病，吃不下饭，没力气，陆游问：老兄，多大年纪了？老者答：今年六十九了！满是自豪，陆游听了笑笑：高寿高寿！他没有说自己年纪，怕刺激对方，细细搭脉，细细问病，陆游边开方边说道：老兄应该是年轻时吃螺蛳吃多了，而且经常用冷螺蛳拌饭吃，这病不容易看好，先开三服药试试，过几天我还会再来。几天后，待陆游从旁县回程经过此村，六九老者迎着陆游夸奖道：先生真是神人，三服药下去，肚子好受多了，胃口也好了不少。陆游还是笑笑：我再开三服吧，吃完药，以后的饮食要注意，你这个年纪，要多喝粥，晨粥后，再平躺一会儿，我已经八十了，平时就是这样养生的。六九老者一脸惊讶，随后双手不断作揖：多谢老哥多谢老哥！

庭中正苦日卓午，水面忽看云过西。
老子不辞冲急雨，小锄香带药畦泥。

（《剑南诗稿》卷六十二《雨中锄药》）

烈日正午时，大块乌云从湖那边压过来，一场淋漓的大雨过后，八十一岁的老人，拿着小锄头，走进后院的药圃，他放心不下那些草药，凉冷温，暖热平，根据药材的疗效，他都分别种了一些，太平惠民局的药固然好，但比较贵，一般老百姓生病，常常找本土郎中看，陆游深知，百姓生活不易，这一片长势良好的药圃，就是他的常备药库。

有药，身体好，驴上挂个药箱，陆游又开始满乡村地转悠了。

闲行偶复到山村，父老遮留共一尊。
曩日见公孙未晬，如今已解牧鸡豚。

儿扶一老候溪边，来告头风久未痊。
不用更求芎芷辈，吾诗读罢自醒然。

驴肩每带药囊行，村巷欢欣夹道迎。
共说向来曾活我，生儿多以陆为名。

逆旅人家近野桥，偶因秣蹇暂消摇。
村翁不解读《本草》，争就先生辨药苗。

（《剑南诗稿》卷六十五《山村经行因施药》其一、其三、其四、其五）

时间如白驹过隙，陆游经年行医，一村一乡地跑，往日见到的那个抱在怀里的小孩，已经会照看鸡和猪了。经常走着走着，村头或者溪边，忽然就立着一个病人，唉，什么病什么病，他们仿佛见到了药到病除的神仙，陆游真是因病施方，这不，那个患头痛病的老人，陆游开玩笑地说：您没病，不要用什么药，只要读读我的诗，您就放松了，头就不会痛！的确，陆游望闻问切后，他觉得此老汉的头痛是性情抑郁、怨气积聚导致，读一读诗，让自己的内心，驰骋徜徉于家乡这美丽的山水间，再多的烦恼，也会随水流去。陆游如此自信，或许，他此前已经有不少成功的案例，乡村农户也有不少烦心事，此理与他久在官场完全相通。

淳朴的乡民，对于帮他们解除病痛的大诗人，内心充满感激，每每陆游骑着驴子一进村，众多乡民就闻讯跑出来，看陆游慢悠悠地行进在村道中，拉家常，送土产，仿佛山水和草木都充满了快乐。这儿一位白发老者，他拉着陆游的手，一脸真诚：恩人呀，我家孙儿就是您救活的，为了永远铭记恩情，我们还将他改姓为陆，您在这里也有后人呀。老者说完，千恩万谢，再三作揖。另一位老婆婆也在边上说：我家孙儿也是大人救活的，我们也将他改姓了陆！

对陆游来说，对一个耄耋老人来说，这是莫大的荣誉，他看着纯真的人们，眼眶发热：多么好的乡亲呀，他们竟然用这样的方式来感谢，这真让人感动！

从不少诗句看，陆游的医术，已经达到了相当的高度，村头乡民争着请他辨药的场景，就是对名医最好的信任。他懂医，懂药，活人命无数，他的医学见解，不输于那些专门行医的郎中：

皋夔无近用，芝术少奇功。
上寿当徐致，沉奇忌力攻。
医传三世久，事历百年中。
畏与庸人说，终身托病聋。

（《剑南诗稿》卷八十三《即事》）

好药就如那些有能力有口碑的贤人，但任何一位贤人、任何一种药材，都要因病人的具体情况而施药，要想医好病，切忌用猛药，猛药只会使人大伤元气，我行医，也不是随随便便的，我有家传，我宦游四方，也搜得不少良方，但我只和明白人说。

陆游常年在乡间行医，就连他家的仆从雇农，都学会了不少医术：

终日常辞客，经秋半在床。
爱穷留作伴，谙病与相忘。
灶婢工烹粥，园丁习写方。
今朝有奇事，久雨得窗光。

（《剑南诗稿》卷八十四《卧病杂题》其四）

此诗下作者还有个小注：“久病，家人做粥遂佳，盖朝夕常为之也。又有山仆本不识字，因久合药，遂能写药方数大篇。”善待奴婢雇农，将他们看作“家人”，陆游讲究喝粥养生，这煮粥必定有不同的方法，而用人们都学会了，且煮得不错。经常合药的那个“山仆”，居然能写不少药方。

范仲淹还没有成名的时候，去庙里求签，想当宰相，但没抽中，那就做个好医生吧，也没抽中，他就发了感叹：读书学道，要为宰辅。得时行道，可以活天下之命。不然，时不我与，则当读黄帝书，深究医家奥旨，是亦可以治人也，上以疗君亲之疾，下以救贫民之厄，中以保自身长年。

范仲淹“不为良相，愿为良医”的志向，一定深深地影响着陆游，山阴道上，他骑的驴，驴背上的药箱，都成了陆医生的标准日常。

四、辛弃疾来访

嘉泰三年（1203）六月十二日上午，蝉声高鸣，骄阳刺目，三山别业的门前，来了一位白发老者，不过，他矫健的步伐中带着一种强烈的急切，他是辛弃疾。他来绍兴府做知州，兼浙东安抚使，昨天刚报到，停顿了一下，就赶来拜见老朋友了。当陆游辛弃疾两双大手紧紧相握时，两人的眼眶中似乎都噙着热泪，都是诗坛词坛的著名人士，都怀有一颗炽热的爱国之心，有多少话要说呀！

辛弃疾，字幼安，号稼轩，山东历城人。从《宋史》卷四百零一《辛弃疾传》中，可以得知，辛弃疾在拜见陆游前，有着惊心动魄的光荣经历：

金主完颜亮死后，中原地区民间抗金旗帜林立，其中有个叫耿京的聚兵起义，声势浩大，节制了山东、河北的忠义军，耿京自己称天平节度使，辛弃疾就在这支队伍里做掌书记，相当于军中重要秘书。辛弃疾利用时机，劝耿京带部队南归南宋。此时，辛弃疾的另一个朋友，僧人义端，也喜欢谈兵事，他也拉起了数千人的抗金队伍，辛弃疾就说服义端投奔了耿京。不想，某一天，义端却偷了耿京的大印跑了，耿京大怒，要斩推荐人辛弃疾，弃疾向耿京拍着胸脯保证：给我三天时间，我一定将义端抓回来，如果抓不回，你再杀我不迟！弃疾预料义端会拿着耿京的大印去投奔金人，就立即沿着金国方向追赶，果然被他追上。辛弃疾带着义端的头颅去见了耿京，耿大帅于是更加信任辛弃疾。

绍兴三十二年（1162），耿京终于被辛弃疾说动，南归南宋，他让辛弃疾向南宋奉表，赵构很高兴，一下子增加了一支强有力的军队，他下诏封耿京为天平节度使，封辛弃疾为承务郎、天平节度掌书记，不想，耿京被张安国等人所杀，张还带着耿京的人马降金。遇此突发情况，北归复命的辛弃疾，临事不慌，他会同海州统制，带兵悄悄杀入金营，将张安国等人抓回临安。南宋朝廷仍授辛弃疾原官职，改任江阴佥判。这个时候，辛弃疾只有二十三岁。

此后，辛弃疾做过建康府通判，司农寺主簿，滁州知州，江东安抚使参议官，仓部郎官、提点江西刑狱，秘阁修撰，京西转运判官，大理寺少卿，他每到一地，无论百姓事军国事，都十二分尽心。体恤百姓，宽征薄赋，惩治贪官污吏。辛弃疾负责筹建的飞虎军，为长江沿岸守军之冠。朱熹去世，正是“伪学”全面遭禁之际，众人都怕牵连，辛弃疾却亲往吊丧，撰文哭悼，这就是智勇双全、为人豪爽、讲义气、讲气节的爱国者辛弃疾。

这次，辛弃疾是被重新起用。绍熙五年（1194）八月，辛弃疾在福建安抚使兼福州知府的任上遭人弹劾：用钱如泥钱，杀人如草芥，招募壮丁，建立武装，想做闽王！随后，朝廷不管三七二十一，罢了他的官，领奉祠。此前，他在江西上饶县北的稼轩赋闲，差不多已经十年了。

陆游要比辛弃疾大十五岁，这是一对真正的忘年交。进屋，喝茶，聊天，陆游身边围上来两个孙儿，捏着陆游的手，辛弃疾也伸过手去，将其中一个抱在怀中，孩子毫无陌生感。谈起辛弃疾的英勇往事，陆游几次竖起大拇指赞赏，而辛弃疾则摇头说老了老了，辛弃疾转而又说起陆游在南郑前线打老虎的事，陆游不禁老泪纵横。一晃几十年，当年的理想，而今的现实，让他们唏嘘不已。

说够了话，陆游起身，带着辛弃疾在他的三山别业转悠。四十年的风雨，这草堂不少地方都已经残破，风紧春寒难敌，辛弃疾一脸真诚地对陆游说：务观兄，看您这草屋破损得厉害，我帮您好好整修一番吧。此时，辛弃疾的心中，希望这位大哥式的朋友，能接受他的心意，这一家老少几十口人居住在破旧的屋中，他看着心酸，毕竟，他在任，吃口不重，且有优厚的薪水，好好翻修一下，应该不成问题。陆游拱拱手：幼安老弟，不用，不用，草屋虽旧，完全能住，哪敢劳烦您重新修建呢？看这院子，花花草草多可爱呀。再说了，老弟的经济也不宽裕，真诚感谢老弟的一片好意！

次年春正月，宁宗皇帝召辛弃疾到京城，加封他为宝谟阁待制，三月，宁宗赐辛弃疾金带，任命他为军事要塞镇江知府。辛弃疾到任，立即预制万套军服，招募万名壮丁，训练他们，准备渡过淮河抗击金军。北伐的大旗已经拉起，韩侂胄准备大干一场。

稼轩落笔凌鲍谢，退避声名称学稼。
十年高卧不出门，参透南宗牧牛话。
功名固是券内事，且葺园庐了婚嫁。
千篇昌谷诗满囊，万卷邺侯书插架。
忽然起冠东诸侯，黄旗皂纛从天下。
圣朝仄席意未快，尺一东来烦促驾。
大材小用古所叹，管仲萧何实流亚。
天山挂旆或少须，先挽银河洗嵩华。
中原麟凤争自奋，残虏犬羊何足吓。
但令小试出绪余，青史英豪可雄跨。
古来立事戒轻发，往往谗夫出乘罅。
深仇积愤在逆胡，不用追思灞亭夜。

（《剑南诗稿》卷五十七《送辛幼安殿撰造朝》）

陆游这首送别长诗，写在辛弃疾离开绍兴之后的春天，着笔于朋友的心情、能力、遭遇，并对他此次召回，寄予了很大的希望，感情异常饱满。

上饶县北十里，东冈西阜，北墅南麓，以青径款竹扉，锦路行海棠，集山有楼，婆娑有室，信步有亭，涤砚有渚。这么好的地方，就是辛弃疾隐居数十年的稼轩，幼安老弟，在此读书写作，耕稼劳作，还静心潜修佛学，小日子过得极舒心，老弟在浙东也干得风生水起，这次机会极好，希望老弟珍惜，可以大干一场，再建新功，不过，必须谨慎行事，切忌浮躁，还要防止奸佞小人的恶意中伤，你什么也不用多想，放下一切包袱，好好干！

辛弃疾后面几年并不顺利，被贬又起用，不过，他已经看清韩侂胄的北伐真面目。开禧三年秋九月，韩侂胄鼓动宁宗重用辛弃疾为枢密院承旨（相当于副宰相），收到圣旨时，他已经重病不起了。这一月的初十，辛弃疾怀着深深的惆怅离开了人世。

五、还婴室

孔子走了几天几夜的路，终于见到了他心目中的大神——老聃。

但从老聃老师处学习回来后，孔子三天不说话。子贡很奇怪地问老师怎么了，孔子说：我自以为很有学问了，如果对方的思想像鱼一样遨游，我一定可以用钓钩来捕捉它，可是老子的思想却像龙一样，乘云驾雾，太虚幻境，无影无踪，我实在不知道他到底是人还是神呢？

现在我们试着来捕捉一下老子的龙思想。

《道德经》第二十八章云：常德不离，复归于婴儿。

《道德经》第五十五章云：含德之厚，比于赤子。蜂虿虺蛇不螫，攫鸟猛兽不搏。骨弱筋柔而握固。未知牝牡之合而朘作，精之至也。终日号而不嗄，和之至也。

不知道孔子为什么要这么唉声叹气，老子的龙思想不难懂呀，这两章的主题就十分简单明确：修德的最高境界，就如刚刚出生的婴儿一样，追求本真，淡然无欲，纯净无瑕。

蜂和毒蛇咬不咬婴儿，凶鸟猛兽抓不抓婴儿，危险系数太高，不能试验，但既然老子这么说，一定有他的道理。后面的常识告诉我们，婴儿的筋骨柔弱，握力却很强，从高楼上掉下来，甚至从飞机上掉下来，也有安然无恙的；正常的婴儿，精气充足，有的时候，小鸡鸡都能挺得笔直；饿了要哭，不饿也要哭，婴儿终日哭号，嗓子却不会哑，这是元气淳和之故。

这样一比，学习并掌握好老子倡导的道，还真是有点难度。

陆游的家族，一向在道上努力探索，他自己也深有所得。他知道，《道德经》中，至少有五处讲到婴儿，老子如此推崇婴儿，强调“复归于婴儿”，无论身体还是心态，婴儿都是成人为人处世的榜样，而婴儿那种简单自然的率性行为，就是他追求的，饿了就吃，渴了就喝，饱了就睡，喜了就笑，悲了自然要哭，他看着眼前的书斋，索性换一个吧，就叫它“还婴”。

陆游的书斋，烟艇，玉笈，昨非轩，心太平庵，书巢，风月轩，老学庵，龟堂，一直到这个最后的“还婴”，至少十几个，不同的年代，不同的地方，不同的斋名，其实就是彼时心境的真实写照。

开禧元年（1205）秋，陆游静坐还婴室，再读王维诗，情不能已。他晚年越来越喜欢王维，一读放不下，那种空灵、闲静，和他儒释道的圆融，气场很接近，或者说，王维本身就是佛道结合的典范诗人之一，不过是以诗的方式呈现。他一气呵成《读王摩诘诗爱其散发晚未簪道书行尚把之句因用为韵赋古风十首亦皆物外事也》十首，“我生本江湖”“二十游名场”“仕宦五十年”“孤舟上荆巫，天末未觉远”“采药游名山”“残发日已短”“屋穿每茨草，驴瘦可数骨”“安得插两翅，从公游太虚”“隐书有三景，字字当力行”“即今修行地，千古名还婴”，此十首诗，用了王维诗韵，所叙却是自己一辈子的经历，回首往事，点点滴滴，令人感怀，令人伤悲，虽是读后感，陆游诗的意境却大大开拓。

还婴，让陆游的身心似乎回到了那个无忧无虑的孩童时代。无忧无虑其实是假，他生长于离乱的年代，从小就避难东阳山中，这里的还婴，只是暂时的状态，正视现实，眼前就是天堂：

欲出还中止，微阴却快晴。
槛花栽尽活，笼鸟教初成。
身寄江湖久，心知富贵轻。
还婴吾所证，手自写庵名。

（《剑南诗稿》卷七十四《园居》）

嘉定元年(1208)春，八十四岁的陆游，依然醉心于他心中的家园。春种秋获，这三山别业，已经居住了四十多年，这里的一草一木，一砖一瓦，他都爱，园子里补种的花，都已经绽放出蓬勃的青春。今年新买来的那只鹦鹉，教了它几次，和人打招呼已经比较流利了，晨起，推开房门，那些花的气息就会钻进人的鼻子，淡淡的清香，让人心情大好，乡居生活，虽不富足，却能让人心情舒畅，哈，今天心情格外好，再写一个书斋名吧，还婴，还婴!

的确如此，心态决定一切。他在家乡的山水间，像儿童一样快乐生活:“八十可怜心尚孩，看山看水不知回”(《剑南诗稿》卷五十三《初归杂咏》其三);“浮云万事不到眼，千岁人间心尚孩”(《剑南诗稿》卷六十《道室试笔》其一);“老翁终日饱还嬉，常拾儿童竹马骑”(《剑南诗稿》卷六十八《老叹》);“客来莫怪逢迎懒，正伴曾孙竹马嬉”(《剑南诗稿》卷七十四《岁暮》)，这真是老顽童，孩子王，还婴，从另一角度说，这或许就是陆游保持休闲快乐的秘诀。

陆游自最后一次京城修史回山阴以后，就觉得，他已经活得够久了，接下来所有的日子，都是上天的眷顾，那些尘世之物，真没有多少可留恋的:“放翁耄齿犹朱颜，一物不留方寸间”(《剑南诗稿》卷五十七《道室杂咏》其六)。

六、梦再回中原

说是闲居，什么都放下，然而，一旦听到金人的消息，朝廷关于北伐的风吹草动，八十多岁的老人，激情依然一下子就冒了上来，这就是一个在闲适田园山水与壮志悲怀报国间瞬间转换的陆游:

满谷松风枕石眠，中原战血又成川。
但思秦铸铜人日，不记齐成柏寝年。

大药一炉暾晚日，孤桐三尺写秋泉。
何妨狂舞旗亭下，乞与人间画醉仙。

（《剑南诗稿》卷五十六《闻虏乱代华山隐者作》）

即便金人凶狠，但不可能永远强大，彼时的金国，至少有几大问题困扰着他们：国内盗起，于是增兵积粮，关闭边境市场，他们怕宋朝趁机攻击；北边的蒙古族兴起，双方每年都要打仗，兵连祸结，士卒涂炭，国库空虚，国势日弱，赋敛日繁，民不堪命。或许，这就是韩侂胄急着北伐的理由，整个南宋，似乎一下子兴奋了。这金人内乱的消息，也让陆游兴奋不已，虽写华山隐者，却也充满着一种期待，讨伐金人的时机到了。

饭罢颓然付一床，旷怀真足傲羲皇。
松棚尽日常如暮，荷沼无风亦自香。
倚杖月生人影瘦，岸巾露透发根凉。
颇闻王旅徂征近，敷水条山兴已狂。

（《剑南诗稿》卷五十八
《睡起已亭午终日凉甚有赋》）

虽是炎炎夏日，可禁不住心情好呀，心静自然凉，平常一样的风景，此时变得极其有趣，饭后尽兴午睡，清风习习，荷叶生香，朝廷的军队整装待发，那敷水，那条山，都已经兴奋得发狂。追封岳飞为鄂王，立韩世忠庙于镇江府，宋金边境，全线都在准备伐金。几十年未竟的心愿，似乎就要实现，老人能不开心吗？

客从城中来，相视惨不悦；
引杯抚长剑，慨叹胡未灭。
我亦为悲愤，共论到明发。
向来酣斗时，人情愿少歇。

及今数十秋，复谓须岁月。
诸将尔何心，安坐望旄节！

（《剑南诗稿》卷六十四《客从城中来》）

可是，现实却让陆游再一次失望。上诗作于开禧元年（1205）闰八月，因反对的人多，再加上有将领叛变，北伐一时停了下来，有些人不是反对北伐，而是反对韩侂胄的仓促而行。城中来的客人拜访陆游，此客应该是个关心国家命运的人，客人知道老人的心事，屁股还没坐稳，就发了一大堆牢骚，这次北伐，不应该这样，唉，唉，客人连连叹息，引得老人也感慨不已，他知道，自隆兴二年，宋廷与金人议和，已经四十二年了，陆游心中那颗复国的心，一直温胀着，遇热即发，辛弃疾的调任，各种消息，似乎都向好的方向发展，谁知又如春日里突然遭遇寒冬一样，形势急转直下。

对南宋来说，此后几年的抗金斗争，如蚂蚁漂浮茫茫大海无法看到陆地般的绝望，陆游的心也越来越冷。

七、记梦诗

顺带说陆游的记梦诗。

文人似乎都喜欢做梦，梦也是生活之一种，必须写下来。

苏轼的《东坡志林》卷一，有“梦寐”十一则，《记梦参寥茶诗》《记梦赋诗》《记子由梦》《记子由梦塔》《梦中作祭春牛文》《梦中论左传》《梦中作靴铭》《梦南轩》这前八则都是不同的梦，非常有意思，有好多是梦中作诗文，梦中读书讨论，或是人家带着诗文来访他。另两则《措大吃饭》《题李岩老》，则近似于做梦，梦想。

还有一则《记梦》中的一条，从梦的结构上看，还有梦中梦。

予在黄州，梦至西湖上，梦中亦知其为梦也，湖上有大殿三重，其东一殿，题其额云“弥勒下生”。梦中云：“是仆昔年所书。”众僧往来行道，大半相识。辨才、海月皆在，相见惊异。仆散衫策杖，谢诸人曰：“梦中来游，不及冠带。”

比较奇的是，他知道自己是做梦，还碰到了很多老朋友，还会向人抱歉：因为是梦中来游，穿得不整齐。

陆游的记梦诗更多，有人统计《剑南诗稿》中仅诗题“记梦”的就达一百八十多首，这是中国诗歌史上的一大创新。他以记梦的方式作志向的曲折表达，“爱国情绪饱和在整个生命里，而且这股热潮冲出他白天清醒生活的边界，还泛滥到他的梦境里去”（钱锺书《宋诗选注》）。吉梦、喜梦、噩梦，思梦、寤梦、惧梦，日有所思，夜有所梦，许多还是些不可思议的梦，但它几乎都能从陆游的现实生活中找到对应点。人的三分之一时间在床上度过，古人甚至要占一半左右，一般人都默默无闻睡过去了（必须睡过去），陆游却将他的许多梦，化作了光彩的诗，他与唐婉的情爱梦让人动容，铁马冰河的报国梦更是满溢他的整个生命。

陆游的梦，虽是普通日常乡居的寻常记录，却都暗含他的理想与情怀，如《梦入禅林有老宿方升座或云通悟禅师也》《梦中行荷花万顷中》《梦中游禹祠》，《梦中作》一作就是十四首，《记梦》一记就是二十二首，《梦游山》《梦归》《梦观牡丹》《五月七日夜梦中作》《五月十四日夜梦一僧持诗编过予有暴雨诗语颇壮予欣然和之联巨轴欲书未落笔而觉追作此篇》《五月二十三日夜记梦》，诗人梦的脚步，一直停不下来。

中宵游帝所，广殿缀仙官。
天逼星辰大，霜清剑佩寒。
赋诗题碧简，侍宴跨青鸾。
惆怅尘缘重，梦残更未残。

（《剑南诗稿》卷十二《梦仙》）

这首梦诗写于淳熙七年（1180）六月的抚州，他在提举江南西路常平茶盐公事任上。诗的题下自注为：“梦朝谒大官殿，仰视去天甚近，星皆大如月，气候清寒如十月间。时庚子六月一日也。”他去玉帝的天宫游了一回，透彻的寒冷，星星大如月亮，骑神鸟应邀赴宴，碧简上尽兴题诗，梦醒了自然是惆怅更惆怅。这样的梦，缘于不如意的心境，也缘于他的道家情怀，或许还有，漏夜急雨，凉风钻屋，六月虽已至，夜半依然凉，嗯，被子滑落床下，脚底心受凉了。

天宝胡兵陷两京，北庭安西无汉营。
五百年间置不问，圣主下诏初亲征。
熊罴百万从銮驾，故地不劳传檄下。
筑城绝塞进新图，排仗行宫宣大赦。
冈峦极目汉山川，文书初用淳熙年。
驾前六军错锦绣，秋风鼓角声满天。
苜蓿峰前尽亭障，平安火在交河上。
凉州女儿满高楼，梳头已学京都样。

（《剑南诗稿》卷十二《五月十一日夜且半梦从大驾亲征尽复汉唐故地见城邑人物繁丽云西凉府也喜甚马上作长句未终篇而觉乃足成之》）

此梦比前梦早做了二十天，入蜀八年回江南，福建管茶盐两年，又来江西管茶盐，他的理想越来越远，他只有在梦中延续他的志向。在梦中，他的思想如旷野中狂逸的奔马，无拘无束。随皇帝出征，收复了北宋的版图，不仅如此，沦陷了五百年的汉唐故地也一并收复了。诗人勒马止步，眼前是西凉府，孤城遥望，飞檐穹顶，雕画廊柱，穿梭人流，胡服胡帽，驼铃阵阵，市井甚是繁荣，葡萄美酒夜光杯，欲饮琵琶马上催，这大片的河山，都回来了，诗人满怀喜悦，诗兴大发，可惜，可惜，长诗还没作完，就突然醒来了。

如上述，陆游的记梦诗，最闪亮的主题就是关于抗金复国的，梦人，比如《梦曾文清公》《梦范参政》《梦韩无咎王季夷诸公》，均借怀念人表达其志。长长的入蜀经历，特别是浸入骨髓的南郑从军，时时跳入他的梦中，《十月二十六日夜梦行南郑道中既觉恍然揽笔作此诗时且五鼓矣》，他时常《梦蜀》《梦华山》《梦至成都怅然有作》《梦行益昌道中有赋》《梦得秦晋间有作》《梦游散关渭水之间》《梦题驿壁》，梦就是他独特的表达，爱国情志，字字鲜活。

陆游笔下，梦是梦，梦非梦，梦与现实不即不离，若即若离，逆向呼应，反常互动，几百首记梦诗，从《剑南诗稿》破空而出，光彩夺目。

八、示儿

陆游有七儿两女，孙十七个，五子子约早逝，次女在严州任上夭折，其余都健康长寿。此时的陆游，儿子们大多出仕，长子子虡任金坛县丞，次子子龙任吉州掾，三子子修出仕闽县，四子子坦任盐官税官，六子子布也自成都万里东归，幼子子遹以致仕恩得官。陆游最牵挂儿女，他将自己做人做官心得或者读书写诗经验，都语重心长地示儿。比如，《读书示子遹》《冬夜读书示子聿》《五更读书示子》《诵书示子聿》《睡觉闻儿子读书》《夜坐示子遹兼示元敏》《书怀示子遹》《示元敏》《示儿子》《九月二十三夜小儿方读书而油尽口占此诗示之》《读经示儿子》《六经示儿子》等，元敏是子遹的二子，连孙子都要管，诗教传家，真是苦口婆心。

嘉泰二年（1202）年初，次子陆子龙要去吉州（今江西吉安）做司理参军，七十八岁的陆游，写下送别的长诗：

> 我老汝远行，知汝非得已。驾言当送汝，挥涕不能止。
> 人谁乐离别，坐贫至于此。汝行犯胥涛，次第过彭蠡。
> 波横吞舟鱼，林啸独脚鬼。野饭何店炊？孤棹何岸檥？
> 判司比唐时，犹幸免笞箠。庭参亦何辱，负职乃可耻。

汝为吉州吏，但饮吉州水。一钱亦分明，谁能肆谗毁？
聚俸嫁阿惜，择士教元礼。我食可自营，勿用念甘旨。
衣穿听露肘，履破从见指。出门虽被嘲，归舍却睡美。
益公名位重，凛若乔岳峙。汝以通家故，或许望燕几。
得见已足荣，切勿有所启。又若杨诚斋，清介世莫比。
一闻俗人言，三日归洗耳。汝但问起居，余事勿挂齿。
希周有世好，敬叔乃乡里。岂惟能文辞，实亦坚操履。
相从勉讲学，事业在积累。仁义本何常，蹈之则君子。
汝去三年归，我傥未即死。江中有鲤鱼，频寄书一纸。

（《剑南诗稿》卷五十《送子龙赴吉州掾》）

陆游家教一向严格，此时的陆子龙，儿子都已经长大，可老父亲就是不放心，交代了再交代，如何做人，如何做官，如何嫁女，如何教子，周必大、杨万里人品好学问高，他们都是吉州人，你一定要去拜望他们，向他们学习，做事重在坚持和积累，要做一个仁义的人，至于老父我嘛，你不用担心，我自己还能料理，自己也能照顾自己，总之，你放心，假如三年后，我还健在，你带封信回来报个平安就是了。

“汝为吉州吏，但饮吉州水。一钱亦分明，谁能肆谗毁？”与其说是在教子，不如说是陆游的为官宣言，别人的钱财不要，每一分钱都要清清白白，倘能如此，没有谁能打倒你！

嘉定元年（1208）秋，陆游看着小儿子遹，将自己终身写诗学习的经验写给他：

我初学诗日，但欲工藻绘。
中年始少悟，渐若窥宏大。
怪奇亦间出，如石漱湍濑。
数仞李杜墙，常恨欠领会。
元白才倚门，温李真自郐。
正令笔扛鼎，亦未造三昧。

诗为六艺一，岂用资狡狯？
汝果欲学诗，功夫在诗外。
（《剑南诗稿》卷七十八《示子遹》）

这是一个老人写给儿子的经验之谈，这也是一个老师写给学生的谆谆教诲。陆游将自己的写诗归纳为三个阶段：青少年时讲辞藻、技巧、形式，中年开始真正意识到写诗的妙处，内容和意境逐渐宽阔起来，李白和杜甫，博大精深，是他的学习标杆，元稹、白居易、温庭筠、李商隐，都是他的学习对象，即便这样学，也还是没有学到他们的精髓，写诗实在是一种综合的功夫显现，来不得半点小聪明。你真的想学诗，一切功夫都在诗外。

功夫在诗外，是陆游的文学生命经验。

关于藻绘，《剑南诗稿》中并不见他青少年时期的藻绘之作。陆游四十二岁以前写过超万首诗。乾道二年（1166），他由隆兴通判任上罢归回乡时，从万首诗中选出了二十分之一，严州知州任上，《剑南诗稿》第一次刊刻，又去掉了十分之九，只存九十四首。

功夫在诗外，至少可以从三个层面理解。

其一，建立起具有鲜明个性的阅读坐标。就陆游个人的阅读史看，不同的时期，他都有不同的喜欢对象，陶渊明，李白，杜甫，王维，每一个都深深地影响着他，然而，这仅仅是诗歌，陆游还沉浸在大量经史子籍及道学佛学典籍的阅读中，也就是说，他的儒释道是圆融相通的，既深入研究，又能互相结合。

其二，到火热而真实的生活中去。阅读依然还是停留在纸上，而“绝知此事”，却一定要“躬行”，诗文都讲究作者的亲身体验，到不到现场感受，结局完全不一样，生活实践中，有意料不到的生动细节，那些细节常常让虚构缺乏想象，可以这样说，大海有多宽，生活就有多宽。

其三，生命经验的积累和打通。夔州是陆游诗风发生改变的重要节点，年轻时喜欢杜甫，然而，只有到了杜甫的夔州，他才真正进入了杜甫内心丰富而驳杂的世界，而杜甫在夔州的那种困苦和煎熬，与陆游自身的艰难处境，一触即燃，如果不是为了生计，这个鸡肋似的通判，不当也罢，更痛苦的是，他的政治理想，一直得不到有效的实现。而南郑前线短短的八个月，则让他澎湃的诗情一直持续到终身。

写作者都有经验，功夫在诗外，其实，功夫依然在诗内。三方面有机融合，才有可能产生卓越的见识，才能在文学史上不朽。

儿子都已经生了两个的子遹，听了“功夫在诗外”，似乎懂了，虽然数年后，他踏着老爹的脚步到严州做知府，但他的文学成就，却远不及老爹，他没有老爹那种情怀和体验。陆游的子孙中，文学成就没有能超过陆游的。南宋狭窄而逼仄的天空下，陆游怀着一腔热血，孑孓独行，悲吟长鸣，他就是一位特立独行的超人。

嘉定二年(1209)冬十二月，已经病了大半年的陆游，书也不能读，身体瘦得厉害，病时好时坏，病痛一直折磨着他，常常感到大限来临。进入腊月，几场大雪将大地装扮成一片白玉，寒风直逼茅屋。不过，一旦病痛有缓，他依然写诗。腊月初五，左脸有点肿胀，牙齿不舒服，左边第二颗牙掉落。仆从提来热水并不断添加，给他浸泡按摩了大半日，感觉好受多了。虽然他看透了生死，但依然幻想明天能生龙活虎地起来，可以好好地喝一场酒：“嘉定三年正月后，不知几度醉春风”(《剑南诗稿》卷八十五《末题》其二)。

除夕日日逼近，陆游又病重了，情急中，家人取来金丹，希望能救他的命，这是陆游以前亲自炼成的，病急时备用。

缓过一口气来的陆游，神志清楚，子遹后面站着一群曾孙，他不禁老泪纵横，这一腔热血，终于化作了千古不朽的名篇：

死去元知万事空，但悲不见九州同。
王师北定中原日，家祭无忘告乃翁。

(《剑南诗稿》卷八十五《示儿》)

嘉定二年十二月二十九，除夕夜，山阴乡间上空已经弥漫着浓浓的炮仗烟火味，万家团圆的日子，镜湖边的三山别业，却笼罩着一种悲伤，一点也没有过节的气氛。这一天是公历的1210年1月26日，虚岁八十六的陆游，如燃尽之灯烛，在子孙们的哭泣声中闭上了双眼，虽然他的脸上颇为安详，却依然带着无限的怅惘和无奈。博大广阔的胸腔，停止了滚烫文字的迸发，那些他为之赞赏歌颂过的镜湖山水大地草木，一时皆为之呜咽悲泣。

陆游死后二十四年，南宋和蒙古人会师灭了金国。陆游死后六十六年，南宋丞相陆秀夫抱着八岁的小皇帝赵昺在崖山奋力一跳，南宋正式退出了历史的舞台，陆游终究还是没有等来王师北定中原的那一日。

邹志方先生认为，陆秀夫是陆游六子陆子布的孙子，此说虽无确凿的证据及更多人支持，但《山阴陆氏族谱》却清楚地记载陆游子孙在崖山之战中的表现及崖山之后的行为：玄孙天骐（子龙之曾孙），崖山蹈海殉国；孙元廷（子修之子），忧愤而卒；曾孙传义（子龙之孙），忧愤数日，不食而卒；玄孙天骥（子龙之曾孙），宋亡后杜门不仕；来孙世和、世荣（皆子龙之玄孙），拒绝元朝征辟。

子孙的爱国行为，是另一种极好的告慰，他们皆不负陆游的爱国诗教。

九千多首诗词，至死不渝的爱国情怀，八百多年来，陆游，陆放翁，一位伟大的爱国歌者，一直挺立于天地之间，万丈光芒，光芒四射。

第十七卷 入蜀记（下）（代后记）

一、从萧山到宜昌

去萧山机场，车过钱江三桥时，天还没亮，这一天是2020年10月25日凌晨，七点的早班机，我要飞宜昌，从那里再坐五个小时左右的大巴，就可以到达重庆的奉节，南宋陆游的夔州。

我选择了靠窗的位置。飞机爬升时，窗外的钱塘江很清晰地展现出她的大和美，晨光映着阔长的江面，江上行船如沙盘中摆设般细小，此次寻访陆游入蜀的行踪，我特意选择了陆游到达的时间出发，没什么特别的意义，只是我认为的一种最接近的联想，八百五十年前，乾道六年五月二十日的此时清晨，陆游已经从萧山梦笔驿站出发，过了钱塘江，开启他漫漫五个半月的入蜀行旅。

九点到达宜昌。这个长江边上的城市，三峡的门户，古称夷陵，因为“水至此而夷，山至此而陵”，我知道此地有许多著名历史人物，还有举世闻名的三峡大坝，不过，此行，我只是路过而已，当年，陆游经过夷陵时，已经是霜冻满天的十月了，《入蜀记》的记载也已进入尾声。机场大巴二十元至宜昌汽车中心站，路上，“猇亭”字样的牌子映入眼帘，一时心潮激荡，耳边似乎响起了千军万马战鼓擂动的呼喊，长江第一军事要塞，中国古代最著名的古战场之一竟然就在此。三国时期有三大著名战役，官渡之战、赤壁之战、猇亭之战（夷陵之战），第三战似乎没有前两战著名，然而，它却是三国的鼎立之战，刘备起初信心满满，率七十万大军伐吴，不想被陆逊火攻偷袭，溃不成军，一路奔逃至白帝城，且一病不起，亡于彼地。

到宜昌汽车站不过十点，心中还有侥幸，有没有早一点的车票？只有十二点的了，售票员说，差不多要四至五个小时才能到奉节。我心里有陆游入蜀的时间参照表，故并不吃惊，不断安慰自己，慢慢来，慢慢来。

大巴终于往奉节方向出发。说是长江边上，也不是时时沿着长江行，绕山穿洞过桥。这时候，需要高度俯视，真想自己是一朵云，踩在厚云上，看无边天际，看身下大巴疾驰在高速上，视野广阔，挺好玩。两岸狭长，高架林立，洞连着洞，山村常在山脚，金黄的橘子，满山挂着，让人不由自主惊叹那么多的金黄。坐我边上的大姐，宜昌人，她纠正说，那不是橘子，是脐橙，我们这里很有名的，两千多年历史了。我连说噢噢。

大巴经过的每一个地名，我都关注，包里装着一本最新版的《中国交通地图》，可以随时查阅，另外，打开手机定位，也能立刻知道自己所处的位置，忽然，“秭归”来了。看到这两字，肩上披着江畔的芷草，身上挂着秋兰索佩的屈诗人似乎就站在眼前，四十年前的古代文学课，《离骚》必须背，三百七十三句，一时间教室里都是兮兮兮的声音，背诵的最好方法是先理解，我们逐字逐句解读，“帝高阳之苗裔兮，朕皇考曰伯庸”。屈原说他是高阳帝的后裔，高阳就是颛顼，我翻陆氏宗谱，哈，我们也是高阳帝的后裔呢。哎，窗外又是一片金黄掠过，我突然想起问大姐，这是不是屈诗人《橘颂》里的那种果子呀：“后皇嘉树，橘徕服兮。受命不迁，生南国兮。”边上大姐笑了：这我不知道呢，我只知道屈原，不懂他的诗。

巴东服务区，大巴停十分钟。对一个匆匆经过的地方，十分钟的打量，望望天空，看看山，看看小卖部货架上的商品，也能得到比较多的信息，腊肉，烧饼，大蒜，这里属恩施土家族苗族自治州，这些东西应该是特产，而我知道巴东，是因为一味叫“独活”的草药。书法涂鸦，我会写一些自己喜欢的字句，我的观点是，写字需要童子功，既然没有童子功，就不要去写“上善若水”什么的，人家写几十年了，咱写别人不写的，“远志”和“独活”，就是两个我喜欢写的中药名，寓意好呀，这就追根究底到了巴东这里的“独活”，国家地理标志产品，又叫巴东独活，香独活，肉独活，中国独一份。

告别“独活”，大巴随即进入一个长长的山洞，这隧道如拗口长句般，长且绕，中间有明显告示牌，湖北和重庆，在这里分界，难怪这么长，我有职业习惯，编辑时看到这样的长句，一定将其断开，可是隧道不能断。

重庆界面，长江如云雾中的龙，时隐时现，我知道许多地方都是深深的峡谷，山石陡峭壁立。下午三点半，大巴拐入巫山县，这里又停，下客，接人。这车不是直达，经常要接人，难怪这么慢。而此地离奉节已经很近了，为什么还要一个半小时呢？立即想起陆游，他入蜀，中途换过好几次船呢，也搭过别人的船，慢慢来，慢慢来，巫山、神女峰、小三峡，李白、杜甫、黄庭坚、陆游，都来过，一个“巫”字，充满了神秘和想象。

下午五点，大巴终于摇摇晃晃开进了奉节的港口汽车站，奉节作协主席杨辉隆兄，带着两位副主席接上了我，辉隆兄从奉节交通局总工的职位上退休，主要写诗，中国作协会员，平时一直住重庆，为了我的寻访，他前一天特地从重庆赶回奉节。

二、夜谒陆游

晚餐，辉隆兄邀来一批朋友，奉节县委常委、副县长袁正领，他是中国文联的下派干部，奉节文联主席蓝立莉，奉节作协副主席毛女士还有先生，他们都是奉节中学的老师，还有文友周圣元、方传太等，虽是初次相见，大家也不陌生，聊和吃，都热闹。

餐后在街面上伫立四顾，高楼林立，车水马龙，楼都是四五十层的那种，夜空显得狭窄，很像香港呀，我感叹。热闹繁华的车声人声，跨越长长的时空，连接起当年陆游到达夔州时的荒凉。

我们去看陆游，一个公园里，有陆游的雕像。

公园前面有不少摊位，有些零乱，这和刚刚看到大巴经过的县城新城区一样，重型卡车热火朝天地来来往往，奉节一直处在建设的高潮中。进了公园，隐隐的灯光下，一面大照壁上，有一幅汉白玉大画，主题为：永远的回忆——公元二〇〇二年四月奉节旧城。就我寻找的夔州来说，这是一个遗憾，因为三峡大坝，奉节旧城永远沉在了水底，我现在看到的奉节，是座新城，来此寻访陆游夔州的足迹，也就是一种念想，一种致敬而已。杜甫、刘禹锡、苏轼、陆游，四人静静地立在照壁前，我一个一个看："无边落木萧萧下，不尽长江滚滚来"，杜甫夔州登高，虽凄凉无边，却意境高远；"东边日出西边雨，道是无晴却有晴"，刘禹锡这首被称为天下第一情诗的竹枝词，也是在夔州写下的；"千古陵谷变，故宫安得存。徘徊问耆老，惟有永安门"，苏轼老家在眉山，他出来做官，经过夔州尽兴地玩一玩，再自然不过的事情；我面前的陆游，长翅膀的官帽，长须，神情有些凝重，右手捏笔，端坐着，面前有案桌，下面的介绍说，陆游在夔州留下了八十一首诗。打开手机电筒，拍好照，我们立在陆游像下聊陆游。我是做足了功课来的，奉节的文友们一直听我在说陆游，他们显然了解得较少，其实，换了别的历史人物，我也一样地不熟悉，每个人物都有长长的故事，都是一本大大的书，何况陆游呢？

辉隆兄安慰我说，明天我们去看白帝城，那是老的，没有被水淹掉。

三、瞿塘关上

次日上午，辉隆和传太兄陪我直奔白帝城。

白帝城是一个长长的传奇。西汉末年公孙述据蜀，在山上筑城，城中一井常冒白烟，宛如白龙，他便自号白帝，此城也随之成了白帝城。哪有什么白龙，公孙述的套路，其实不新鲜，他也是跟刘邦学的，为了达到称帝的目的，令亲信先造舆论，不过，白帝城倒是出名了。夷陵之战后，刘备败逃至此，一病不起，将诸葛亮从成都招至永安宫托孤，那个场景，真有点凄凉：君才十倍曹丕，必能安国，终定大事。若嗣子可辅，辅之，如其不才，君可自取。《三国志》中，刘备临终前的托付，可谓千斟万酌，先将诸葛亮表扬到天上去，安国的事，只有你能行，然后出了选择题让诸葛亮选，说是选择题，其实没的选，也就是说“君可自取”的前提是假如刘禅不才，刘备早就知道儿子是扶不起的，但他偏偏来个假设，他已经说不了更多的话，用尽力气，将诸葛亮逼到了八千九百米的道德高度，诸葛亮只能向天对刘备表态：鞠躬尽瘁，死而后已！

远看白帝城，如孤独绿岛浮在江面上，长桥卧波两端连接。过长桥，江风凌厉，两边插着的国旗，被风吹得笔挺，哗哗直响。入口处，底座半米左右的一块长方形白底大碑迎面竖立，正面是《出师表》，背面是《后出师表》，我拍背面时，阳光将下半篇的文字照得鲜亮，碑边上的五针松，簇新的枝头，迎着蓝天。诸葛亮应该不朽和长青，他的品格，他的文字。

辉隆兄说，我们先去白帝城对面的瞿塘关，先看白帝城遗址。

五分钟轮渡，我们上了瞿塘关，一路往山上爬，在两根锁江铁柱前立定。顾名思义，锁江柱，自然用来锁江。眼前的铁柱，高两米三十厘米，直径四十厘米，基座高约二十七厘米，一根铁柱的下方还有“大将军徐”字样。边上有碑，还原了锁江柱的历史：长江三峡最早的一座锁江铁链桥，叫铁柱溪大桥，它是南宋大将军徐宗武为了抵御元军修建的，但到了明清，该桥却成了官府收税的关卡。自然，桥上的那七根拦江铁链早已毁掉，铁柱却留了下来。依然有遗憾，眼前的位置，并不是锁江柱的原位，它原来在瞿塘峡口与草堂河交汇的巨礁上，三峡大坝蓄水才迁移至此。站在锁江柱前看夔门峡，已经非常有气势了，如壁宽阔的巨石下，波平如镜，有大船徐徐往来。

进“瞿塘关”字样的石头哨门，我们看遗址博物馆。这个博物馆，由重庆市文史馆员、三峡文化守望者魏靖宇先生自筹资金兴建，古烽火台，古炮台遗址，三峡女神展示厅，古木堂，三峡堂，琳琅满目，许多都有较高的文物价值。宋代兵器人物石碑，一路林立，拿着各式兵器的宋代武士，衣着和表情皆丰富，大板斧高过头顶，两手捏剑，剑却插着地，神情悠闲无比。

数十尊巫山出土的东汉裸女跪式俑，人们称三峡女神像，我大开眼界。郭沫若先生在《释祖妣》中这样说：“欧洲各地所出土之生殖女神像‘奶拿’，均特大其乳，或以两手护其下，以为生殖崇拜之象征。余意如‘爽’字形之雕像，将来必有发现于中国之日。”魏靖宇先生认为，此系列俑造型原始奇特，与三星堆文化和玛雅文化中的人像有异曲同工之妙，他断定，它们并没有受中原文化的影响，是三峡地区先民对母性生殖崇拜的真实写照，是孕育生命的三峡女神。确实奇特，我细看两尊女神，一尊右脚单跪，头长两角，两耳招风，眼泡硕大，耷拉着，似乎闭着眼，鼻子巨大，嘴唇宽厚，两乳坚挺，左手抚住乳头，右手抚着突起的肚子，这是一位怀了孕的女神，她应该在闭目与肚中的孩子交流，神态安详，呀，孩子动了一下，又动了一下，小脚踢得还挺用力，那种满腔洋溢的幸福，古今中外的妈妈，全世界的妈妈，都一样。另一尊坐着的女神，戴着小圆顶帽子，脸部表情与前面那位有相像的地方，沉思，咧嘴而笑，也是双乳坚挺，也是右手抚乳，但和前尊像也有迥然的不同，她的生殖器坦然暴露，“有美一人，清扬婉兮”，她是在等她的情郎吗？极有可能！郎呀，你的婚车赶紧驾来，我等不及了！

巧的是，古木馆门口的院子中，我们碰到了魏靖宇先生，他正在阳光下喝功夫茶，他的工作室也设在这里，这实在让人羡慕，尽管行程比较紧，我依然坐了下来，和这位已经七十六岁的老人聊天。似乎有些迫不及待，我极想知道，数十年来，他对三峡文化的挖掘和保护。聊了一会儿，魏先生热情起身，陪我看白帝城遗址、瞿塘关烽火台，它一直是三峡一带的重要军事要塞，遗址有一堡垒状城墙，最早为战国时建，汉唐皆有，眼前的遗址为宋代所建，现在是全国文保单位。

“这遗址，陆游一定来看过吧。”我问魏先生。

“应该来过，陆游常来白帝城，他就喜欢这些东西。”魏先生笑着答我。

登顶，看夔门，看炮台遗址。站在夔门山顶四望，前面是滟滪堆，不过早已经炸平了，右边白帝城尽收眼底，左边就是瞿塘峡，在锁江柱看过的石壁，现在看得更清晰，就在对面，壁下端有红色沙砾面，江水绿碧，来往大船缓慢游弋。在此设一炮台，一夫当关，万夫过不来。大家都感叹，此顶现在依然能扼喉。

烽火台，白天燃烟为烽，夜晚点火叫燧。穿过长长的时空，我似乎看见，数十里外的江边山岗上，烽烟浓起来了，越来越浓，变成了亮光，越来越亮，守卫在瞿塘关的士兵，立即报告长官，长官一声令下：全体人员，一级战斗准备！

四、白帝城

终于登上白帝城，走进了白帝庙。

这是白帝城原址，真是庆幸，一百七十五米高程的三峡水位，没有将这个宝贝淹没。进庙的走廊上，有不少名人题白帝庙的诗，苏洵的，杨安诚的，陆游的《入瞿塘登白帝庙》排在最显眼处：

晓入大溪口，是为瞿唐门。长江从蜀来，日夜东南奔。
两山对崔嵬，势如塞乾坤。峭壁空仰视，欲上不可扪。
禹功何巍巍，尚睹镌凿痕。天不生斯人，人皆化鱼鼋。
于时仲冬月，水各归其源。滟滪屹中流，百尺呈孤根。
参差层颠屋，邦人祀公孙。力战死社稷，宜享庙貌尊。
丈夫贵不挠，成败何足论。我欲伐巨石，作碑累千言。
上陈跃马壮，下斥乘骡昏。虽惭豪伟词，尚慰雄杰魂。

君王昔玉食，何至歆鸡豚。愿言采芳兰，舞歌荐清尊。

（《剑南诗稿》卷二）

说是登白帝庙，陆游写的却是白帝城全景。三十二句，已经算长诗了。以十六句为界，诗意可分两大层，前写白帝庙，后赞公孙述。瞿塘峡雄伟险峻，公孙述力战不屈，场景和人物，也算一种对比和衬托。公孙述“力战死社稷”，那是陆游的托物抒志，为雪国耻，我也宁愿战死疆场，公孙述就是我的好榜样。白帝山上高低不一的几间屋子，是当地人祭祀公孙述的地方。公孙述为国家力战而死，应该享有立庙的尊崇。大丈夫可贵的是不屈不挠，不能以成败论英雄。公孙述于东汉光武帝建武元年称帝，改鱼腹城为白帝城。虽然光武帝多次招降，但公孙述自有主张，建武十二年被围成都，力战而死。

那样的时机，那样的场景，陆游的诗意极其明显，极力颂扬公孙述，抒发的却是对朝廷向金国屈膝求和的愤激之情。

我在夔门顶上看到的滟滪堆，是一片烟波，但在陆游眼中，却是高百尺以上，孤立地插在江中心位置。其实，这个著名的堆，一直到上世纪五十年代才处理掉，以前的人们，拿它没有办法。

二十六日，发大溪口，入瞿塘峡。两壁对耸，上入霄汉，其平如削成。仰视天，如匹练然。水已落，峡中平如油盎。……晚至瞿塘关，唐故夔州，与白帝城相连，杜诗云“白帝夔州各异城”，盖言难辨也。关西门正对滟滪堆。堆，碎石积成，出水数十丈。土人云：“方夏秋水涨时，水又高于堆数十丈。”肩舆入关，谒白帝庙，气象甚古，松柏皆数百年物。有数碑，皆孟蜀时所立。庭中石笋，有黄鲁直建中靖国元年题字。

（《入蜀记》卷六）

也就是说，这首诗，写在陆游到达夔州府的前一天晚上，显然，瞿塘峡中的滟滪堆，让他记忆深刻，这一个晚上，陆游尽了兴，登楼想杜甫，谒庙拜公孙，读碑忆古事，看山看水，疲倦和悲伤，一扫而空，毕竟已经到达夔州，无论怎么说，新的生活要开始了。

我在著名的白帝庙前拍了张照片，彩绘狭窄的庙门，黄蓝相间的颜色，庙前有七八级台阶，红墙内有株黄连木，树身苍老，虬枝伸出墙外，但与陆游看到的“气象甚古”依然有些距离。

从白帝城下来，我们去看夔州古建筑群，依斗门、开济门、府城墙、永安宫（大成殿）、永安宫石碑、耀奎塔，其中“依斗门”，为夔州城南大门，清同治年间修建，取杜甫《秋兴八首》诗中的“每依北斗望京华”之意，不过，所有的建筑群，都是2002年整体搬迁的，一下子兴趣减了不少。

中饭毕，与陆游的夔州告别，与奉节告别，辉隆与传太兄一起送我至万州高铁站，那是陆游离开夔州前往南郑的必经之地。下午三点四十分的高铁，三个半小时后，我在华灯初上的夜幕中抵成都。陆游的夔州，前后三年（实际一年八个月），我用二十四个小时作了一场浅度体验。

五、罨画池

二十七日上午，成都阴雨，我前往崇州，去那里的陆游祠。蒋蓝兄对我说：你去崇州，找博物馆馆长刘旭东就可以，他研究陆游多年，极能说，而且他们博物馆的办公地点也正好在陆游祠内。

从成都市区出发，一个小时车程，刘旭东在罨画池门口接上了我。旭东撑着伞，一边走一边介绍，博物馆和陆游祠都在里面，这里原来就是蜀州官衙，前院后池，池就是罨画池。

崇州古称蜀州，陆游在成都时，两次权知蜀州，不到一年时间，留下不少诗。经过“怡斋”，看见穿便装的陆游拿着一根长箫坐着，桌几上摆着一副围棋盘，黑白子散布，我笑着和旭东说：陆游会吹箫，不过，他的围棋水平更高。旭东答我：布景的需要吧，让他手上捏根箫更有场景感。“怡斋”的另一间书房里，有小童仆在给陆游系腰带，陆游一身官服，看样子正准备去前院上班。

我们在“怡斋”外的门廊里坐定，喝茶聊陆游。细雨滴檐，罨画池的水，看起来有些淡淡的黄，雨将气温一下子拉低，我们都裹紧衣服。说起陆游在蜀州做的事，旭东总结了几条：练兵阅兵，寻找杜甫后人，遍游蜀州各地，留诗一百五十多首。旭东指着眼前的池说：陆游写罨画池的诗就有一百一十多首。嗯，不奇怪，作诗是陆游的日常，而一下班就回家，这个家就临着湖，诗自然就多了。就如我们刚刚经过的“怡斋”，陆游就有诗，完整地记录了他的日常生活：

东湖仲夏草树荒，屋古无人亭午凉。
萱房微呀不见日，笋箨自解时吹香。
野藤蟠屈入窗罅，湿菌扶疏生屋梁。
跨沟数椽最幽翳，涨水及槛雨败墙。
静涵青苹舞藻荇，闲立白鹭浮鸳鸯。
芙蕖虽瘦亦弥漫，照眼翠盖遮红妆。
水纹珍簟欲卷却，团团素扇懒复将。
天风忽送塔铃语，唤觉清梦游潇湘。

（《剑南诗稿》卷五《怡斋》）

这是一个没什么意思的夏天，居住环境也非常一般，日辣地湿，人百无聊赖，植物动物却不闲着，野草疯长，屋梁上都长出了菌菇，藤蔓甚至都直接钻进窗来，夏天的雨有时下个不停，池水会迅速上涨，湖上那个亭子的低处，池水漫浸。不过，罨画池经常会呈现出极美的画面，绿萍荇藻，荷花满池，白鹭鸳鸯，成对闲凫，在亭子中睡个午觉，一阵清风忽来，那种感觉，庄周梦蝶一般。

旭东带我去看陆游诗碑。

利用一堵过道的墙，将陆游写罨画池的诗，请著名的书法家写出刻上，一百多首，自然刻不完，墙上这些，都有特色。我们看《暮春》：

忙里偷闲慰晚途，春来日日在东湖。
凭栏投饭看鱼队，挟弹惊鸦护雀雏。
俗态似看花烂熳，病身能斗竹清癯。
一樽是处成幽赏，风月随人不用呼。

（《剑南诗稿》卷四）

陆游在蜀州并不是没事做，他也忙，到处跑，不过呢，因为官衙连着宅院，所以就日日看湖了。在诗人眼里，湖充满着生命活力，投饭喂鱼是个生动细节，我猜，那鱼极有可能是金鱼，南宋时，士大夫们养金鱼已成时尚，饭粒丢下，鱼们排队过来吃。陆游正兴致颇浓地喂着鱼，一抬头，忽见大树上有乌鸦在不识时务地聒叫，一个石头丢去，呸，滚得远远的！官微人穷地僻，也没什么要人会来拜访，这满湖的风景，都是我的！

过放翁堂，香如故堂，眼前是“同心亭”。从外观看，是一个亭，细辨别，却是两个连体亭，两亭相互交加，连体并肩，紧紧偎依，亲密无间，这其实是一个象征，为了纪念陆游和张季长四十年的友谊。

张季长就是张缜，蜀州人，隆兴元年进士，仕宦之家，张良后人。南郑前线，陆游和张缜相识，两人主张相同，爱国思想相通，诗词唱和不断。淳熙四年（1177）二三月间，张缜丁忧在家，范成大正好在成都做首长，他邀请陆游、范成大一起到老家相聚，喝酒聊天谈国事，陆游与范成大都有诗纪念。张缜小陆游八岁，比陆游早去世三年。陆游的诗中，写到与张缜交往的，就达五十余首。他们每年书信来往不断，张缜七十五岁去世，陆游写长文纪念，回忆他们的相识相知，并专门派人至蜀中祭奠。旭东说，陆游离蜀，张缜现场送别，留在蜀中的陆子布只有五岁，子布极有可能寄住在张家，儿子在蜀，陆游在蜀长达八年的记忆，就成了他诗文的重要内容。

按山阴陆氏宗谱，陆子布是陆秀夫的爷爷，虽然争议颇大，依然有不少学者持此观点。旭东研究陆游显然比较广泛，信息也灵，他参加过好几次陆游研究会的学术会议，他也认识陆游的第二十七代孙陆纪生。旭东随后说了一个八卦：陆纪生一行去盐城走亲，盐城陆氏宗亲会的人，一眼就认出了他，说是和他们的先祖陆秀夫极像！前几天，我和陆纪生聊起旭东说的这个细节，陆纪生笑了，说是真有此事，他随后又补充了一个信息：盐城陆氏宗亲会说，他们要来绍兴认祖！我有点吃惊。我也没有问他后面的情况，有没有来，是宗亲联谊呢，还是找到了另外的证据。

在罨画池，我一直想象陆游在此工作生活的日常，想来，这也不过是他平常的一年，山河破碎依旧，抗金复国理想始终遥远，那个赐他同进士出身的孝宗皇帝，此刻身边正围着一群唯唯诺诺的主和派呢，他们只要眼前的苟且，金人坚硬的铁蹄，尖锐的枪戟，他们实在害怕！

六、杜甫草堂

28日上午十点半，我到杜甫草堂时，天早已放晴，游人来往穿梭，老人多，孩子也特别多，老师挥着小旗带队，一队一队的孩子跟着。

2004年5月，我到成都开会，来过草堂，但印象已经不深。

直奔工部祠，这是草堂的核心。门前一副对联：荒江结屋公千古，异代升堂宋两贤。清人钱保塘撰，顾复初书。杜甫笑眯眯胖乎乎坐在细窗格子中间，明亮的灯光照白了杜甫，此塑像，我不知道是不是后人修建的，感觉太胖了，无论营养或者心情，都不太符合，笑可以，但应该是苦楚的笑，茅屋虽千古，住着毕竟不舒服，旁边有杜拾遗石碑像，大眼长须，清瘦凝神，这样的神态和气质看着才像杜甫。宋两贤，指的是黄庭坚与陆游，黄和陆，与杜甫一样，同是外乡人，都流寓蜀地，诗风情怀皆相同，他们陪侍杜甫，黄和陆，算是升堂入室。

茅屋必须要看，这也是另一个核心，没有茅屋，就不成其为草堂。我到时，茅屋前挤满了人，我想，杜甫门前，一定天天这么热闹，大家都来看稀奇。《茅屋为秋风所破歌》的石碑前，我留了影。“八月秋高风怒号，卷我屋上三重茅”，三十多年前，教学生读这首诗时，我也摇头晃脑，因为背得太熟，都没工夫深想，会背会做题就行了。今天已经是农历九月十一了，也没有风，天也不冷，一般的人，实在无法体验杜甫才八月就“布衾多年冷似铁”的感受。孩子们高声的朗诵，打断了我的思绪，他们在背《江畔独步寻花》，一女老师作导游状，腰里别着一个小麦克风在引读，孩子们齐齐跟着，一句一句：“黄四娘家花满蹊，千朵万朵压枝低。留连戏蝶时时舞，自在娇莺恰恰啼。”读完一遍，老师挥着手大声说再来一遍。然后，她扯着嗓子开讲。孩子们有的在记笔记，边上也有家长陪着，我问一家长，今天不是周末呀。家长答：这是现场教学课，我们这里的小学，经常到草堂来现场教学。呵，真好，成都的孩子，能来草堂现场体验。我家孙女瑞瑞，十八个月的时候，就知道“恰恰啼”了，后来，我就用“恰恰啼”指代唐诗：瑞瑞，我们“恰恰啼”好不好？她就会跑到她的玩具堆里，将那本幼童版的《唐诗三百首》找出来递给我。有机会，下次带瑞瑞来成都，让她现场看一看黄四娘家门前的溪，溪边的花，认一认杜甫爷爷，她将所有的诗人都叫爷爷，和她的陆春祥爷爷同辈。

从茅屋出来，我到“大雅堂”。这应该是新建筑，以前没什么印象。“大雅”自然取自《诗经》，这里有一组壁画和十二座名人雕像。壁画全是杜甫生活中的重要历程，壮年漫游，困顿长安，遭乱流离，寓居成都，羁留夔州，漂泊湖湘，还有《望岳》《茅屋为秋风所破歌》《秋兴》等代表作。名人雕像有陶渊明、黄庭坚、陆游等。我细看陆游的雕像，内容是“细雨骑驴入剑门”，驴子在上坡，左脚立定，前右脚抬起，后两腿用力，驴子似乎全身都在用劲爬坡，高个子陆游，斗笠，布衫，眼望远方，应该是在看两边险峻的蜀道。眼前的陆游，正在从南郑前线返回成都的路上，满身的风尘，满腔的失落，昨夜酒过多，头还晕晕的，不知道前路上有什么在等着他，为什么希望总是突然而逝？

成都草堂杜甫研究院的刘晓凤和卞超，热情地接待了我，他们帮我找陆游在四川的资料，带我去看陆游第二十一代孙陆文杰的碑文。回杭州后，又给我发来草堂博物馆收藏的有关陆游的书画：张大千的陆放翁像，冯灌父的《钗头凤》诗意图，商衍鎏集陆游句联，谢无量书陆游梅花绝句，沈尹默书陆游梅花绝句。陆游对蜀地的感情，非一般人能比，对四川来说，陆游和杜甫一样，都是重要符号。

七、丞相祠堂

丞相祠堂何处寻？锦官城外柏森森。

杜甫其实不用走多少路，几里地就寻到了丞相祠堂，那里碧草如茵满台阶，那里黄鹂隔枝空对婉转鸣，更重要的是，那里的柏树茂密浓荫交盖。这是棵著名的柏树，长什么样呢？“孔明庙前有老柏，柯如青铜根如石。霜皮溜雨四十围，黛色参天二千尺”（杜甫《古柏行》）。好大一棵树呀，四十围，二千尺，显然是夸张，不过，自诸葛亮手植下这棵树算起，到杜甫看见，已经五百多年了，这个时间，足以让一株小柏长成巨大的老柏。唐末，此树逐渐枯萎，宋代又重新枯枝再生，人们都认为有神灵保护，文人歌颂，民间渲染，此柏越来越神。

陆游居成都，除了逛草堂，武侯祠也是必来之地。淳熙四年（1177），陆游游览之余，写下《谒汉昭烈惠陵及诸葛公祠宇》长诗，其中有：

壤沃黄犊耕，柏密幽鸟哢。
尚想忠武公，身任社稷重。
……
刘葛固雄杰，阅世均一梦。
论高常近迂，才大本难用。
九原不可作，再拜临风恸。

（《剑南诗稿》卷九）

两年后，陆游又写下《跋古柏图》：

此图吾家旧藏。予居成都七年，屡至汉昭烈惠陵，此柏在陵旁庙中、忠武侯室之南，所谓先主武侯同闷宫者，与此略无小异，则画工亦当时名手也。淳熙六年龙集己亥六月一日陆某识。

（《渭南文集》卷二十六）

陆游常来武侯祠，诗中用典，诗中感情，都有和杜甫相通的地方，不过，他显然比杜甫多了一层独特的体验，诸葛亮多次出师伐魏的壮志未酬，与陆游心中谋求国家领土的完整，其实是两个不完全相同的概念。刘备三顾茅庐，诸葛亮助其开创帝业，并辅助两代，虽未完全成功，成就感也是大的，可陆游呢，似乎什么也做不了，两相比较，陆游显然心灰意冷，只能空悲切。

踏着杜甫、陆游的足迹，我到武侯祠寻柏。武侯祠内外，柏树倒是多，但看年份，最多只有几十年，我没发现数百年的老柏。汉武帝封古柏为“大将军”的故事告诉人们，没有上千年的柏树，似乎都不好意思称老，武侯祠内的青年柏，还需要长长的时间累积。然而，陆游终究还是幸运的，他能读懂老杜，并完全走进杜甫诗的意境。

武将廊、文臣廊、汉昭烈庙、武侯祠、三义庙、结义楼，故事太熟，我一路走过。宋代石刻长廊，我在瞿塘峡遗址博物馆内看过不少，各类武士形状差不多，也有不少动物和花卉的，宋代石刻普遍，且日常生活都融入了石刻艺术中。

索性直接去惠陵。

照壁、山门、神道、寝殿、陵墓，“汉昭烈皇帝之陵”，相当完整，我眼前的惠陵，清道光五年（1825）修，和陆游看到的应该是同一座，历代不断修缮，保存完好。

双手合十，身边似乎站着个陆放翁（我确定此时他已以此为号了），与他一起绕惠陵三圈，我脑中浮现的，却是刘备白帝城托孤的情景，刘备的希冀，诸葛亮的竭诚，都千秋凛然！我无法探出放翁内心想什么，只能偷睨一下他此刻拜陵的表情，夕阳斜照着他的脸，衬着一脸的严肃与无奈。

八、汉中

2021 年 5 月 12 日下午，参加完《中国作家》在东营的一个活动，我从胜利机场飞西安，再坐动车抵汉中，虽已傍晚七点多，汉中的天还是很明亮。在邮政大酒店住下后，钻进附近小弄堂的面店点了一碗油泼裤带面，老板看了看问我：辣？中辣？微辣？微辣，我说微辣，也辣得够呛，嘴里麻麻的。边吃面边算时间，乾道八年（1172）的三月，八百四十九年前，陆游满怀兴奋，自夔州抵达宋金前线南郑（汉中），他走了三个多月，我从黄河口到此追陆游，只半天时间。

汉中南依巴山，北靠秦岭，汉水横贯其中，东能达荆襄，西可控秦陇，位居中国的版图中心。公元前 206 年，刘邦为汉王时，就以南郑为中心，逐鹿中原统一天下由此始，萧何月下追韩信，筑坛拜将，明修栈道暗度陈仓，生动的剧情中弥漫着历史的硝烟。南宋建炎初年，为抵御金人的西路进攻，曾置川陕宣抚使统领西线抗金，后川陕宣抚使改称四川宣抚使，统领川陕四路，包括成都府路、潼川府路、利州路、夔州路，此地乃川陕地区军事重镇，一度也曾是四川宣抚使司所在地，南郑的八个月，让陆游心心念念直到生命的终点。

汉中作协副主席丁小村兄，为我找来陆游研究专家李青石先生，他是汉中职业技术学院原副院长、汉中文艺评论家协会副主席，青石先生写过研究陆游的不少论文，还写过《陆游天汉情》的话剧剧本、《放翁匹马成梁州》的电视专题片脚本。和青石先生细聊，直奔主题，陆游在汉中的足迹。显然，没有多少遗迹，大部分都只存在于诗文中，他建议我去看一下博物馆、拜将坛，前者是宣抚使司的遗址，后者陆游常去缅怀，还有勉县的温泉，宁强的老君洞，秦岭南麓的陈仓道、祁山道、褒斜道等，陆游诗中都不断写到过。

青石兄说起陆游进入汉中境内的第一首诗，我的眼前就闪现出了这样的场面：大安军的三泉驿（今汉中宁强县境内），王知军热情接待了大诗人，一番劝酒，陆游喝得大醉，第二日再请陆游，陆游连连摆手，喝不动了喝不动了：

江驿春酲半日留，更烦送酒为扶头。
柳花漠漠嘉陵岸，别是天涯一段愁。

（《剑南诗稿》卷三《大安病酒留半日王守复来招不往送酒解酲因小饮江月馆》）

我们讨论说，是不是汉中酒的性子特别烈，还有王知军的劝酒水平一流，陆游才喝高的，青石兄大笑，说有可能有可能。

又说到陆游的小妾杨氏。

青石兄翻开带来的一本书指给我看，内有他的话剧剧本。青石兄说：陆游与杨氏，就是在陆游与王知军喝那场大醉酒的时候对上眼的。他这样安排情节：喝酒的地方叫三泉驿，劝酒的知军叫王远志，三泉县知县张盛也参加。三泉驿的驿丞叫杨光，杨光之女叫杨丽华。一伙人酒酣意兴，杨丽华捧着琵琶上场，先唱柳永的《夜半乐》，再唱陆游的《钗头凤》。看杨丽华转轴拨弦，听杨丽华婉转清音，陆游手端着酒杯，双眼一直盯着这位美人，太像唐婉了，太像，音容笑貌都像。陆游情不能已。而当杨氏知道眼前这位帅哥就是《钗头凤》的主角时，一时也倾慕万分。这一切，都瞒不住人，陆杨甚至当场互吐衷情，在王知军的牵线下，陆游与杨光约定，从前线归来时再聘杨丽华。我听了笑笑：陆游纳杨氏，反正也没有具体的时间与地点记载，兄将其安排在陆游进入南郑的第一站，完全可以呀！

小村兄陪我去汉中博物馆，馆内的高敏为我们介绍。我需要确定的是，这里真的是原来四川宣抚使司的位置吗？

陆游自己有记："四川宣抚使故治益昌，枢密使清源公（王炎）始徙汉中。即以郡治为府。郡自兵火涤地之后，一切草创。公至未几，凡营垒厩库吏士之庐皆筑之”(《渭南文集》卷十七《静镇堂记》)。

益昌在今天四川省广元市的昭化镇，陆游成年后，南宋王朝的秦岭防线已经形成，他对朝廷割地赔款换和平表现出极大的愤慨，主战派王炎也一样，将宣抚使司迁到南郑，距秦岭防线更近，随时可以掌握动态、了解敌情。这里原来就是府衙，但遭遇兵火，不过，王炎搬过来后，迅速修筑改造，没有多少时间，这里就成了一个比较像样的前线指挥所了。官员进进出出，军人进进出出，驿卒进进出出，大军区级的指挥部，虽没有影视剧中嘀嘀嘀不停的电报声传出，但忙碌与紧张的气氛应该差不了多少。

博物馆是古汉台遗址，依山而建，曲折拐弯，面积也不大，小村兄和高敏都用手指着一个方向：真正的宣抚使司应该在那边的市政府，那里自古以来一直是老府署，不过，这里的汉台，也是府署的所在地，这座望江楼，就是府署官员们的娱乐场所，陆游也应该经常来这里。新的博物馆在建造，这里可看的就是汉台碑林，还有石门汉魏十三品石碑，因为修水库，都是整体切割下来的国宝级文物。经过一棵四百余年的皂角树，它身上打着数个铁箍，撑着数根棍杖，挂着数个点滴袋，很夸张的样子，不过，它枝头依旧绽放出不少新芽，和樟树、槐树等相比，皂角树活到这个年纪已经不容易。

我们看褒斜古栈道模型，因栈道经过褒水和斜谷，故称褒斜道。褒斜古道全长五百余里，自战国起，开始有人在谷中凿石架木，修筑栈道，到秦统一时就成了中原连接西南的重要通道。陆游在南郑，多次经褒斜道翻越秦岭到关中侦察敌情,《忆昔》《远游二十韵》等诗均有描写，他还到诸葛亮驻军的五丈原侦察：“五丈原头刁斗声，秋风又到亚夫营”(《剑南诗稿》卷六十三《秋夜思南郑军中》)，敌营传出的刁斗声，陆游听了极兴奋，那可是直面呀，似乎只要一声令下，他随时就可以发起冲锋的。

嘉陵水道是宋军重要后勤物资补给线，直接通航至鱼关(今甘肃徽县东南)，为大散关前线壮士运送粮草、武器等的船只，常常云集在鱼关码头，“千艘冲雪鱼关晓，万灶连云骆谷秋”(《剑南诗稿》卷十八

《纵笔》其三）、“千艘粟漕鱼关北，一点烽传骆谷东”（《剑南诗稿》卷二十三《怀南郑旧游》），这些繁忙景象都被多次到鱼关的陆游记录下来。

和古汉台相比，拜将坛则开阔得多，数十米高的汉大将韩信的石雕像巍然挺立，右手捧着帅印，左手紧捏身后剑柄，目视前方，此时的韩信，正踌躇满志，胸有成竹。陆游到达汉中的第三天，就到拜将坛，那种激情似乎立刻要喷薄而出：

我行山南已三日，如绳大略东西出。
平川沃野望不尽，麦陇青青桑郁郁。
地近函秦气俗豪，秋千蹴踘分朋曹。
苜蓿连云马蹄健，杨柳夹道车声高。
古来历历兴亡处，举目山川尚如故。
将军坛上冷云低，丞相祠前春日暮。
国家四纪失中原，师出江淮未易吞。
会看金鼓从天下，却用关中作本根。

（《剑南诗稿》卷三《山南行》）

如前述，汉中山川锦绣，物产丰饶，民风豪壮，更重要的是，韩大将军，诸葛丞相，都在此建立丰功伟绩，而陆游刚刚经历过“隆兴和议”，那种屈辱，那种疼痛，时时吞噬着他那颗炽热的报国之心，南宋朝廷，如果要让金鼓鸣响天下，就必须将关中作为根本。高敏平时也写散文，她发我一篇三月份刚写的《跟随陆游来汉中探春》，就是赏析陆游这首《山南行》的，我说，这是一幅关中生动的早春图和牧耕图，更是一幅诗人的壮志凌云图，既抒情又奔放，令人振奋。

陆游在南郑的八个月，写有一百多首诗，但离开时，诗稿因舟行至望云滩而掉进水中遗失，《剑南诗稿》中关于南郑的几十首诗，均是日后的追忆。《山南行》《观大散关图有感》《金错刀行》《观长安城图》《关山月》《书愤》《九月一日夜读诗稿有感走笔作歌》《鹅湖夜坐抒怀》，南郑，一个让陆游后半生魂牵梦萦的地方。

和小村兄临分别时，汉中市文联的另两位姑娘突然插话说，前几年，雷抒雁先生也来汉中寻找过陆游。我急忙问情况，当初接手《陆游传》写作任务的时候，就听作家出版社原总编黄宾堂先生说起过这个事。小村兄也说是有这回事，次日，他为我找出汉中市文联原主席贾连友先生写的《永远的〈小草在歌唱〉》一文，我细读。贾文说，2012 年 6 月 4 日，雷先生特地到汉中寻找陆游，访问、找资料，为写《陆游传》作准备，他还极为关心汉中的文学事业，不少细节让人感动，然而，次年的 2 月 14 日，雷先生却因病逝世。我感慨不已。这里插上这一段，也算是对雷先生的纪念。

九、云门寺

2021 年 5 月 21 日上午九点半左右，陆纪生兄和王致涌兄陪我到了绍兴城南的云门寺。纪生是陆游二子陆子龙的裔孙，致涌兄是我大学师兄，绍兴陆游研究会的副会长。纪生强调，云门整个村都将拆迁，政府要投上百亿重新修复云门寺。

越之山水，云门最胜。面前的秦望山（传说秦始皇曾登此山故名）其实不高，但逶迤连绵，平缓层递而进。右边立着一尊两米左右高的石雕像，右手捏着笔，走近一看是王献之。绍兴的史志上说，因为王献之曾居此，有五色祥云现，皇帝遂诏建寺，号云门。站在献之像前，朝云门寺对面的山看，山的上半部皆被白雾罩着，白居易《宿云门寺》诗的前两句为：“昨夜有风雨，云奔天地合”。我发现一千多年前的景象再现了，昨夜恰好下雨，眼前的云也在奔涌集合。

现在的云门寺，小得可怜，寺被数间民居围着，只有黄颜色还可以辨别出里面藏有寺庙。“云门古刹”正门紧闭，我们从侧门穿过饭厅进入。内院的一角，堆着些零乱的残碑断石、石础、基座、宝盖、宝顶，致涌介绍说是原寺的旧物。另一角落堆着一批宣传图板，看样子是搞活动留下的。若耶溪、秦望山、云门寺，此地是浙东唐诗之路的重要节点，李白、杜甫、白居易、元稹、王维、柳宗元、李商隐、王勃、刘长卿，六十多位唐代著名诗人，留下了一百五十多首诗。其实，如果从唐往前后溯，晋到清，云门这里还有苏轼、范仲淹、陆游、王冕、杨维桢、刘基、徐渭、毛奇龄等诗词名家留下的多首诗词。

云门寺下曾有淳化、雍熙、显圣、广福四院，其中雍熙院，绍兴元年（1131）六月，朝廷曾赐给陆游的爷爷陆佃，后来陆佃又舍宅为寺。陆游的父亲陆宰，还在云门山修筑了云门精舍别业，也叫云门草堂。

陆游显然是云门寺的常客。绍兴二十七年（1157），陆游前往福州宁德县做主簿，路经云门寺，特地写了篇《云门寿圣院记》，除了描写幼时听父辈们说到的景象外，还写了去寿圣院的亲历：云门一山四寺，寿圣院在山的最里面，亭子边，有条小路蜿蜒而上，修竹老木，怪藤丑石，交复角立，破崖绝涧，奔泉迅流，大热天都能感觉到冬季一样的寒气。这次游寿圣院，陆游还捕捉到一个极有趣的细节：老僧四五人，正在引水种蔬，见客不知拱揖，客没见着主人离开，僧亦不知辞谢。哈哈，那几个老僧，种菜多么专心呀，你们来了，自己找地儿坐，没看见我们正在忙吗！你们走了，慢慢走，恕不送，没看见我们正在忙吗！宠辱不惊，我行我素，管你是什么人，与我们无关！

陆游自幼时在云门寺读书起，就对此地记忆深刻，父亲去世，成年后的陆游也常带着孩子们来此小住：

小住初为旬月期，二年留滞未应非。
寻碑野寺云生屦，送客溪桥雪满衣。
亲涤砚池余墨渍，卧看炉面散烟霏。
他年游宦应无此，早买渔蓑未老归。

（《剑南诗稿》卷一《留题云门草堂》）

云门草堂，流泉绕屋，曾几等不少朋友都来玩过。这样好的地方，一住下就不想走了，“我作山中行，十日未拟归”（《剑南诗稿》卷十七《云门过何山》），夏日野寺寻碑，深涧寻幽，冬日练字读书，雪天送客的情景极有意思，客人摇摇晃晃，主人也摇摇晃晃，主人怕客人掉沟里，客人也担心主人掉沟里，天地一片白，几个醉酒人，满山都是好诗篇。

有了三山别业后，陆游还是常到云门。特别是六十几岁后的闲居，他到云门的次数更频繁，水路极方便，上船，顺风顺水，只消一个多时辰就到了，在云门，他总能找到不一样的感觉：

总角来游老未忘，背人岁月去堂堂。
樨松看到偃霜盖，废寺忆曾开宝坊。
佛几古灯寒焰短，斋厨新粟午炊香。
兴阑未忍登车去，更倚溪桥立夕阳。

（《剑南诗稿》卷二十《云门感旧》）

山北山南处处行，回头六十七清明。
如今老去摧颓甚，独坐焚香听水声。

（《剑南诗稿》卷二十二《云门独坐》）

从秋到春，从六十三岁到六十七岁，每次到云门，季节不同，心情也不一样。不过，此时的陆游，已经历过大风大浪，与出仕以前的心情完全不一样，面对故乡的河山，一种壮志未酬的失落与无奈，会突然生发，继而，也会安于现实，只是，独坐焚香听流水声，寂寞中会再添寂寞。

云门寺住持清慧法师，四川遂宁人，讲得一口流利的绍兴话，高个，有点腼腆，这数十年来，只他一人在云门寺撑着，他说，平时没什么香客，倒是文化人来此寻访的多，他带我们看王献之洗砚池，我笑笑，那一池水，已经历经沧桑了吧。转了一圈，真没什么东西好看，清慧于是请我们到茶室喝茶聊天。一架古琴搁在显眼的地方，书法案台上堆着不少纸与字，我问能弹一曲欣赏一下吗？清慧腼腆答：刚学半年，弹不好。访陆游行踪至此，我涂鸦“如莲”二字赠他，也是对他静修的一种期许。分别时，他送我两册书，一册为《云门志略》，明代张元忭撰，上载云门山川、古迹、名贤、仙释，及历代名士、僧道游踪事迹，还有诗文；一册为清人赵甸编撰的《云门显圣寺志》，“显圣”是宋太宗对云门寺的赐名，此书对寺之殿、阁、楼、堂等，历代住持行迹，寺规寺戒，历代高僧碑铭塔记，历朝诗词文赋，甚至寺产，都有记载。

出云门寺，我们都在想象，重金恢复后的云门寺，会是一种什么样的情景，会如陆游诗文中描写的那样鼎盛吗？清慧还会待在云门寺吗？一时想象不出。

十、寻三山别业

陆游一家的欢笑，或许应该先连接到乾道元年陆游镇江通判任上，他似乎有先见之明，用俸禄在家乡的镜湖边造了三山别业，以后哪一天不做官了，就回到这里，耕读过日子。陆游这种担心极其准确，别业建完的第三年，陆游的孩子们就在这个院子里跑进跑出了。

出仕八年就被罢官，紧接着闲居五年，本来还满心期待，但自接到入蜀的任职书后，全家的心情也如他一样被阴霾笼罩着，一直持续到乾道六年（1170）闰五月十八那个炎热的傍晚，从此时起，他率一家老小，开始了长长的入蜀行程。忧愁没来时担心，而一旦来临，也就释然了，反正已经来了，就这么面对吧。

镜湖之滨，绍兴市区胜利西路，陆游故里，静静地伫立在那里。

中饭后，顶着渐热起来的太阳，纪生兄与致涌兄，又陪我到了陆游故里，也就是八百五十多年前陆游的三山别业。

然而，却没有游人。2017 年，政府花了上亿资金恢复重建了三山别业，但不知道为什么至今没有对外开放。韩家山远远可见，它在镜湖边冒出了头，山头圆润而树木郁葱，行宫山已经围在了三山别业中，山上有几幢建筑，据说是工作用房。纪生兄说，整个别业的正室及堂屋及书房等的大小尺寸，都是陆游研究专家邹志方先生提供的，应该比较准确。我在陆家池边留影，波平如镜泛光，水面阔大，显然，眼前的三山别业，要比那时大许多。

南堂院前，有一尊陆游的雕像，陆游端坐着，眼望前方，捧着一本书，这应该是他经常北望中原的地方，每念及此，常潸然泪下。南堂里面空空荡荡，柱子上没有任何标记，有些油漆甚至开始剥落。纪生兄说，他经常来此转悠，三山别业里的每一间房他都熟悉，他已经将所有的楹联都准备好了。

在空屋里四顾，眼前又忽然闪现出陆游的身影。夏日夜幕下，月明星稀，近八十高龄的陆游，在南堂的院子中静坐，浮想联翩：

老来日月驶，秋令俄更端。
蝉号晚愈壮，萤火流空园。
西风吹衣裳，萧然谢炎官。
饱食一事无，散发坐前轩。
河汉西南流，北斗何阑干。
坐久光彩变，缺月涌金盆。
欲睡复踌躇，草棘露已漙。
徂岁何足道，死生付乾坤。

（《剑南诗稿》卷五十四《南堂夜坐》）

萤火虫在院子上空如影般飞来飞去，而声嘶力竭的夏蝉，却让静坐老人的内心有点不平静，雄蝉的那种叫声，一般人听了心烦，可陆游不烦，蝉如此卖力嘶喊，或许因为它们短暂的生命周期，拼命发声，乃它们的职责所在，为了在最短的时间内找到配偶，只有拼命鸣叫，才能获得雌性的青睐，交配后，雄蝉就结束了自己的生命。相比蝉，老人心里一阵纠结，他这一生，空怀着抗金复国大志，或许就要这样结束了，什么事也没干成，每天都吃得饱饱的，懒洋洋地坐在园子里发呆。一个人听蝉看夜的天空，茫茫星空，越看越虚无，夜已经很深了，还是没有睡意，罢罢罢，过去的岁月不足道，他早已看透时局，悟透生死！

东园、南圃、西圃、北圃，各个园子，果蔬、药材、花卉，功能各不相同。亭台、假山、泉井、盆景，大量的花草，果树，我们一一经过，石榴红花正似火，杨梅树上结满了果子，要不了多少时间，这些青果就会红得让人流口水。杂草也在疯狂地抢夺自己的领地，不少芒草生长的样子很凶狠，张扬地伸展在路边，一不小心，尖锐的锯齿就会将人刺出血来。

东北方位，我们到了一个院子，虽没有标记，纪生兄却认得它们：这里是“老学庵”了。嗯，我很熟悉，我在“老学庵”里也待了不少时间，常常与陆游奋笔疾书的影子做伴。我找老学庵北边的假山，没有，那口夏日冒着冷气的水井，也没有。老学庵的北窗，陆游曾有数首诗写它。

三山别业，陆游一直居住了四十多年，每次被罢官回家，这个院子总是如亲人般迎接着他，风雨侵蚀，不断修缮，也不断扩大，对它的简陋，辛弃疾曾看不下去，提出要为陆游修缮，陆游却不同意。这个地方，陆游很满足，它是陆游诗文催发的源流地，《剑南诗稿》九千多首诗中，后面的六千余首，大多写作于此，以三山别业为圆心，向外延伸，半径百余里的会稽大地，山山水水、村村镇镇、花花草草、角角落落，都散发着陆游诗作的星光。

陆游显然对三山别业倾注了极大的精力，他还高度自信，此地，虽然寒酸粗陋，但后人必将记住它：

莫笑茅茨陋，冈形接卧龙。
连娟镜湖月，缥缈宝林钟。
闲约鱼池钓，眠听碓舍舂。
他年好事客，过此访遗踪。

（《剑南诗稿》卷四十四《幽居》）

三百里镜湖就是我的家，你们不要笑别业的简陋，茅屋只是它的表面，卧龙似的小山守在我家门前，云雾缥缈的远方就是宝林寺，晚霞西落，寺里的钟声悠悠传来，坐在湖边闲钓的老夫我，那种悠然自得，你们一般人肯定体验不到，镜湖的碧波会唱歌，白天与夜晚，它们会唱出不一样的歌声。夜深人静，戳，戳，戳，碓舍石臼上的捣锤，被流水有节奏地推着舂着谷子，那是我丰衣足食的保障。诗人断定，他年喜欢刨根问底的客人，一定会来此寻访我的三山别业。

嗯，我就是那个“好事客”，我到这里来访陆游的遗踪了，在他的诗文里寻，在他仕宦的路途上寻，我知道，我寻到的只是草蛇灰线，离真相还很远，我想努力走进诗人真实的世界里，与他作心灵撞击。好在，陆游还算是一个简单的人，简单到只有诗文，丰满的内心中只剩那个勃发的报国志。

我断定，乾道六年五月十八日的阳光，也如我今日这般热烈，那一天，从清晨开始，陆游一家就开始忙碌起来了，他们正做着入蜀前的最后准备，这个得带上，那个也得带上，陆游高声吩咐着大儿子：子虡，我那几箱书，千万别忘了！还要抱上那只猫，船上可以陪陪你阿绘妹妹！

暮色中，镜湖边，三山别业门口，入蜀的船只就要起航，我在心里默默地为这一大家子送行：此去万水千山，务观兄，一路平安！

2021 年 5 月 23 日午初稿

6 月 28 日二稿

7 月 15 日三稿

8 月 3 日改定

附录一

陆游生平及创作简表

宋徽宗（赵佶）宣和七年乙巳（1125） 一岁

陆宰第三子，十月十七日（公历11月13日）平旦，生于淮上，取名游，字务观。陆宰官至直秘阁、京西路转运副使。长子淞，历秘阁校理、工部郎中、知辰州，至左朝请大夫；次子濬，仙居令，泉州通判，岳州知州，至朝请大夫，赠太尉；四子涭，泉州通判，至奉议大夫。母唐氏。陆宰赴新任，全家寓居荥阳。金军大举南侵，徽宗传位于太子赵桓，是为钦宗。

宋钦宗（赵桓）靖康元年丙午（1126） 二岁

陆宰落职，由荥阳南迁寿春。太上皇赵佶出逃亳州、镇江，金军攻陷开封。

宋高宗（赵构）建炎元年丁未（1127） 三岁

陆宰率家南迁，渡江淮，归山阴旧庐。金主下诏废赵佶、赵桓为庶人，并掳二帝北去，赵佶九子赵构在南京（今河南商丘）即位，是为高宗。

建炎四年庚戌（1130） 六岁

陆宰率全家赴东阳山中避乱，地方武装首领陈彦声殷勤接待，陆游入乡校跟随毛德昭读书。

绍兴三年癸丑（1133） 九岁

由东阳回山阴。

绍兴四年甲寅（1134） 十岁

入乡校，跟从韩有功及从父陆彦远读书。

绍兴六年丙辰（1136） 十二岁

能诗文，以门荫补登仕郎（文散官，正九品）。

绍兴七年丁巳（1137） 十三岁

常往来于云门山中，好读陶渊明诗，至忘寝食。随父居城南小隐。

绍兴八年戊午（1138） 十四岁

少年嗜学，每读书至深宵。开始游览家乡名胜。秦桧再相。张浚、岳飞均上书，坚决反对议和。

绍兴十年庚申（1140） 十六岁

陆游赴临安应试，不第。金人大举犯宋，岳飞朱仙镇大败完颜宗弼。高宗与秦桧密谋议和，诏命岳飞、韩世忠班师。

绍兴十一年辛酉（1141） 十七岁

与许伯虎一起跟从鲍季和读书，熟读王维诗。宋金以淮水为界议和，宋向金称臣，岁币银、帛各二十五万两/匹，岳飞赐死于大理狱，杀张宪、岳云。陆宰落职归乡，言及秦桧，慷慨愤激，陆游深受影响。

绍兴十二年壬戌（1142） 十八岁

努力学诗，始从曾几游，作长诗《别曾学士》，为《剑南诗稿》第一首诗。朝廷加秦桧为太师，封魏国公。金人归还徽宗骨殖。

绍兴十三年癸亥（1143） 十九岁

由山阴至临安应试，不第，始发愤为古学。朝廷始建秘书省，向陆游家借钞藏书共一万三千余卷。

绍兴十四年甲子（1144） 二十岁

上元节临安观灯。与唐婉结婚。

绍兴十六年丙寅（1146） 二十二岁

与唐婉分开。

绍兴十七年丁卯（1147） 二十三岁

续娶王氏。

绍兴十八年戊辰（1148） 二十四岁

自剡中入游天台。三月十七日，长子子虡出生。六月，陆宰去世，享年六十一岁。八月，为叔父陆宲撰墓志铭。

绍兴二十年庚午（1150） 二十六岁

正月二十，次子子龙出生。

绍兴二十一年辛未（1151） 二十七岁

曾几寓居上饶茶山，多有诗往来。十月，三子子修出生。金迁都燕京。

绍兴二十二年壬申（1152） 二十八岁

有诗《送仲高兄宫学秩满赴行在》，为《剑南诗稿》第二首诗，劝以“道义无今古，功名有是非”。有笔记云，放翁此诗，仲高不悦，后放翁入朝，仲高亦用此诗送行，只改“兄”为“弟”。

绍兴二十三年癸酉（1153） 二十九岁

赴临安锁厅试，考试官陈之茂擢陆游第一，秦桧孙秦埙为次，秦桧怒。

绍兴二十四年甲戌（1154） 三十岁

礼部试，以论恢复遭秦桧黜落。

绍兴二十五年乙亥（1155） 三十一岁

春日出游，与前妻唐婉相遇于沈园，陆游赋《钗头凤》词题壁以寄意。本年十月，秦桧死。十二月，曾几复出，以左朝请大夫任浙东提刑。

绍兴二十六年丙子（1156） 三十二岁

三月，曾几知台州，陆游赋《送曾学士赴行在》，关心百姓疾苦。六月，宋钦宗赵桓卒于金国。七月，四子子坦出生。

绍兴二十七年丁丑（1157） 三十三岁

二月，曾几自台州内召，四月还任，陆游曾几有诗往来酬韵。十一月，作《云门寿圣院记》。

绍兴二十八年戊寅（1158） 三十四岁

七月，曾几为礼部侍郎，陆游有诗贺。冬季，始出仕福州宁德县主簿，经瑞安作《泛瑞安江风涛贴然》，希望仕途有良好开端。

绍兴二十九年己卯（1159） 三十五岁

调官福州决曹。与张维、朱孝闻交游。渡浮桥游南台江，游洞宫山天庆观，乘兴航海，醉后题诗。

绍兴三十年庚辰（1160） 三十六岁

正月自福州北归，过东阳，作《东阳观酴醾》。至临安，任敕令所删定官，与闻人滋、周必大等交好。

绍兴三十一年辛巳（1161） 三十七岁

女儿阿绘出生。七月，以敕令所删定官除大理寺司直，兼宗正簿。八月，为所居室作《烟艇记》。金主完颜亮大举入侵，十一月，完颜亮为部下所杀，金军不战自退。

绍兴三十二年壬午（1162） 三十八岁

家属到行在。上条对状，论七事。六月，赵昚即位，是为孝宗。九月，除枢密院编修官兼编类圣政所检讨官。史浩、黄祖舜荐，孝宗召见，赐同进士出身。与周必大亲密交往。

宋孝宗（赵昚）隆兴元年癸未（1163） 三十九岁

二月，为中书省、枢密院起草《与夏国书》，撰《蜡弹省札》，代张浚撰《乞分兵取山东札子》。三月，因陆游力主抗金，不满龙大渊、曾觌结党营私，被贬出朝，以左通直郎任镇江通判。经此挫折，陆游心情矛盾而沉重。

隆兴二年甲申（1164） 四十岁

二月到任镇江通判。张浚以右丞相督视江淮兵马，驻节镇江，陆游以世谊晋谒，颇受顾遇。四月，张浚被罢相。八月，张浚病逝。镇江知府方滋相邀同游多景楼，陆游赋《水调歌头》词，张孝祥书而刻之崖石。十一月，韩元吉至镇江省亲，相与道故旧甚乐。与何德器、张玉仲、韩元吉等踏雪登焦山观《瘗鹤铭》刻石，置酒上方，慨然尽醉，陆游题名次年被刻石。十二月，宋金达成“隆兴和议”。

宋孝宗（赵昚）乾道元年乙酉（1165） 四十一岁

以镇江通判薪俸，于山阴镜湖畔，筑三山别业。七月，改任通判隆兴（今江西南昌）军事，自镇江乘船赴南昌，主官为十二年前锁厅试座师陈之茂。

乾道二年丙戌（1166） 四十二岁

隆兴通判任。正月，五子子约出生。言官论陆游“力说张浚用兵”而被罢官。归途经玉山，与尹穑、芮国器会。闲居镜湖之三山别业。五月，曾几卒于平江府，年八十三，因入蜀出蜀，至淳熙五年，陆游才为曾老师作墓志铭。

乾道三年丁亥（1167） 四十三岁

闲居山阴。作诗《游山西村》《观村童戏溪上》《春日》等，表达在故乡山水间之闲适生活。游上虞，作《上虞逆旅见旧题岁月感怀》《舜庙怀古》等数首。自名书斋曰“可斋”。

乾道五年己丑（1169） 四十五岁

闲居山阴。三月，参知政事、四川宣抚使王炎召陆游入幕，有谢启。十二月六日得报，以左奉议郎差通判夔州军州事，已久病未堪远役，谋以明年夏初起行。乾道四五年间，作《僧房假榻》《闻雨》《送张叔潜编修造朝》《涧松》等，表达闲适与心志。

乾道六年庚寅（1170） 四十六岁

自本年闰五月十八日，陆游携全家，离山阴赴夔州通判任，经临安北上，沿运河，过姑苏，入长江西行，至十月二十七日到达夔州。其间与范成大相遇于金山，当涂诗吊李太白，荆州赋诗祭拜屈原，巴东秋风亭拜寇准像，入瞿塘，登白帝庙，旅途所见所思均见《入蜀记》六卷。

乾道七年辛卯（1171） 四十七岁

夔州任上，主管学事兼管内劝农事。四月，为州考监试官，闭试院中月余，作诗十七首。寻访杜甫故居，作《东屯高斋记》，夜登白帝城，赋诗追怀杜甫，诗风明显变化。八九月间，卧病四十余日。厌倦通判之职，时有思归之作。

乾道八年壬辰（1172） 四十八岁

将去通判任，贫不能归，上书虞允文丞相，凄苦令人动容。王炎辟陆游为幕宾：左承议郎权四川宣抚使司干办公事兼检法官，正月启行，取道万州、梁山军、邻水、岳池、广安、利州，途中作《饭三折铺铺在乱山中》《岳池农家》《南郑马上作》等，三月，抵南郑。此时南郑为宋金前线，陆游开始八个月火热之军旅生涯。与张缜交游甚好。诗之题材、思想境界日益扩大，诗风雄奇奔放，洋溢着爱国的激情，在其一生的创作生涯中具有划时代意义。十月，宣抚使王炎被召回京城，幕僚星散，陆游改任成都府安抚使司参议官，十一月，携家眷赴任成都，途中作《剑南道中遇微雨》。

乾道九年癸巳（1173） 四十九岁

初至成都，赋《汉宫春》词见志。与蜀中名士交，宴游，赏花，赋诗。纳蜀女杨氏为妾。春，权通判蜀州。夏，摄嘉州州事，刻印岑参诗集八十余首，嘉州大阅，赋诗记之，建嘉州浮桥。冬季所作诗篇有《观大散关图有感》《金错刀行》《言怀》《胡无人》等。

宋孝宗（赵昚）淳熙元年甲午（1174） 五十岁

春，离嘉州，返蜀州任，州城东有东湖，州署西有西湖，州署内有罨画池，蜀州任上，陆游写诗一百多首，有栖游，《秋思》《马长安城图》《龙眠画马》《醉书》等诗作均见浓郁爱国思想。蜀州大阅，有诗记之。冬，摄知荣州事，取道青城山至荣州。十一月，六子子布出生，母为杨氏。十二月，除夕，接制置司通知，陆游新职为朝奉郎、成都府路安抚使司参议官兼四川制置使司参议官，催赴新任。

淳熙二年乙未（1175） 五十一岁

正月十日，别荣州。得从兄陆升之讣，有诗哭之。官居成都花行。六月，范成大到达成都府，两人自金山一别，已历五年。因公经新都至汉州（四川广汉），复至金堂，登云顶山，在弥牟镇八阵原谒诸葛丞相庙，均有诗记之。成都大阅，赋诗。

淳熙三年丙申（1176） 五十二岁

成都海棠盛开，遍游诸家园林，赋诗词以赞之，自称"海棠颠"。范成大游宴，陆游屡被招邀，酬唱新诗，为人所传诵，然内心之矛盾，时在诗中流露。为范成大诗集作序。夏初，免官，得领祠禄，主管台州桐柏山崇道观。人讥其颓放，索性自号"放翁"。《关山月》《出塞曲》《战城南》仿古组诗，为这一时期爱国诗篇之代表作。

淳熙四年丁酉（1177） 五十三岁

在成都领祠禄。六月，范成大还朝，陆游自成都历永康、江源、新建一直送至眉州，有《和范舍人永康青城道中作》《送范舍人还朝》诗为记。八月，游邛州十日，九月到汉州，秋晚登成都北门，均有诗为记。江楼夜余，醉归漫步，谒刘备惠陵及诸葛祠，均留诗抒发感慨。十月，名所居室曰"心太平庵"，盖取《黄庭经》语。得都下书报，差知叙州，不过，要到明年冬才能上任。往少陵草堂拜杜甫遗像。因公之广都（今成都双流东南），与张缜数有酬赠。此时诗作，多忧国忧时，亦间寓讽喻。

淳熙五年戊戌（1178） 五十四岁

正月，撰《天彭牡丹谱》。春季，多观赏海棠之作。在蜀诗篇，流传京城，为孝宗所见，念其在外日久，趣召东归。至眉州，在披风榭拜苏轼遗像；抵青神县，赴县衙访借景亭，赋诗追怀黄庭坚；至合江，谒西凉王祠；至涪州，拜程颐祠，有感于党禁之祸；至忠州，游禹庙，双至龙兴寺吊杜甫故居；至归州，恰逢端午，感怀屈原；在荆州，北望开封，赋诗为记；在武昌，登南楼，以孤忠报国自许；至黄州，访苏轼遗迹，再游东坡雪堂等。秋抵临安，召对，任命提举福建常平茶事。冬季抵建安任所。幼子子遹生于本年。

淳熙六年己亥（1179） 五十五岁

春游紫芝山、开元寺、凤凰山。夏季，发书画还故乡。自春至秋，渐生退意，多思归之咏。秋季，奉诏离建安任。途归武夷山，泛舟九曲溪。过建阳，经铅山，至鹅湖，赋《夜坐书怀》。经玉山县，至衢州，上表乞奉祠，皇华馆待命候旨。得旨，改任朝请郎提举江南西路常平茶盐公事。十二月，到达抚州任所，其间有诗《弋阳道中遇大雪》《雪后苦寒行饶抚道中有感》等，表达为国戍边、扫清河洛之意。

淳熙七年庚子（1180） 五十六岁

正月，数登拟岘台，观雪、观水势。公务繁忙。五月，周必大任参知政事，有贺启。十一月，作《陆氏续集验方》，救灾。奏拨义仓赈济，檄诸郡发粟予民。诏命诣行在所。自弋阳道取道衢州，至严州寿昌界，得旨，许免入奏，仍除外官。陆行至桐庐，泛富春江、钱塘江东归，有诗《桐庐县泛舟东归》《渔浦》等记之。

淳熙八年辛丑（1181） 五十七岁

正月，山阴数日大雪，有诗记之。朝廷任命，提举淮南路常平茶盐公事；三月，赵汝愚以“不自检饬，所为多越于规矩”道听途说缘由弹劾陆游，奉祠。闲居山阴，诗多激愤，其中不少忧国感伤之作，如《夜坐独酌》《九月三日泛舟湖中作》《灌园》《诉衷情》等。本年浙东大饥荒，绍兴府遭严重水灾，陆游寄诗朱熹，促其早来领导救灾。

淳熙九年壬寅（1182） 五十八岁

闲居山阴。除朝奉大夫（从六品）主管成都府玉局观。周必大来函慰候，朱熹有信到。将书斋命名为“书巢”，并为记。诗作多抒发爱国思想，如《夜观秦蜀地图》《观张提刑周鼎》《夜闻秋风感怀》《悲秋》《哭王季夷》《樊江晚泊》等。

淳熙十年癸卯（1183） 五十九岁

闲居山阴，领祠禄。春季，多与刘道士、平老、印老等方外人士接触。夏秋之季，致力于爱国诗篇创作，如《军中杂歌》《秋兴》《秋风曲》《夜步庭下有感》《秋雨叹》等。为朱熹武夷精舍题《寄题朱元晦武夷精舍》诗。张镃来访，有《张功甫许见访以诗坚其约》诗记之。

淳熙十一年甲辰（1184） 六十岁

闲居山阴，领祠禄。有田园、感怀等诗，如《塞上》《春夜读书感怀》《囚山》《闻虏酋遁归漠北》《偶得北虏金泉小酌》《闻虏政衰乱扫荡有期喜成口号》《题少陵画像》等，渴望朝廷出师，抗金复国。

淳熙十二年乙巳（1185） 六十一岁

闲居山阴，领祠禄。卧病，继续故乡游，友人来访，有诗《病起》《病中作》《盆池》《六峰项里看采杨梅连日留山中》《泛三江海浦》《秋夜泊舟亭山下》《大雪》《雪中作》《梦笔驿》《钱清夜渡》等。

淳熙十三年丙午（1186） 六十二岁

作《书愤》诗（楼船夜雪瓜洲渡，铁马秋风大散关），自抒爱国情怀。正月，任朝请大夫（从六品）知严州，赴行在，孝宗劝谕严州胜地多作诗文。作《临安初雨春霁》（小楼一夜听春雨，深巷明朝卖杏花）。三月回故乡。七月三日到严州任，怀孕之杨氏及子遹随行。八月丁酉，得一女，名闰娘，又更名定娘。

淳熙十四年丁未（1187） 六十三岁

在严州任。高祖陆轸曾守睦州，州人筑祠于兜率佛寺，正月祠成，刻像于石。夏秋所作《官居书事》《秋夜登千峰榭待晓》《书意》《秋郊有怀》，均流露深切之忧国情怀，灭敌志切。严州大阅，有诗记之。八月丙子，定娘卒。《剑南诗稿》首次出版，由建德知县眉山人苏林编辑，括苍人郑师尹作序，凡二十卷，收诗两千五百余首，一时好评如潮。

淳熙十五年戊申（1188） 六十四岁

在严州任。春季，作《戊申严州劝农文》劝农。四月，上书乞祠。杨万里出守高安，途经严州，陆游载酒在桐庐县严子陵钓台迎候，尽欢。严州任满，七月十日归抵故乡山阴，闲游绍兴城、若耶溪、云门山等，作《塞上曲》《长相思》等。冬入都，任军器少监。

淳熙十六年己酉（1189） 六十五岁

春，升朝议大夫（正六品）礼部郎中，此为孝宗退位前之最后一次任命。四月，向光宗论奏：请戒嗜好以杜逸巧之机芽，轻赋敛以纾斯民之困弊，又请于揆事图策之际，从容持重，慎始善终。七月，兼实录院检讨官。十一月，遭谏议大夫何澹弹劾而罢官返故里。理由是，陆游以往经常遭人弹劾。本年有诗《入省》《行在春晚有怀故隐》《仲秋书事》《和周元吉右司过弊居追怀南郑相从之作》《到家旬余意味甚适戏书》《醉中作行草数纸》《雪夜作》等，抒怀言志。

研究者认为，十八卷的《南唐书》，应该成书于淳熙年间。

宋光宗（赵惇）绍熙元年庚戌（1190） 六十六岁

山阴闲居。将严州任上《剑南诗稿》（四十二岁以前的诗作只选了二十分之一）留下的残稿，交与子遹保存。为书房命名为“风月轩”，以回应讥讽其“嘲咏风月”。《放逐》《月下野步》等诗，抒发不满现实，追求理想之意。《夜闻蟋蟀》《邻曲有未饭被追入郭者悯然有作》《寓叹》等都涉及百姓生活之艰难。

绍熙二年辛亥（1191） 六十七岁

山阴闲居，领祠禄，中奉大夫提举建宁府武夷山冲佑观。六月，将书房命名为“老学庵”。遍游故乡山水，如千秋观、禹祠、樊江、练塘、鲁墟、石帆、娥江市、平水、云门、东泾、梅坞、镜湖等诸地。赋诗《书怀》《雨中卧病有感》《闻虏乱》《禹祠》《夜梦游骊山》《雨声》等，依然以讽喻与爱国主题为主。

绍熙三年壬子（1192） 六十八岁

山阴闲居，领祠禄，封山阴县开国男（从五品），食邑三百户。和张镃、范成大诗；九月，上书朝廷，请求继续奉祠。秋季再游沈园，赋诗《禹迹寺南有沈氏小园四十年前尝题小阙壁间偶复一到而园已易主刻小阙于石读之怅然》。有诗《十一月四日风雨大作》《醉倒歌》《醉卧松下短歌》《落梅》等明志。五子子约，卒于本年。

绍熙四年癸丑（1193） 六十九岁

山阴闲居，领祠禄。赋诗《夜雨》《寄梦》《春阴》《枕上述梦》《忆昔》《岁晚》《癸丑七夕》《初寒病中有感》等抒爱国志，渴望恢复。九月，范成大卒，有诗《梦范参政》《范参政挽词》追悼。

绍熙五年甲寅（1194） 七十岁

山阴闲居，领祠禄。夏秋季间祠满，继续请祠，十月再命领祠。史浩、从兄沅、王明清、汪茂南、尤袤卒，均有诗文悼之。《山头鹿》《明妃曲》《题阳关图》《醉中作》《秋夜书感》《雨夕排闷》《秋雨叹》《忧国》等诗，均流露浓郁的爱国思想。

宋宁宗（赵扩）庆元元年乙卯（1195） 七十一岁

山阴闲居，领祠禄。作《首春连阴》《新春》《镜湖》《农家叹》《书病》《读杜诗》《小舟游近村舍舟步归》《赠湖上父老十八韵》《悲歌行》《秋月曲》等诗，依然以身边事抒发深深之家国感怀。十月十七日，特地为自己生日作诗一首，并作了诗题注“十月十七日予生日也。孤村风雨萧然，偶得二绝句……”。本年六月，韩侂胄用事，始立“伪学”之目。

庆元二年丙辰（1196） 七十二岁

山阴闲居，领祠禄。九月祠满，复命领武夷祠禄。为《吕居仁集序》。《春望》《寒夜歌》《感事》《丰年行》《四月一日夜漏欲尽起坐达旦》《五月七日夜梦中作》《雨夜》《村饮示邻曲》《枕上作时闻临海四明皆大水》《七十二岁吟》《蹭蹬》等诗，延续其一贯爱国忧民风格。

庆元三年丁巳（1197） 七十三岁

山阴闲居，领祠禄。五月，妻王氏卒，享年七十一岁，赋《自伤》诗。十一月，朱熹寄纸被至，寄诗《谢朱元晦寄纸被》感谢。为吕希哲《岁时杂记》《兰亭帖》作跋。作《北望》《长歌行》《书志》《书愤》《病中夜赋》《夜观子虡所得淮上地图》《秋晚》《雪夜感旧》等诗，延续其一贯爱国忧民风格。本年，次子子龙出仕武康尉。朱熹在给巩丰的信中，谈及陆游请他替老学庵作铭之事。

庆元四年戊午（1198） 七十四岁

山阴闲居，领祠禄。十月祠满，不复请。洪迈笔记《夷坚志》出版，有诗《题夷坚志后》高度赞扬。《北望》《感旧》（六首）、《露坐》《感秋》《遣兴》《龟堂自咏》《夜闻落叶》《作雪》《三山杜门作歌》等，延续其一贯爱国忧民风格。本年五月，加韩侂胄为少傅，宁宗再次下诏，禁“伪学”，“庆元党禁”正式开始。

庆元五年己未（1199） 七十五岁

山阴闲居。春季连作两首《夜雨》《禹寺》赋沈园。五月七日，朝廷准予致仕。七月，朱熹为陆游诗作跋。九月，子虡调官京城临安。十一月，为张孝祥诗作跋。作《五月七日拜致仕敕口号》《喜雨》《秋怀十首》《往事》

《暮秋遣兴》《北望感怀》《东村》等诗，延续其一贯爱国忧民风格。《冬夜读书示子聿》，强调学问须躬行。

庆元六年庚申（1200） 七十六岁

山阴闲居。三月，朱熹卒于武夷山中，作《祭朱元晦侍讲文》祭之。为赵不拙、刘应时诗集作序。八月一日作《居室记》。十二月中旬得书报，六子子布离蜀东归，将抵九江，约明年二月抵山阴。为韩侂胄作《南园记》。作《长干行》《甲申雨》《斋中杂兴》《夜赋》《十月二十八日夜风雨大作》《书志》等诗，延续其一贯爱国忧民风格。

宋宁宗（赵扩）嘉泰元年辛酉（1201） 七十七岁

山阴闲居。为《会稽志》作序。三月十六日，二十七岁的子布东归，陆游至柯桥迎之。秋季，周必大有数函至，杨万里有信至。作《春日杂题》《追感往事》《读史》《寓言》《客去追记坐间所言》《追忆征西幕中旧事》《十二月夜梦与客并马行黄河上憩于古驿》《自咏》等诗，延续其一贯爱国忧民风格。《剑南诗稿》卷四十八《小饮梅花下作》自注：予年自十七八岁学作诗，今六十年，得万篇。

嘉泰二年壬戌（1202） 七十八岁

山阴闲居。子龙赴吉州掾任，有诗《送子龙赴吉州掾》送之。五月，朝廷宣召以原官提举佑神观兼实录院同修撰兼同修国史，免奉朝请，六月十四日入都城临安。十二月，升秘书监（正四品）。本年再入朝为官，作《闲咏》《怀故山》《午晴试笔》《书志示子聿》等诗，多寓思归之意。

嘉泰三年癸亥（1203） 七十九岁

正月，除宝谟阁待制。四月，《孝宗实录》五百卷、《光宗实录》一百卷完成，为韩侂胄作《阅古泉记》，连上札子，要求致仕，朝廷允提举江州太平兴国宫。五月十四日，离开京城，自此再未进过临安城。子遹以致仕恩补官。入秋，辛弃疾来访，欲为筑舍，辞之。本年所作诗，《春夜》《遣兴》《思归示子聿》《入春念归尤切有作》《初归杂咏》《杂感》《农家歌》《客有言太山者因思青城旧游有作》《感愤》《记老农语》《对食戏作》等，一表达归家之迫切，二表达爱国及关怀人民。

嘉泰四年甲子（1204） 八十岁

闲居山阴。本年撰文署名为：太中大夫充宝谟阁待制致仕山阴县开国子食邑五百户赐金鱼袋。为陆焕之《山堂类稿》《普灯录》作序。三月，辛弃疾奉召回京，赋诗《送辛幼安殿撰造朝》送之。七月，子修赴闽，子遹赴临安。八月，子遹自临安归，子坦赴盐官征任，赋诗《送子坦赴盐官县市征》《寄子坦》两首送之。十月一日，周必大卒，年七十九，撰《祭周公益文》祭之。本年，周彦文令画工为陆游写真，自撰《放翁自赞》云：名动高皇，语触秦桧。身老空山，文传海外。五十年间，死尽流辈。老子无才，山僧不会。

宋宁宗（赵扩）开禧元年乙丑（1205） 八十一岁

闲居山阴。四月，辟舍东杂草地，插竹为篱，埋瓮蓄泉，杂植花木，撰《东篱记》。入秋，命室为“还婴”。是年秋，子虡、子龙罢官回，子遹京城考试落选。本年为陈棠《澹斋居士诗序》、傅松卿《外制集》、侄陆朴《闻鼓录》《周公益文集序》等诗集或文集作序。作《初夏闲步村落间》《秋怀》《稽山行》《山村经行因施药》等诗，歌咏故乡山阴风物，如《出塞》《夏日感旧》《杜宇》《残年》《醉题》《鼠屡败吾书偶得狸奴捕杀无虚日群鼠几空为赋此诗》等诗，则关心时局，渴盼官军北上成功。《十二月二日夜梦游沈氏园》再次感怀唐婉。

开禧二年丙寅（1206） 八十二岁

闲居山阴。正月，子虡调官行在，子龙阻风西陵，子修在闽，子坦在海昌。子布、子遹在家。五月八日，杨万里卒，年八十，然而，陆游诗中竟无只字片语纪念，耐人寻思。冬，子遹编《剑南诗续稿》四十八卷，每卷有百篇。本年夏季所作《初夏闲居》《观邸报感怀》《雨夜》《赛神》《夏夜》《剧暑》《感中原旧事戏作》均反映当时战况，歌颂抗金义举，关怀前方将士；秋季所作《秋词》《病卧》《村舍得近报有感》《老马行》《忆昔》等，多忧国忧民。

开禧三年丁卯（1207） 八十三岁

闲居山阴。正月，晋封渭南伯（正四品），并刻渭南伯印。春季，张缜卒，入夏，陆游闻之，赋《哭季长》诗、撰《祭张季长大卿文》痛悼，秋季，再托入蜀使者带信给张缜家属吊唁。九月初十，辛弃疾逝于江西铅山。冬十一月，史弥远谋杀韩侂胄，向金议和。本年赋诗《书村落间事》《春晚即事》《书感》《五月二十一日风雨大作》《秋日村舍》《观诸将除书》《读书杂言》《两雁》《书感》等，感怀时事，抒发难抑爱国之情。

宋宁宗（赵扩）嘉定元年戊辰（1208） 八十四岁

闲居山阴。自春初起，半俸，不复敢请。春再游沈园，赋诗《春游》(第四),触发旧情,感叹不已。本年赋诗《春晴》(第二)、《题幽居壁》、《思夔州》、《感事六言》、《异梦》、《初秋自述》、《欲雨》、《寓叹》、《舟中醉题》、《后死》、《识愧》、《双蝶》、《闻新雁有感》、《冬日斋中即事》(第五)、《闻吴中米价甚贵》、《夜寒》等,均表达关怀时事、关念人民之痛切。

嘉定二年己巳(1209) 八十五岁

闲居山阴。春季初遭弹劾,落宝谟阁待制职。子虡任濠州通判,数有诗念之。立秋得膈上疾,近寒露才小愈。依然替人作序,赋诗亦颇丰,如《初夏杂咏》、《即事》《雨后殊有秋意》、《秋日遣怀》(第六)、《纵笔》(第二)、《己巳秋暮独酌》(第一),均表达强烈之爱国情怀。入冬,病情日益严重,诗作遽减,十二月二十九日(公元1210年1月26日)逝世,临终前作《示儿》诗:死去元知万事空,但悲不见九州同。王师北定中原日,家祭无忘告乃翁。

嘉定十三年(1220)

十一月,陆子遹在溧阳刻成《渭南文集》五十卷。十二月,陆子虡在江州刻成《剑南诗稿》八十五卷。

附录二 部分参考书目

1.《陆游全集》(1—13 卷),钱仲联、马亚中等主编校注,浙江教育出版社 2011 年 12 月。

2.《中国通史》(1—22 卷),白寿彝主编,上海人民出版社 1999 年 1 月。

3.《南宋全史》(1—9 卷),何忠礼等著,人民出版社 2008 年 10 月。

4.《南唐书》(南京稀见文献丛刊),(宋)陆游撰,南京出版社 2010 年 6 月。

5.《家世旧闻》(唐宋史料笔记丛刊),(宋)陆游撰,中华书局 1993 年 12 月。

6.《老学庵笔记》,(宋)陆游撰,上海古籍出版社 2012 年 12 月。

7.《建炎以来朝野杂记》(上下),(宋)李心传撰,徐规点校,中华书局 2000 年 7 月。

8.《建炎以来系年要录》(全八册),(宋)李心传撰,辛更儒点校,上海古籍出版社 2020 年 11 月。

9.《陆游传》,朱东润著,山西人民出版社 2018 年 3 月。

10.《陆游选集》，朱东润选注，上海古籍出版社 2013 年 10 月。

11.《陆游年谱》，于北山著，上海古籍出版社 2017 年 7 月。

12.《陆游年谱》，欧小牧著，人民文学出版社 1981 年 7 月。

13.《陆游资料汇编》，孔凡礼、齐治平编，中华书局 2006 年 8 月。

14.《陆游传》，欧小牧著，成都出版社 1994 年 10 月。

15.《陆游研究》，邹志方著，人民出版社 2008 年 10 月。

16.《陆游评传》，邱鸣皋著，南京大学出版社 2002 年 2 月。

17.《陆游研究》，欧明俊著，三联书店 2007 年。

18.《陆游传》，高利华著，浙江人民出版社 2007 年 11 月。

19.《陆游严州诗文笺注》，朱睦卿著，浙江大学出版社 2013 年 10 月。

20.《南宋都城临安》《南宋临安工商业》，徐吉军著，人民出版社 2008 年 10 月。

21.《南宋临安文化》，林正秋著，人民出版社 2008 年 10 月。

22.《陆游休闲哲学研究》，章辉、殷亚林著，云南大学出版社 2018 年 1 月。

23.《陆游与汉中》，中国陆游研究会编，上海古籍出版社 2013 年 1 月。

24.《陆游与南宋社会》，中国陆游研究会编，中国社会科学出版社 2017 年 8 月。

25.《陆游的书法故事》，秦金根著，故宫出版社 2019 年 1 月。

26.《陆游词百首》，中国书店编，2012 年 10 月。

27.《武林旧事》《齐东野语》，（宋）周密撰，上海古籍出版社 2012 年 12 月。

28.《东京梦华录》，（宋）孟元老撰，王莹译注，北京联合出版公司 2015 年 8 月。

29.《宋人笔记中的隋唐五代史料》（上下），宁欣等编著，商务印书馆 2018 年 11 月。

30.《宋人笔记视域下的唐五代社会》，张剑光著，大象出版社 2020

年 6 月。

31.《绍兴陆氏族谱》（庚子校续本，9 卷 12 册），绍兴陆氏族谱编委会编，2021 年 1 月。

32.《唐宋八大家全集》（全五册），余冠英、周振甫等编，国际文化出版公司 1998 年 10 月。

33.《中国历史年代简表》，文物出版社 2001 年 10 月。

第一辑已出版书目

1 《逍遥游——庄子传》 王充闾 著

2 《书圣之道——王羲之传》 王兆军 著

3 《千秋词主——李煜传》 郭启宏 著

4 《草泽英雄梦——施耐庵传》 浦玉生 著

5 《戏看人间——李渔传》 杜书瀛 著

6 《心同山河——顾炎武传》 陈 益 著

7 《孤独的绝唱——八大山人传》 陈世旭 著

8 《泣血红楼——曹雪芹传》 周汝昌 著

9 《旷代大儒——纪晓岚传》 何香久 著

10 《烂漫饮冰子——梁启超传》 徐 刚 著

第二辑已出版书目

11 《忠魂正气——颜真卿传》 权海帆 著

12 《花红别样——杨万里传》 聂 冷 著

13 《感天动地——关汉卿传》 乔忠延 著

14 《西风瘦马——马致远传》 陈计中 著

15 《此心光明——王阳明传》 杨东标 著

16 《梦回汉唐——李梦阳传》 泥马度 著

17 《天崩地解——黄宗羲传》 李洁非 著

18 《幻由人生——蒲松龄传》 马瑞芳 著

19 《儒林怪杰——吴敬梓传》 刘兆林 著

20 《史志巨擘——章学诚传》 王作光 著

第三辑已出版书目

21 《千古一相——管仲传》 张国擎 著

22 《漠国明月——蔡文姬传》 郑彦英 著

23 《棠棣之殇——曹植传》 马泰泉 著

24 《梦摘彩云——刘勰传》 缪俊杰 著

25 《大医精诚——孙思邈传》 罗先明 著

26 《大唐鬼才——李贺传》 孟红梅 著

27 《政坛大风——王安石传》 毕宝魁 著

28 《长歌正气——文天祥传》 郭晓晔 著

29 《糊涂百年——郑板桥传》 忽培元 著

30 《潜龙在渊——章太炎传》 伍立杨 著

第四辑已出版书目

31 《兼爱者——墨子传》 陈为人 著

32 《天道——荀子传》刘志轩 著

33 《梦归田园——孟浩然传》曹远超 著

34 《碧霄一鹤——刘禹锡传》 程韬光 著

35 《诗剑风流——杜牧传》 张锐强 著

36 《锦瑟哀弦——李商隐传》 董乃斌 著

37 《忧乐天下——范仲淹传》 周宗奇 著

38 《通鉴载道——司马光传》 江永红 著

39 《琵琶情——高明传》 金三益 著

40 《世范人师——蔡元培传》 丁晓平 著

第五辑已出版书目	
	41《真书风骨——柳公权传》 和　谷 著
	42《癫书狂画——米芾传》 王　川 著
	43《理学宗师——朱熹传》 卜　谷 著
	44《桃花庵主——唐寅传》 沙　爽 著
	45《大道正果——吴承恩传》 蔡铁鹰 著
	46《气节文章——蒋士铨传》 陶　江 著
	47《剑魂箫韵——龚自珍传》 陈歆耕 著
	48《译界奇人——林纾传》 顾　艳 著
	49《醒世先驱——严复传》 杨肇林 著
	50《搏击暗夜——鲁迅传》 陈漱渝 著

第六辑已出版书目	
	51《边塞诗者——岑参传》 管士光 著
	52《戊戌悲歌——康有为传》 张　健 著
	53《天地行人——王船山传》 聂　茂 著
	54《爱是一切——冰心传》 王炳根 著
	55《花间词祖——温庭筠传》 李金山 著
	56《山之巍峨——林则徐传》 郭雪波 著
	57《问天者——张衡传》 王清淮 著
	58《一代文宗——韩愈传》 邢军纪 著
	59《梦溪妙笔——沈括传》 周山湖 著
	60《晓风残月——柳永传》 简雪庵 著

第七辑已出版书目

61 《竹林悲风——嵇康传》 陈书良 著

62 《唐之诗祖——陈子昂传》 吴因易 著

63 《婉约圣手——秦观传》 刘小川 著

64 《殉道勇士——李贽传》 高志忠 著

65 《蒙古背影——萨冈彻辰传》 特·官布扎布 著

66 《千秋一叹——金圣叹传》 陈 飞 著

67 《随园流韵——袁枚传》 袁杰伟 著

68 《女神之光——郭沫若传》 李 斌 著

69 《自清芙蓉——朱自清传》 叶 炜 著

70 《神韵秋柳——王士禛传》 李长征 著

第八辑已出版书目

71 《秋水长天——王勃传》 聂还贵 著

72 《凤凰琴歌——司马相如传》 洪 烛 著

73 《辋川烟云——王维传》 哲 夫 著

74 《天生我材——李白传》 韩作荣 著

75 《如戏人生——洪昇传》 陈启文 著

76 《北宋文儒——欧阳修传》 邵振国 著

77 《红尘四梦——汤显祖传》 谢柏梁 著

78 《梦西厢——王实甫传》 叶 梅 著

79 《阆风游云——张旭传》 李 彬 著

80 《人间要好诗——白居易传》 赵 瑜 著

81　《天地放翁——陆游传》 陆春祥 著

图书在版编目（CIP）数据

天地放翁：陆游传／陆春祥著. -- 北京：作家出版社，2021. 12

（中国历史文化名人传丛书）

ISBN 978-7-5212-1603-5

Ⅰ. ①天… Ⅱ. ①陆… Ⅲ. ①陆游（1125-1210）-传记 Ⅳ. ①K825.6.

中国版本图书馆CIP数据核字（2021）第227697号

天地放翁：陆游传

作　　者：陆春祥

传主画像：高　莽

责任编辑：史佳丽

书籍设计：刘晓翔　韩湛宁

责任印制：李卫东　李大庆

整合执行：原文竹

出版发行：作家出版社有限公司

社　　址：北京农展馆南里10号　　**邮　　编：**100125

电话传真：86-10-65067186（发行中心及邮购部）

86-10-65004079（总编室）

E-mail:zuojia@zuojia.net.cn

http://www.zuojiachubanshe.com

印　　刷：三河市紫恒印装有限公司

成品尺寸：152×230

字　　数：296千

印　　张：23

版　　次：2021年12月第1版

印　　次：2021年12月第1次印刷

ISBN 978-7-5212-1603-5

定　　价：65.00元（精）